Les Publications de l'Université Euromed de Fès

FUSION
DES HORIZONS

Safae BENFEDDOUL

Facteurs explicatifs de la rentabilité des titres financiers

Théories, modèles et preuves empiriques

Préface du Pr. Asmâa ALAOUI TAÏB

L'Harmattan

UNCAC
كرسي الأمم المتحدة لتحالف الحضارات
THE UNITED NATIONS CHAIR FOR THE ALLIANCE OF CIVILIZATIONS
LA CHAIRE DES NATIONS UNIES POUR L'ALLIANCE DES CIVILISATIONS

UEMF
الجامعة الأورومتوسطية بفاس
EUROMED UNIVERSITY OF FES
UNIVERSITÉ EUROMED DE FÈS

5-7, rue de l'École-Polytechnique – 75005 Paris
www.editions-harmattan.fr
ISBN : 978-2-336-59226-8
EAN : 9782336592268
Dépôt légal : janvier 2026

Préface

L'un des principaux axes de recherche de la théorie financière est la relation rentabilité-risque des actifs financiers. Très ancien, ce champ d'étude est loin d'être épuisé au vu de l'étendue de la polémique scientifique qu'il suscite encore. Depuis les modèles classiques de Markowitz et de Sharpe jusqu'aux travaux empiriques contemporains, cette problématique demeure au cœur de la recherche et de la pratique financière. L'ouvrage de Safae Benfeddoul s'inscrit parfaitement dans cette lignée. En mobilisant les fondements de la théorie moderne des marchés de capitaux, il adopte une double perspective, théorique et empirique, dans l'analyse des modèles d'évaluation des titres financiers. Il ouvre, par ailleurs, de nouvelles pistes de réflexion susceptibles d'enrichir la recherche académique tout en nourrissant les pratiques des acteurs du marché.

Pur produit de l'École marocaine, Safae Benfeddoul est le fruit d'une époque contemporaine où le Maroc donne ses chances à tout un chacun. Son parcours est exemplaire. Titulaire d'un baccalauréat Sciences mathématiques, elle est lauréate de l'ENCG-Tanger, puis docteure en Sciences de gestion de l'ENCG-Fès, Université Sidi Mohammed Ben Abdellah. C'est là qu'elle choisit de se consacrer à la recherche, où elle franchit, une à une, les étapes qui lui permettent d'accéder au rang des grands chercheurs. Son ouvrage renoue avec une démarche, une méthode, une vision des choses qui, en vérité, ne la quittent jamais. Il va sans dire que son travail est une contribution précieuse pour le lecteur désireux de comprendre la relation rentabilité-risque, en particulier dans le contexte marocain. C'est une avancée significative et originale au Maroc, en ce sens que l'auteure ne se limite pas à l'examen des modèles de la rentabilité les plus consacrés dans la littérature, mais propose également un modèle alternatif qui semble bien capturer la variation des rendements des titres marocains.

Il fallait donc avoir un certain goût de la prospective pour commencer à déchiffrer ce domaine, qui aujourd'hui, encore, n'a pas fini de livrer tous ses trésors. Il fallait aussi faire preuve de quelque audace pour apporter une réflexion approfondie sur l'articulation entre la rentabilité et le risque des titres dans le contexte marocain. Pour ce faire, Safae Benfeddoul a mis l'accent sur la logique multifactorielle conjuguée à l'approche fondamentale telle qu'adoptée par Fama et French. Elle compare différents modèles de la rentabilité : le modèle classique du MEDAF, les modèles ad hoc de Fama et French à trois, cinq et six facteurs, et examine leur pertinence et leurs limites à la lumière des réalités locales. Elle explore également les anomalies boursières, en quête des variables les mieux à même d'expliquer les rendements des titres marocains. En alliant la théorie (MEDAF et modèles multifactoriels) et les observations empiriques, notamment les anomalies fondamentales, l'auteure adopte ainsi une approche tripartite qui consiste à vérifier les modèles existants, à explorer de nouvelles voies et à identifier les variables les plus appropriées à combiner dans un modèle descriptif de la rentabilité sur le marché marocain.

Encore très peu exploré, le marché marocain est un marché en plein essor et marqué par une dynamique d'intégration croissante aux marchés internationaux. Il offre un terrain d'analyse particulièrement riche. Les investisseurs y sont confrontés à des spécificités qui façonnent à la fois les opportunités de rendement et les formes de risque encourues. On peut citer, à titre d'exemples, une profondeur de marché encore limitée, une asymétrie informationnelle, des structures de propriété concentrées, une réglementation en constante évolution, une volatilité très forte, un volume d'échange très réduit, mais aussi une ouverture progressive vers des instruments financiers plus sophistiqués.

En rassemblant ses essais et ses analyses dans ce recueil, Safae Benfeddoul, prenant son bâton de pèlerin, réussit le pari de rendre accessible une littérature riche et dense, tout en offrant une analyse rigoureuse de la relation rentabilité-risque. Après d'autres, cet ouvrage s'impose, à sa façon, comme une référence incontournable pour quiconque souhaite approfondir sa compréhension de la dynamique complexe qui sous-tend la relation rentabilité-risque. Il contribue significativement au débat sur l'analyse des rendements des actifs financiers et leur lien avec différentes primes de risque. En modélisant la relation rentabilité-risque suivant différentes approches méthodologiques sur le marché boursier marocain, ce travail enrichit sans doute la littérature relative aux marchés financiers émergents, en particulier ceux du continent africain.

Le présent ouvrage, que nous avons l'honneur de préfacer, s'adresse aux chercheurs, aux professionnels de la finance et aux étudiants qui souhaitent approfondir leur compréhension des modèles d'évaluation des actifs financiers. Il met à leur disposition un ensemble d'outils conceptuels et techniques nécessaires à la gestion de portefeuille, à l'analyse de l'investissement et à la mesure de la performance dans le contexte marocain.

Fès, le 05/10/2025

Pr. Asmâa ALAOUI TAÏB

Introduction

Les marchés de capitaux constituent le cœur battant de l'activité d'investissement, mettant en relation ceux qui disposent d'un excédent de capitaux (épargnants et investisseurs) et ceux qui cherchent des financements (entreprises et gouvernements). Cet échange dynamique alimente la croissance économique en facilitant l'allocation des ressources vers des activités productives. L'idée centrale de ce processus repose sur le principe fondamental de l'équilibre entre rentabilité et risque. Le paysage de l'investissement est à double tranchant, offrant des circonstances opportunes de gains, mais aussi des risques de pertes. Les investisseurs, qui cherchent à accroître leur patrimoine par le biais de placements, sont constamment confrontés au défi d'équilibrer le potentiel de rentabilité élevé avec le risque inhérent à la perte. La poursuite de rendements plus élevés implique inévitablement des investissements plus risqués. Le couple rentabilité-risque est un élément clé aussi bien de la gestion de portefeuille, de l'analyse des investissements que de l'évaluation des titres. Les investisseurs sélectionnent méticuleusement une combinaison d'actifs qui correspond à leur tolérance au risque et à leurs objectifs financiers. La notion de rendement attendu devient pertinente lorsque les investisseurs s'efforcent de prévoir la performance future potentielle de leurs investissements. Cette prévision est fortement influencée par le risque perçu associé à chaque actif. Les actifs risqués offrent généralement la possibilité de rendements plus élevés, tandis que les actifs plus sûrs ont tendance à offrir des rendements plus faibles, mais une plus grande stabilité. Les marchés de capitaux fournissent la plateforme pour cet équilibre crucial, permettant aux investisseurs de naviguer dans le spectre rentabilité-risque et d'atteindre leurs objectifs financiers souhaités.

La quête visant à comprendre et à expliquer la relation rentabilité-risque constitue un thème central pour les praticiens et les chercheurs en théorie financière depuis des décennies. Bien qu'ancien, ce domaine d'étude de cette relation demeure d'actualité aujourd'hui. Il a considérablement évolué. Les premiers gestionnaires de portefeuille s'appuyaient principalement sur l'intuition et les règles de base pour gérer le risque. Le développement de la théorie moderne du portefeuille par Markowitz (1952) marque un tournant dans l'analyse des investissements. Son utilisation pionnière de l'analyse moyenne-variance fournit un cadre quantitatif puissant permettant aux investisseurs d'évaluer la relation cruciale entre rentabilité et risque. Cette théorie révolutionnaire, mettant l'accent sur la diversification comme stratégie clé de gestion du risque, jette les bases de nouvelles avancées en matière de construction de portefeuille et d'allocation d'actifs. Inspiré par les travaux de Markowitz, Sharpe (1963) cherche à affiner l'analyse du risque en développant le modèle de marché. Désigné sous l'appellation de modèle de marché empirique, le modèle proposé par Sharpe (1963) constitue une simplification de la réalité en considérant que les variations des rendements des titres s'expliquent de manière linéaire à la fois par des facteurs communs affectant l'ensemble du marché, généralement représentés par un indice de marché, et par des facteurs spécifiques propres à chaque entreprise.

S'appuyant sur ces résultats, Sharpe (1964) développe le Modèle d'Équilibre des Actifs Financiers (MEDAF). Dans sa formulation de base, le MEDAF constitue une extension du modèle de marché (Sharpe, 1963), lui-même dérivé du modèle moyenne-variance de Markowitz (1952). Selon le MEDAF, le rendement espéré d'un titre est estimé uniquement en fonction du facteur de marché, considéré comme le déterminant principal du rendement. Ce modèle, pour sa simplicité et sa construction rigoureuse, devient rapidement une pierre angulaire de l'analyse du couple rentabilité-risque dans les investissements. Cependant, la validité de tout modèle réside dans sa capacité à refléter la réalité. Ainsi, la relation entre la rentabilité des titres et leur coefficient du facteur de marché fait l'objet de nombreux tests et analyses empiriques. Les premières études de référence sont menées par Black *et al.* (1972) et Fama et MacBeth (1973). Leurs résultats confirment partiellement les prédictions du modèle. Plusieurs extensions théoriques ont émergé, visant à améliorer la mesure de la performance des portefeuilles tout en conservant la simplicité du modèle. Ces extensions assouplissent souvent certaines hypothèses spécifiques du MEDAF une à une. Des exemples incluent l'intégration de facteurs tels que la fiscalité (Brennan, 1970), les actifs non-marchands (Mayers, 1973), le risque de change (Solnik, 1974) et l'inflation (Friend *et al.*, 1976). D'autres, comme Breeden (1979), étendent le MEDAF à une analyse multi-périodes liée au comportement de consommation. Cependant, même ces extensions n'ont pas pu remédier complètement aux lacunes empiriques du modèle de Sharpe (1964).

La validité du MEDAF est également remise en question par Roll (1977), qui souligne l'utilisation de *proxies* (portefeuilles approximatifs ou substituts) du portefeuille de marché. Il insiste sur l'importance d'employer le portefeuille de marché « complet », englobant tous les actifs, pour des tests fiables. Cependant, la construction d'un tel portefeuille est en réalité impossible, limitant la possibilité de valider ou de réfuter définitivement le MEDAF. Cette critique coïncide avec l'émergence de la littérature sur les « anomalies », qui documente des écarts inexpliqués par rapport aux prédictions du MEDAF dans les rendements boursiers (Basu, 1977 ; Stattman, 1980 ; Banz, 1981 ; Rosenberg *et al.*, 1985). Ces anomalies boursières mettent en évidence les incohérences entre les rendements du marché réel et les attentes théoriques du MEDAF.

L'exploration des anomalies boursières a déclenché un débat au sein de la communauté financière. Certains les interprètent comme des preuves d'inefficience du marché ou d'une mauvaise spécification du modèle d'évaluation (Banz, 1981). D'autres, comme Fama et French (FF, ci-après), affirment que ces anomalies représentent des primes de risque (FF, 1992, 1993). Ils estiment que le risque d'un actif est influencé par de multiples facteurs, et non pas seulement par le facteur unique de marché propre au MEDAF. Cette limite a conduit, par conséquent, à l'exploration de modèles alternatifs. Ceci a donné naissance à deux approches principales : le MEDAF intertemporel de Merton (1973) et le modèle d'évaluation par arbitrage (APT) de Ross (1976). Dans ce contexte, l'approche fondamentale basée sur les anomalies observées liées aux caractéristiques spécifiques des entreprises a émergé, offrant une perspective alternative. Cette approche repose sur des modèles d'évaluation *ad-hoc* cherchant à remédier aux limites du MEDAF. En reliant directement le rendement d'une action à ses caractéristiques intrinsèques, elle vise à fournir une compréhension plus complète de la relation rentabilité-risque.

S'appuyant sur les deux approches de Merton (1973) et Ross (1976), FF (1992) ont remis en question la dominance du MEDAF dans un premier article controversé. Leurs travaux empiriques démontrent l'existence d'une faible relation entre le seul facteur de risque du MEDAF et les rendements boursiers. Fort de ce résultat, ils annoncent la « mort du bêta » et proposent un modèle alternatif qu'est le modèle à trois facteurs de FF (1993). Ce modèle (FF3F), qui intègre, au facteur de marché, deux facteurs liés à la taille de l'entreprise et au ratio *book-to-market* (B/M), améliore considérablement l'explication des rentabilités des titres par rapport au MEDAF. Le modèle FF3F s'est rapidement imposé comme un sujet central dans le cadre des débats autour de l'évaluation des actifs financiers. Il offre une approche plus séduisante alliant le cadre théorique du MEDAF aux observations empiriques issues des marchés boursiers. En 2015, FF ont encore étendu leurs travaux en proposant un modèle à cinq facteurs (FF5F) qui inclut deux facteurs additionnels liés aux variables de *profitability*[1] et d'investissement. Trois années plus tard, ils ont intégré un sixième facteur, lié à la

[1] FF (2015) définissent la variable *profitability* comme étant la rentabilité opérationnelle. La définition des facteurs dans les modèles de FF (1993, 2015, 2018) est détaillée dans le troisième chapitre de l'ouvrage.

variable du *momentum*, et ont mis en place leur modèle à six facteurs (FF6F).

La popularité croissante des modèles à trois, cinq et six facteurs de FF (1993, 2015, 2018) dans la littérature académique souligne leur importance en tant que modèles ad hoc. Alors que les premières études sur le marché américain ont largement confirmé les observations des auteurs, les chercheurs explorent activement l'applicabilité des modèles sur différents marchés. En particulier, ces modèles sont vraisemblablement remis en question sur les marchés émergents. Bekaert et Harvey (2003) soulignent les difficultés inhérentes à la vérification de tels modèles à ces marchés, où le comportement des investisseurs et la dynamique du marché peuvent différer considérablement des économies développées. Des études récentes suggèrent que ces caractéristiques propres aux marchés émergents peuvent entraîner des incohérences dans l'explication des rendements boursiers par les modèles de FF (Zaremba & Czapkiewicz, 2017 ; Alrabadi & Alrabadi, 2018 ; Kostin *et al.*, 2022 ; Hossain, 2022). Les études sont principalement concentrées sur les marchés asiatiques, notamment la Chine, l'Inde, la Malaisie et la Thaïlande, par opposition aux marchés africains, à l'exception faite de l'Afrique du Sud. Les marchés nord-africains, en particulier, sont très peu explorés. De plus, les modèles de FF montrent certaines limites ; la littérature souligne plus précisément le choix quelque peu arbitraire des facteurs explicatifs, qui manquent de fondements théoriques solides.

Compte tenu de ces considérations, la question centrale qui se pose dans le cadre de la modélisation de la rentabilité des titres sur les marchés émergents est la suivante : quel modèle de rentabilité permet d'expliquer de manière satisfaisante et rigoureuse la variation des rendements boursiers ? Cette problématique part de l'hypothèse que les modèles traditionnels présentent certaines limites lorsqu'il s'agit d'analyser les marchés émergents, lesquels constituent un véritable défi en raison de leurs spécificités structurelles et de leur dynamique propre.

Afin d'apporter des éléments de réponse, nous proposons d'examiner cette problématique à travers une analyse comparée sur le marché marocain, en formulant deux questions spécifiques :

- Les modèles de FF expliquent-ils suffisamment les rendements boursiers sur le marché marocain ?
- Y a-t-il une combinaison de variables explicatives plus adaptée en mesure de mieux décrire la relation rentabilité-risque sur le marché marocain ?

Le choix du marché marocain comme terrain d'étude se justifie par son rôle historique et stratégique dans la région. En effet, il s'agit de la première place boursière du Maghreb et de l'Afrique de l'Ouest, et de la deuxième sur le continent après Johannesburg (EIB, 2022). Depuis sa création en 1929, la Bourse de Casablanca n'a cessé de renforcer sa position parmi les marchés les plus dynamiques du continent africain. Elle a notamment intégré en 2010 la *World Federation of Exchanges* (WFE), devenant ainsi son 52e membre et la quatrième bourse arabe et africaine à y être admise. De plus, elle a obtenu la certification ISO 9001-Version 2008 (2011–2014) et a été pionnière dans la création du premier hub financier africain à travers la Casablanca Finance City (CFC). Depuis 2016, le Maroc occupe une place de premier plan dans le classement du *Global Financial Centers Index* (GFCI), confirmant ainsi la dimension internationale et l'importance croissante de son marché financier.

Notre objectif principal vise à approfondir la compréhension de la relation rentabilité-risque en alliant la théorie (MEDAF et modèles multifactoriels) et les observations empiriques (les anomalies fondamentales notamment). Il ambitionne également d'apporter une contribution significative en se concentrant sur le marché boursier marocain, un terrain encore peu exploré en termes de modélisation de rentabilité. Notre approche consiste à vérifier les modèles existants, à explorer de nouvelles voies et à identifier les variables les plus appropriées pour expliquer la relation rentabilité-risque. Nous testons empiriquement la dominance des modèles de FF par rapport au MEDAF dans le contexte marocain. Plus précisément, nous comparons le pouvoir explicatif du MEDAF traditionnel et des modèles de FF à trois, cinq et six facteurs. De plus, nous utilisons une approche fondamentale, similaire au cadre FF, pour explorer les anomalies potentielles sur le marché marocain. Cette exploration pourrait conduire à l'identification de facteurs candidats pour un modèle d'évaluation plus adapté. Notre méthodologie comprend divers tests économétriques avec des corrections pour les problèmes potentiels d'erreurs de variables.

Cet ouvrage est structuré en quatre chapitres ; les deux premiers chapitres de nature conceptuelle servent de base à l'investigation empirique conduite dans les deux suivants.

Le premier chapitre jette les bases de la compréhension de l'évaluation classique des actifs financiers dans le cadre de la théorie moderne des marchés de capitaux. Il explore à la fois les fondements théoriques et les observations empiriques qui ont façonné ce domaine. Le chapitre débute par le modèle moyenne-variance de Markowitz (1952), en décrivant ses hypothèses de base. Il se poursuit avec une analyse du modèle de marché de Sharpe (1963). Sont ensuite présentés le MEDAF à facteur unique et ses fondements théoriques, ainsi que les différentes extensions proposées dans la littérature. Les limites du MEDAF sont abordées, notamment à travers la célèbre critique de Roll (1977). Enfin, le chapitre examine les principales anomalies boursières qui remettent en question le pouvoir explicatif du seul facteur de marché propre au MEDAF.

Le deuxième chapitre explore l'approche multifactorielle en réponse aux lacunes du MEDAF monofactoriel. Il commence par présenter le MEDAF intertemporel de Merton et l'APT, avant de développer les modèles de FF (1993, 2015, 2018) en tant qu'illustration empirique de l'approche multifactorielle. Ce chapitre propose également une revue de la littérature des diverses études menées aussi bien sur les marchés développés que sur les marchés émergents. Enfin, d'autres extensions empiriques du cadre FF, qualifiées dans la littérature de « bons modèles », sont présentées.

Le troisième chapitre constitue la première étude empirique de l'ouvrage. Il s'agit d'une analyse comparative des différentes extensions du cadre de FF (1993, 2015, 2018) sur le marché boursier marocain. La première section examine le pouvoir explicatif des modèles de FF par rapport au MEDAF en utilisant l'analyse temporelle, les résultats étant ensuite soumis aux tests économétriques nécessaires pour valider les régressions de séries chronologiques. La deuxième section repose sur une approche transversale, permettant d'évaluer de manière complémentaire le comportement des variables explicatives des modèles de FF sur le marché marocain.

Le quatrième et dernier chapitre constitue la deuxième étude empirique de l'ouvrage, avec un double objectif. Premièrement, le chapitre explore les anomalies fondamentales dans le contexte marocain. En employant diverses méthodologies, il identifie les facteurs de risque capables d'expliquer les variations des rendements boursiers marocains. Deuxièmement, le chapitre compare différentes combinaisons de facteurs explicatifs, afin d'évaluer le pouvoir descriptif de chaque combinaison dans la capture des variations des rendements. L'objectif est de proposer un modèle multifactoriel pertinent, capable de décrire efficacement les rendements boursiers sur le marché marocain.

Chapitre 1

L'évaluation classique des actifs financiers dans la théorie moderne des marchés de capitaux : fondements théoriques et observations empiriques

La théorie moderne des marchés de capitaux constitue le socle de l'analyse d'investissement et de l'évaluation des actifs financiers. Elle offre un cadre structuré permettant de comprendre, de modéliser et d'expliquer la relation fondamentale entre rentabilité et risque. En s'appuyant sur ce corpus théorique, la recherche académique a progressivement développé des modèles d'évaluation qui constituent la clé de voûte de la valorisation des titres et du processus décisionnel des investisseurs en situation d'incertitude.

Ce premier chapitre établit les bases de l'évaluation classique des actifs financiers dans le cadre de la théorie moderne des marchés de capitaux. Il débute par la présentation du modèle moyenne-variance de Markowitz (1952), qui a révolutionné le domaine de la gestion et de l'optimisation des portefeuilles. Il expose ensuite le modèle de marché de Sharpe (1963), offrant une approche plus raffinée de l'analyse du risque en introduisant la notion de risque systématique. S'appuyant sur ces deux modèles, le MEDAF est présenté dans la suite. Théorisé simultanément et indépendamment par Sharpe (1964), Lintner (1965) et Mossin (1966), ce modèle reste un guide pour les académiques et les praticiens en raison de sa rigueur et de son caractère parcimonieux. Le MEDAF établit un lien théorique entre le rendement attendu d'un actif et son risque systématique, permettant ainsi aux investisseurs d'évaluer le rendement anticipé d'un actif risqué par rapport au taux sans risque.

Cependant, l'observation empirique a mis en évidence des écarts persistants entre les rendements prédits par le MEDAF et les rendements réellement constatés sur les marchés financiers. Ces écarts, désignés sous le terme d'anomalies boursières, reflètent des variations de rendement non expliquées par le facteur unique de marché et révèlent certaines limites du modèle monofactoriel. La dernière section de ce chapitre présente ces anomalies en distinguant les effets de saisonnalité, les effets fondamentaux et les effets de rendements passés. Ainsi, ce chapitre fournit à la fois le cadre théorique classique de l'évaluation des actifs financiers (section 1) et les observations empiriques (section 2) qui mettent en lumière les limites de ce cadre.

Section 1 : De la théorie moderne du portefeuille au MEDAF

Cette section retrace les bases de la finance moderne, en commençant par la théorie de Markowitz (1952), qui a formalisé le principe de diversification et introduit la notion de frontière efficiente des portefeuilles. Ensuite, le modèle de marché a permis de différencier le risque diversifiable (ou spécifique) du risque non diversifiable (ou systématique). Cette progression théorique a conduit au MEDAF, qui établit une relation linéaire entre le rendement attendu d'un actif et son risque systématique.

1. Fondements théoriques de la théorie moderne du portefeuille

La relation entre le risque et la rentabilité des actifs financiers repose sur les fondements de la théorie moderne du portefeuille, initiée par Markowitz (1952) avec son modèle moyenne-variance, un cadre pionnier pour l'optimisation des portefeuilles. Les travaux ultérieurs de Sharpe (1963) approfondissent cette théorie avec le modèle de marché, offrant ainsi une approche plus raffinée de la gestion du risque.

1.1. Modèle moyenne-variance de Markowitz

« Ne mettez pas tous vos œufs dans le même panier », une expression de grand-mère qui constitue néanmoins l'un des principes clés de la théorie du portefeuille. C'est dans les années 1950 que Markowitz, pionnier de la finance moderne, démontre mathématiquement la véracité de ce dicton à travers son article novateur (1952) et son livre ultérieur (1987).

1.1.1. Présentation du modèle

Le modèle moyenne-variance développé par Markowitz (1952) révolutionne le domaine de l'investissement en introduisant le concept de diversification pour une meilleure gestion du risque. Ce modèle propose un cadre permettant de construire un portefeuille optimal en équilibrant rendement attendu et niveau de risque. Cette approche novatrice a profondément influencé la théorie moderne du portefeuille et reste une référence incontournable en gestion de portefeuille et en finance.

Selon Markowitz (1952), la méthode de sélection de portefeuille vise à minimiser le risque pour un niveau de rendement prédéfini. Son modèle repose sur deux mesures statistiques essentielles : la moyenne (ou rendement attendu) et la variance (ou risque). Plus précisément, la moyenne présente le rendement anticipé d'un investissement, tandis que la variance évalue la dispersion des rendements potentiels autour de cette moyenne. Ces deux mesures sont utilisées pour déterminer le portefeuille optimal, qui équilibre le rendement souhaité et le risque encouru. Un concept clé du modèle est la frontière efficiente, regroupant tous les portefeuilles optimaux. Cette frontière montre le rendement attendu le plus élevé pour un niveau de risque donné ou, inversement, le risque le plus faible pour un niveau de rendement attendu. Ainsi, grâce à ce modèle, les investisseurs peuvent identifier la frontière efficiente et constituer des portefeuilles situés sur cette courbe, maximisant ainsi leurs rendements pour un niveau de risque donné.

1.1.2. Hypothèses du modèle de Markowitz

Le fondement de la théorie moderne du portefeuille de Markowitz stipule que chaque investisseur cherche à maximiser le rendement pour un niveau de risque donné ou à minimiser le risque pour un rendement attendu spécifique. Le couple rentabilité-risque est communément la base de toutes les décisions d'investissement. La théorie de la diversification optimale du portefeuille développée par Markowitz s'appuie sur plusieurs hypothèses, notamment :

H1 : La théorie suppose que les investisseurs ont de l'aversion pour le risque et cherchent à maximiser leur rendement pour un niveau de risque donné. Selon Markowitz, la perception de l'investissement diffère d'un investisseur à l'autre en fonction de leur degré d'aversion au risque.

H2 : Les investisseurs utilisent l'approche moyenne-variance pour construire leur portefeuille. En d'autres termes, ils cherchent à maximiser le rendement moyen de leur portefeuille tout en minimisant sa variance.

H3 : L'hypothèse d'un horizon de placement à période unique est également essentielle dans le modèle de Markowitz (1952). Elle implique que les investisseurs prennent des décisions en fonction des résultats attendus dans un délai précis, sans tenir compte des éventuels changements des conditions de marché ou de leur tolérance au risque sur une période plus longue. En fait, il existe un horizon unique pour tous les investisseurs.

H4 : Le modèle de Markowitz (1952) suppose la normalité des distributions de rendement. L'évolution des prix sur le marché financier suit un phénomène aléatoire selon la loi de probabilité de Laplace-Gauss.

H5 : Markowitz précise que la covariance des rendements des différents actifs financiers n'est pas égale à zéro. Les rendements des différents titres ne sont pas indépendants les uns des autres.

H6 : Les marchés sont efficients et les différents acteurs sont rationnels. Les prix reflètent pleinement et instantanément toute l'information disponible pour chaque titre. Il n'y a ni profit ni avantage à détenir de l'information.

H7 : Les coûts de transaction sont absents. Le modèle suppose qu'il n'y a pas d'impôts ni de coûts de transaction liés à l'achat et à la vente de titres. Cela simplifie le calcul et le processus d'optimisation pour créer le portefeuille le plus efficace.

À travers son approche moyenne-variance, Markowitz (1952) invite les investisseurs à fonder leurs décisions sur deux paramètres clés : le rendement attendu et la variance. Ces éléments permettent de définir des portefeuilles optimaux, dont l'ensemble constitue la frontière efficiente. L'analyse de Markowitz facilite la sélection d'actifs financiers en intégrant la notion de diversification et en tenant compte des corrélations entre les rendements des différents actifs. Ainsi, la théorie de Markowitz s'affirme comme l'un des fondements essentiels de la finance moderne, introduisant le premier modèle historique d'évaluation des actifs financiers. S'inspirant des travaux de Markowitz, Sharpe (1963, 1964) développe le modèle de marché, suivi du célèbre MEDAF, qui a ouvert la voie à un champ plus vaste de modèles d'évaluation des actifs.

1.2. Modèle de marché

Dans les années 1960, le champ de la finance de marché a connu une transformation majeure, caractérisée par un intérêt croissant pour les approches quantitatives dans l'analyse d'investissement et la gestion de portefeuille. Les travaux de Sharpe (1963) ont joué un rôle clé dans cette évolution en introduisant un cadre rigoureux pour évaluer la relation entre risque et rendement. Le modèle de marché, qui découle des concepts de Markowitz (1952), en est l'illustration la plus reconnue. Ce modèle simplifie la complexité des marchés en postulant que les variations des prix des actions résultent à la fois de facteurs de marché communs et de facteurs propres à chaque entreprise. Les fluctuations spécifiques à un titre peuvent être réduites, voire éliminées, grâce à la diversification du portefeuille ; on les qualifie de risque non systématique, diversifiable ou spécifique. En revanche, les variations liées au marché sont inévitables, même avec une diversification efficace, et représentent ce qu'on appelle le risque systématique ou non diversifiable.

Le modèle de marché a un impact majeur sur l'analyse d'investissement, la gestion de portefeuille et la théorie moderne du portefeuille. L'hypothèse centrale de ce modèle stipule que le facteur de marché est le seul facteur de risque systématique, permettant de représenter tous les actifs financiers par un unique coefficient bêta. Ce coefficient exprime la sensibilité des rendements d'un actif par rapport à l'indice du marché et mesure le risque associé à la volatilité du marché. Le modèle de Sharpe (1963) est souvent désigné comme le modèle à indice unique ou le modèle de marché empirique. La formulation de ce modèle est la suivante :

$$R_{it} = \alpha_i + \beta_i R_{Mt} + \varepsilon_{it} \qquad (1)$$

avec,

R_{it}, rentabilité de l'actif i en t

α_i, constante de régression de i,

R_{Mt}, rentabilité de l'indice de marché en t,

β_i, coefficient bêta calculé représentant le risque non diversifiable de i,

ε_{it}, terme résiduel représentant le risque spécifique de i en t.

Ainsi, le calcul du coefficient bêta dans le modèle de marché est un élément crucial dans la détermination du rendement attendu d'un titre. Le coefficient bêta est déterminé par le ratio des covariances des rendements de l'actif et du marché divisé par la variance du rendement de l'indice de marché.

$$\beta_i = \frac{cov(R_i, R_M)}{var(R_M)} \qquad (2)$$

En plus de sa contribution pratique, le travail de Sharpe (1963) joue un rôle fondamental dans l'élaboration d'une théorie de la formation des prix des actifs financiers sur le marché, connue sous le nom du MEDAF. Contrairement au modèle de marché, le MEDAF s'appuie sur des concepts issus de la théorie financière. Il fournit une explication théorique des coefficients bêta des titres tout en mettant en lumière plusieurs caractéristiques essentielles des marchés.

2. Le MEDAF et ses extensions théoriques

Le MEDAF est le modèle de la théorie financière qui a suscité le plus grand nombre de développements dans la finance moderne. Avant de l'exposer, nous abordons ses hypothèses de base afin de mieux comprendre le contexte théorique dans lequel il s'inscrit. Par la suite, nous examinons les méthodes empiriques couramment utilisées pour évaluer sa validité, en nous basant sur les travaux pionniers de Black *et al.* (1972) et de Fama et Macbeth (1973). Il convient de noter que le MEDAF repose sur des hypothèses souvent jugées restrictives et peu réalistes. Avant de porter un regard critique sur ce modèle, nous mettons également en lumière les extensions théoriques qui cherchent à assouplir certaines de ses hypothèses.

2.1. Présentation et validation empirique du MEDAF

Le MEDAF est introduit simultanément et indépendamment par Sharpe (1964), Lintner (1965) et Mossin (1966). Ce modèle constitue une extension des travaux de Markowitz (1952) et de Sharpe (1963), représentant une avancée majeure dans la finance moderne. Il est encore largement utilisé dans la recherche empirique et l'évaluation de la performance des actifs financiers. Avant d'approfondir le modèle lui-même, nous présentons ses hypothèses sous-jacentes.

2.1.1. Hypothèses du MEDAF

Le concept de frontière efficiente, introduit par Markowitz en 1952, révolutionne le domaine de l'optimisation des portefeuilles. Son importance économique est soulignée par les contributions relatives à l'actif sans risque, proposées par Tobin (1958) et Sharpe (1964). Le « théorème de séparation » de Tobin stipule que les décisions d'allocation de portefeuille se décomposent en deux étapes : d'abord, déterminer l'allocation des actifs risqués, puis décider de la proportion de la richesse totale à investir dans les actifs risqués par rapport aux actifs sans risque. Sharpe (1964) cherche à étendre la littérature en développant une théorie d'équilibre du marché des prix des actifs en situation de risque. Les hypothèses essentielles sous-jacentes à sa théorie sont les suivantes :

- Tous les investisseurs peuvent emprunter ou prêter les sommes qu'ils souhaitent au taux d'intérêt sans risque, sans affecter leur niveau : les taux d'emprunt et de prêt sont égaux.
- Tous les investisseurs partagent les mêmes attentes concernant la performance future des titres et du marché global. Ce concept d'homogénéité des attentes fournit une base pour dériver une prime de risque de marché unique et un rendement attendu qui représentent le consensus collectif de tous les participants au marché.

- De plus, en adhérant à la théorie moderne du portefeuille formulée par Markowitz, tous les investisseurs composent leurs portefeuilles uniquement sur la base des rendements attendus, de la variance et de la covariance de ces rendements, et toutes les informations nécessaires pour évaluer avec précision les actifs peuvent être obtenues librement par tous les investisseurs.

2.1.2. *Capital Market Line* et *Security Market Line*

Sur la base des hypothèses précédentes, Sharpe (1964) développe une relation linéaire simple pour expliquer le rendement attendu d'un portefeuille en fonction du niveau de risque pris par l'investisseur. Il formule le MEDAF, qui repose sur deux relations principales pour éclairer le rendement attendu des titres financiers en fonction de leur niveau de risque : la *Capital Market Line* (CML) et la *Security Market Line* (SML).

Étant donné que tous les investisseurs ont de l'aversion pour le risque, ils exigent une compensation sous la forme d'un rendement excédentaire appelé prime de risque. Un investisseur rationnel cherche à minimiser le risque de son portefeuille en diversifiant ses placements, seule la portion de risque non diversifiable étant compensée par la prime de risque. Comme tous les investisseurs possèdent les mêmes informations et attentes, ils maintiennent tous un portefeuille risqué identique qui comprend tous les actifs disponibles sur le marché, connu sous le nom de portefeuille de marché. En outre, les investisseurs peuvent prêter ou emprunter une partie de leurs fonds à un taux sans risque (R_f), supposé constant et uniforme pour tous.

La CML est une représentation graphique de la frontière efficiente dérivée de la combinaison d'un actif sans risque et d'un portefeuille de marché. Cependant, cette ligne ne permet pas de déterminer clairement le rendement d'équilibre d'un titre individuel. La principale avancée théorique de Sharpe a été d'identifier la relation impliquée par la CML au niveau des titres individuels. Selon l'auteur, puisque tous les investisseurs détiennent, à l'équilibre, une combinaison du portefeuille de marché et de l'actif sans risque, le portefeuille de marché comprend tous les actifs économiques disponibles. Chaque investisseur détient donc un actif individuel (i) uniquement dans la proportion où il est inclus dans le portefeuille de marché. Le risque associé à cet actif doit être mesuré par sa contribution au risque total du portefeuille de marché, ce qui est évalué à l'aide de la covariance. Cette relation aboutit à la définition du rendement d'équilibre des actifs financiers, représentée par la SML et l'équation suivante :

$$E(R_i) - R_f = [\, E(R_M) - R_f \,] \, \frac{cov(R_i, R_M)}{var(R_M)} \tag{3}$$

L'application de cette théorie est rendue possible par le modèle de marché. La correspondance entre le modèle de marché et la droite de marché des titres établie par l'égalité : $\beta_i = \frac{cov(R_i, R_M)}{var(R_M)}$ nous permet d'établir le modèle d'équilibre des actifs financiers :

$$E(R_i) = R_f + [E(R_M) - R_f]\, \beta_i \tag{4}$$

Sharpe (1964) simplifie considérablement le modèle de sélection de portefeuille en proposant un modèle d'équilibre pour l'évaluation des actifs financiers basé sur l'unique facteur de marché. La formulation simple du MEDAF permet d'affiner l'évaluation des titres individuels et d'approfondir la compréhension du comportement du marché ainsi que de la formation des prix des actifs. Par ailleurs, la littérature évoque les travaux de Treynor (1961), qui a élaboré un modèle de rendement comparable à celui de Sharpe, ainsi que les contributions théoriques de Lintner (1965) et de Mossin (1966), qui ont permis d'enrichir et de consolider les fondements du MEDAF. Ce modèle repose sur un certain nombre d'hypothèses, dont certaines peuvent sembler difficiles à accepter. Cependant, il est important de rappeler que, d'un point de vue économique positif, la validité d'un modèle ne dépend pas du réalisme de ses hypothèses mais plutôt de la cohérence des résultats qu'il produit par rapport à la réalité observée.

Il ne serait sans doute pas possible de présenter toutes les recherches qui ont visé à valider le MEDAF ou à étendre sa version originale. Néanmoins, nous tentons, dans ce qui suit, de présenter les principaux travaux dont les résultats ont semblé fournir une évaluation critique de la structure du modèle.

2.1.3. Les principales approches empiriques

Depuis son développement initial, le MEDAF a fait l'objet de nombreux tests empiriques. Les chercheurs ont recours à des méthodologies de plus en plus sophistiquées pour évaluer les hypothèses et les implications du modèle. Les tests originaux du MEDAF sont essentiels pour examiner la relation entre le risque et le rendement attendu. Ces études contribuent significativement à notre compréhension du fonctionnement des marchés boursiers et de la manière dont les investisseurs peuvent prendre des décisions éclairées concernant leurs placements. De plus, elles enrichissent notre compréhension des hypothèses du MEDAF et fournissent de précieux aperçus sur son applicabilité dans le monde réel.

Initialement, les tests empiriques utilisent des données américaines disponibles des années 1920 à la fin des années 1960. Les premières études empiriques de Lintner (1965) et Douglas (1968) sur le MEDAF contestent l'affirmation centrale selon laquelle le facteur de marché est le seul facteur qui influence de manière significative les rendements boursiers. En utilisant des données sur les rendements annuels, Lintner (1965) étudie l'impact du risque systématique et non systématique sur le rendement moyen de chaque action. Il constate que les actions à β élevé présentent un risque non systématique élevé, suggérant un effet probable des facteurs de risque non systématiques sur les rendements boursiers. Il conclut que le rendement d'un titre dépend positivement à la fois de son risque systématique et de son risque non systématique. Deux interprétations distinctes sont proposées. La première suggère que les marchés sont inefficients, ce qui signifie un écart par rapport à l'hypothèse de marchés financiers parfaits postulée dans les cadres théoriques. La seconde interprétation suggère que le MEDAF ne représente pas le véritable mécanisme générant les rendements observés. Pour sa part, en utilisant des données de rendement trimestrielles, Douglas (1968) conclut que le rendement moyen de chaque titre est davantage affecté par sa variance que par son risque systématique. Les résultats de ces deux auteurs contredisent ceux soutenus par le MEDAF et font partie des premières études empiriques à remettre en question les affirmations de ce modèle.

Miller et Scholes (1972) remettent en cause les conclusions de Lintner (1965) et Douglas (1968) et soulignent certains problèmes statistiques, tels qu'une erreur dans l'estimation du risque systématique et une asymétrie dans la distribution des rendements, qui pourraient avoir influencé leurs résultats. Leur analyse révèle que le coefficient β dans leur analyse de régression (effectuée sur 600 entreprises simulées) dépasse celui d'une régression comparable à celle de Lintner (1965), ce qui indique un alignement plus étroit avec la valeur théorique.

Une interprétation erronée des résultats observés peut conduire au rejet erroné de l'cfficience des marchés ou du MEDAF. De nombreux chercheurs estiment essentiel de traiter les sources potentielles de biais dans l'estimation avant de pouvoir interpréter correctement les tests empiriques du MEDAF. Deux approches méthodologiques ont depuis été formulées et ont gagné en acceptation dans les recherches approfondies sur le MEDAF. L'une est désignée comme l'approche de Black *et al.* (1972), tandis que l'autre est connue comme l'approche de Fama et MacBeth (1973), utilisant respectivement des méthodes de régression en série temporelle et de régression en coupe transversale. Les paragraphes suivants se concentrent principalement sur ces deux méthodes largement utilisées.

L'approche de Black et al. (1972)

L'étude de Black *et al.* (1972) est la première analyse approfondie du MEDAF à réaliser un test sur des données en séries temporelles. Elle porte sur les actions de la New York Stock Exchange (NYSE) sur la période 1926-1966. Les auteurs ont eu recours à des procédures de regroupement pour réduire le biais introduit par les erreurs de mesure dans l'estimation des coefficients bêta. En classant systématiquement les entreprises en groupes selon certains critères, les auteurs cherchaient à minimiser l'impact des erreurs de mesure sur l'estimation des bêtas des portefeuilles. En effet, les auteurs classent les actions en déciles sur la base de leurs coefficients bêta préalablement estimés par rapport à un portefeuille équipondéré, représenté par l'ensemble des actions de l'échantillon. Les coefficients bêta des portefeuilles ainsi formés sont ensuite estimés. Les résultats révèlent la présence d'un biais de sélection, probablement dû à la formation des portefeuilles et à l'estimation de leurs bêtas sur la même période. Il apparaît, en effet, que les portefeuilles à bêta élevé sont ceux qui regroupent les titres ayant les plus grandes erreurs d'estimation positives du bêta. De même, les portefeuilles à faible bêta sont ceux où les estimations du bêta des titres sont remarquablement sous-évaluées.

Afin de réduire le biais de sélection causé par les erreurs de mesure dans les estimations du bêta utilisées pour le regroupement en portefeuilles, les auteurs ont utilisé des variables instrumentales, telles que le bêta estimé de la période précédente, pour sélectionner les regroupements en portefeuilles pour l'année suivante. Les coefficients bêta des actions sont d'abord estimés sur une période de cinq ans en utilisant les rendements excédentaires mensuels. Ces actions sont ensuite catégorisées en dix groupes sur la base de leurs coefficients bêta estimés. Par la suite, les rendements excédentaires mensuels de ces portefeuilles sont calculés et rééquilibrés au cours de l'année suivante. Ce processus est répété en décalant les fenêtres pour l'estimation du bêta et la construction des portefeuilles chaque année tout au long de la période d'étude. À ce stade, une série de rendements mensuels est obtenue pour chacun des portefeuilles rééquilibrés annuellement. Les bêtas des portefeuilles sont alors estimés en régressant les rendements moyens en séries temporelles sur le rendement excédentaire du portefeuille de marché. Ces bêtas de portefeuille estimés servent de variables indépendantes dans des régressions ayant les rendements excédentaires du marché comme variable dépendante, ce qui permet d'obtenir une estimation de la prime de risque.

Black *et al.* (1972) ont montré que le terme constant est significativement différent de zéro (s'écartant de 9,79 écarts-types), ce qui implique qu'il pourrait y avoir un élément « omis » dans le MEDAF, qui est capturé dans le terme constant estimé empiriquement. Ces résultats les ont conduits à une conclusion négative concernant le MEDAF.

L'approche de Fama et MacBeth (1973)

La méthodologie de Fama et MacBeth (1973) utilise des données mensuelles pour l'ensemble des actions ordinaires négociées sur la NYSE, couvrant la période de janvier 1926 à juin 1968, soit la même base de données que celle utilisée par Black *et al.* (1972). Ils testent un modèle de rendement multifactoriel du type :

$$E(R_i) - R_f = \gamma_0 + \gamma_1\beta_i + \gamma_2\beta_i^2 + \gamma_3\sigma_i \quad (5)$$

Cette équation permet de vérifier deux hypothèses :

- L'absence de relation non linéaire entre les rendements et les bêtas des actions.
- L'incidence du risque résiduel sur les rendements.

La variable β_i^2 permet de vérifier la linéarité de la relation ; le coefficient de régression moyen γ_2 est alors supposé être nul. La variable σ_i correspond à l'écart-type des résidus estimés mesurant ainsi le risque non expliqué par le β_i. Elle permet de tester l'effet de la variance résiduelle sur la formation des rendements. Les coefficients γ_0 et γ_3 doivent, quant à eux, être nuls.

Les principaux résultats des tests montrent qu'il n'y a pas lieu de douter de la relation positive entre le rendement espéré d'un actif i et son risque systématique, étant donné que γ_1 est presque toujours positif. Sur la période 1935-1968, le risque résiduel ne semble pas affecter les rendements, car γ_2 n'est pas en moyenne significativement différent de 0. De plus, sa valeur reste très faible et de signe variable sur les différentes sous-périodes testées. Les conclusions sont similaires pour γ_3.

L'approche en coupe transversale de Fama et MacBeth (1973) est largement adoptée jusqu'en 1992, lorsque FF l'adaptent dans leur article fondateur sur le modèle FF3F. La technique comporte trois étapes principales :

Étape 1 : Formation des portefeuilles

Dans un premier temps, les bêtas individuels des actions sont estimés à l'aide d'une régression de séries temporelles sur une période initiale de 60 mois. L'équation de régression est :

$$R_{it} - R_{ft} = \alpha_i + \beta_i(R_{Mt} - R_{ft}) + \varepsilon_{it} \qquad (6)$$

$$t \subset [t-120, \dots, t-61]$$

Ensuite, les actions sont regroupées en portefeuilles en fonction de leurs bêtas estimés.

Étape 2 : Estimation des bêtas des portefeuilles

Une fois les portefeuilles formés, leurs bêtas sont réestimés en utilisant une nouvelle fenêtre glissante de 60 mois suivant l'équation :

$$R_{pt} - R_{ft} = \alpha_p + \beta_p(R_{Mt} - R_{ft}) + \varepsilon_{pt} \qquad (7)$$

$$t \subset [t-60, \dots, t-1]$$

Étape 3 : Régressions transversales

Les bêtas estimés des portefeuilles sont ensuite utilisés comme variables explicatives dans des régressions transversales à la date t. Le rendement de chaque portefeuille p est expliqué par son coefficient bêta précédemment calculé :

$$R_{pt} - R_{ft} = \gamma_{0t} + \gamma_{1t}\,\beta_{pt-1} + \mu_{pt} \qquad (8)$$

La procédure entière est répétée mensuellement, en faisant glisser les fenêtres de 60 mois et les régressions transversales d'un mois à chaque fois. La formation des portefeuilles d'actions est revue annuellement. Pour ce faire, les bêtas individuels utilisés pour regrouper les actions sont mis à jour à la fin de chaque année. Au final, nous obtenons une série temporelle comprenant les paramètres γ_{0t} et γ_{1t}. En supposant l'indépendance entre les estimations successives, un simple test t de *Student* est utilisé pour examiner les valeurs moyennes de ces coefficients estimés.

Dans l'ensemble, les tests originaux du MEDAF se caractérisent par des approches méthodologiques diversifiées, reflétant la complexité de l'évaluation de la validité du modèle sur les marchés financiers réels. La combinaison de la régression transversale, de l'analyse en série temporelle et des approches par portefeuilles permet une évaluation multidimensionnelle des prédictions du MEDAF et de ses implications pratiques pour les investisseurs et les praticiens de la finance.

2.2. Extensions théoriques et limites du MEDAF

Comme le soutient Sharpe (1964), le MEDAF découle d'hypothèses très restrictives et souvent peu réalistes. Cependant, la pertinence d'une théorie ne réside pas dans le réalisme de ses hypothèses mais dans l'acceptabilité de ses implications. Ces hypothèses, bien qu'idéalisées, définissent des conditions d'équilibre qui constituent une part majeure de la doctrine financière classique. Par conséquent, il n'est pas évident de rejeter cette formulation, surtout en l'absence de modèles alternatifs produisant des résultats comparables. Partageant la même perspective, les chercheurs examinent les effets possibles du non-respect de ces hypothèses sur la robustesse du modèle. Les premiers travaux envisagent la possibilité d'assouplir les hypothèses restrictives, tout en conservant la conceptualisation de base du modèle et ses prédictions concernant les déterminants des rendements d'équilibre. De manière générale, assouplir les hypothèses restrictives rend les modèles plus complexes, moins intéressants et parfois mathématiquement inélégants. Néanmoins, il existe deux variantes du MEDAF qui présentent un intérêt réel dans les applications pratiques et les développements du modèle : le modèle à deux facteurs, mieux connu sous le nom de modèle zéro-bêta de Black (1972), et le MEDAF en temps continu de Merton (1973).

2.2.1. Le modèle zéro-bêta

Développé par Black *et al.* (1972), le modèle zéro-bêta présente des implications importantes pour la gestion de portefeuille et l'évaluation des actifs financiers, offrant une alternative au MEDAF traditionnel. En relâchant l'hypothèse d'emprunt et de prêt au même taux sans risque, ce modèle propose une alternative sans l'existence d'un actif sans risque en introduisant un portefeuille « zéro-bêta » composé d'actifs ayant un bêta nul. Ils parviennent à une conclusion similaire à celle du MEDAF traditionnel :

$$E(R_i) = E(R_z) + \beta_i[E(R_M) - E(R_z)] \quad (9)$$

où $E(R_z)$ est la rentabilité anticipée du portefeuille zéro-bêta.

En s'inspirant du théorème des deux fonds mutuels de Cass et Stiglitz (1970)[2], Black *et al.* (1972) développent un modèle à deux facteurs (R_z et R_M). Ce modèle partage la même structure que le MEDAF, bien qu'il comporte deux facteurs aléatoires au lieu d'un seul (R_M). Ici, l'actif sans risque est remplacé par un portefeuille orthogonal au portefeuille de marché, c'est-à-dire un portefeuille dont les variations sont entièrement indépendantes de celles du marché. Il existe un nombre infini de portefeuilles orthogonaux au marché, tous ayant le même rendement attendu puisque leur risque

[2] Cass et Stiglitz (1970) affirment que le rendement d'équilibre d'un actif financier peut être défini comme une fonction linéaire du rendement attendu et du risque de deux portefeuilles de référence. En effet, indépendamment des fonctions d'utilité des décideurs et de la nature du processus de génération des rendements, les auteurs montrent, d'une part, la validité générale du théorème de séparation et, d'autre part, la possibilité d'exprimer le rendement attendu d'un actif à l'équilibre par les paramètres pertinents (rendement, risque) de deux fonds mutuels de référence.

systématique est nul (un bêta égal à zéro). Cependant, un seul de ces portefeuilles se situe sur la frontière efficiente : c'est le portefeuille à bêta nul présentant le risque minimal.

Dans une deuxième version, Black *et al.* (1972) reconnaissent l'existence de l'actif sans risque mais restreignent la possibilité de le vendre à découvert. Ils démontrent qu'une condition nécessaire à l'équilibre dans ce cas est que $E(R_f) < E(R_z) < E(R_M)$. Les auteurs aboutissent à un MEDAF à deux facteurs et à un théorème de séparation en trois fonds :

$$E(R_i) - E(R_f) = \beta_i[E(R_M) - E(R_f)] + \gamma(\beta_i)[E(R_z) - E(R_f)] \quad (10)$$

avec : $\frac{\partial \gamma}{\partial \beta}(\beta) < 0 \quad et \quad \gamma(1) = 0$

Le premier facteur est le facteur de marché et le second facteur est le facteur bêta dont la prime est le rendement du portefeuille à variance minimale orthogonal au marché. Ce facteur permet de corriger la sous- (sur)évaluation des titres à faible (fort) bêta observée dans le MEDAF classique.

2.2.2. Le MEDAF en temps continu

Le MEDAF traditionnel suppose que les investisseurs prennent leurs décisions sur un horizon temporel d'une seule période. Cela signifie que les rendements espérés, la matrice de variance-covariance et le taux sans risque demeurent constants. Lorsque cette hypothèse est assouplie, une version dynamique du modèle devient envisageable. Merton (1973) développe ainsi une version du MEDAF, où les transactions peuvent se produire à tout moment et où les actifs suivent une distribution log-normale. Dans cette version généralisée, le taux sans risque est autorisé à fluctuer dans le temps, introduisant un risque supplémentaire dans l'économie.

Le théorème de séparation à deux fonds montre qu'un investisseur peut construire un portefeuille optimal en combinant seulement deux actifs : un actif sans risque et un actif risqué. Merton a étendu ce principe avec le théorème de séparation à trois fonds, qui indique qu'un investisseur peut gérer son portefeuille de façon optimale en le répartissant en trois composantes distinctes :

- Une partie du portefeuille est investie dans des actifs sans risque, tels que les obligations d'État ou les fonds du marché monétaire. Ces actifs offrent un rendement prévisible avec un risque minimal.
- Une autre partie est allouée au portefeuille de marché, qui représente un panier diversifié de tous les actifs risqués du marché. Cette composante offre une exposition à la performance globale du marché.
- Une fraction du portefeuille est allouée à un fonds spéculatif soigneusement sélectionné. Ce fonds présente une corrélation négative avec le taux de rendement sans risque afin de minimiser ses fluctuations.

Ainsi, l'investisseur peut gérer efficacement ses préférences en matière de rentabilité-risque et atteindre ses objectifs de placement en mettant en œuvre la stratégie à trois fonds. À l'équilibre, le rendement espéré d'un actif (i) peut être représenté comme suit :

$$E(R_i) = R_f + \lambda_{i1}\left[E(R_M) - R_f\right] + \lambda_{i2}\left[E\left(R_{Nf}\right) - R_f\right] \qquad (11)$$

avec, $\lambda_{1i} = \frac{\beta_{iM} - \beta_{t,Nf}\beta_{Nf,M}}{1 - \rho_{Nf,M}^2}$; $\lambda_{2i} = \frac{\beta_{i,Nf} - \beta_{iM}\beta_{Nf,M}}{1 - \rho_{Nf,M}^2}$

$$\beta_{x,y} = \frac{\sigma_{xy}}{\sigma_y^2} \quad ; \quad \rho_{Nf,M} = \frac{\sigma_{Nf,M}}{\sigma_{Nf}\sigma_M}$$

En constituant le portefeuille de couverture, l'agent neutralise les effets aléatoires sur le taux sans risque. Si ce taux n'est pas aléatoire ou s'il n'est pas corrélé au risque de marché, le troisième fonds n'existera plus. Dans ce scénario, nous revenons à la version traditionnelle du MEDAF. Il est important de noter que les taux de rendement sont instantanés et que la distribution des rendements suit un modèle log-normal plutôt qu'un modèle normal.

2.2.3. Les autres extensions du MEDAF

D'un point de vue théorique, plusieurs versions ou extensions du MEDAF sont développées en réponse aux hypothèses irréalistes du modèle originel. Les chercheurs examinent ces hypothèses une à une. Nous nous concentrons ici sur un bref aperçu de certaines de ces modifications particulièrement importantes visant à rendre le modèle plus réaliste.

Brennan (1970) élabore un modèle qui intègre l'impact de la fiscalité sur les rendements des titres permettant ainsi d'estimer le rendement espéré d'un actif comme une fonction de son risque systématique et de son bêta fiscal. Une extension du modèle de Brennan est ensuite proposée par Litzenberger et Ramaswamy (1979). Ces deux auteurs introduisent la progressivité de l'impôt dans le modèle en supposant que le taux marginal d'imposition de l'investisseur est une fonction continue de son revenu imposable.

La diversification internationale ajoute une complexité supplémentaire à la gestion de portefeuille. Plusieurs chercheurs envisagent une version internationale du MEDAF incorporant le risque de change et en combinant différents taux d'intérêt (Solnik, 1974 ; Errunza & Losq, 1989 ; Black & Litterman, 1992 ; Cooper & Kaplanis, 1994).

Par ailleurs, une attention particulière est également portée à l'hétérogénéité des anticipations concernant les rendements futurs des actions (Lintner, 1970 ; Sharpe, 1970 ; Fama, 1976 ; Gonedes, 1976), l'inflation (Friend *et al.*, 1976) et les coûts de transaction (Estrada, 2003 ; Levy, 1978).

Contrairement aux modèles en temps discret précédents, Breeden (1979) propose une version en temps continu du MEDAF. En d'autres termes, l'auteur montre que l'équation du modèle en temps continu de Merton (1973) peut être réduite à une représentation à un seul bêta, où l'excès de rendement espéré sur tout actif est proportionnel uniquement à sa covariance avec la croissance agrégée de la consommation. Ce modèle se concentre sur la croissance de la consommation plutôt que sur le rendement du marché. Plus précisément, il postule une relation linéaire positive entre le rendement espéré des actifs et leur bêta de consommation. De nombreuses études remettent en cause la capacité du risque de consommation à expliquer les primes de risque des actions et la structure transversale des rendements espérés (par exemple, Rubinstein, 1976 ; Lucas, 1978 ; Mehra & Prescott, 1985 ; Liu, 2009). Cependant, d'autres chercheurs critiquent ce modèle en raison de l'extrême aversion au risque qu'il implique pour l'agent représentatif (par exemple, Mankiw & Shapiro, 1986 ; Parker & Julliard, 2005 ; Jagannathan & Wang, 2007 ; Savov, 2011).

Il convient de noter que les extensions théoriques du MEDAF, motivées par la théorie économique, ont eu un succès empirique limité. Les efforts des chercheurs pour développer de meilleurs modèles pour expliquer les rendements moyens des titres ont conduit à certaines extensions empiriques du MEDAF. La première de ces extensions est introduite par Kraus et Litzenberger (1976) en ajoutant l'asymétrie (skewness) du rendement excédentaire du marché dans le MEDAF. Par la suite, Fang et Lai (1997) introduisent l'aplatissement (kurtosis) dans le modèle, et des preuves empiriques ont soutenu cette proposition. Les études montrent que les investisseurs sont prêts à payer une prime pour les actifs à co-skewness positive et exigent une prime de risque pour les actifs à co-kurtosis positif. L'importance d'inclure des moments d'ordre supérieur (co-asymétrie et co-kurtosis) dans le modèle à deux moments est documentée dans plusieurs études (Bedoui & BenMabrouk, 2017 ; Nishantha, 2018 ; Chaudhary *et al.*, 2020). Estrada (2003) avance que le MEDAF fournit une mesure de risque discutable et restrictive. L'auteur propose que la semi-variance des rendements est une mesure de risque plus pertinente et peut être utilisée pour générer une hypothèse comportementale alternative (comportement moyenne semi-variance). De plus, cette approche conduit au développement d'un modèle d'évaluation alternatif, le D-CAPM, introduisant ainsi un risque alternatif pour les investisseurs diversifiés, désigné sous le terme de *downside* bêta.

Les approches et méthodologies économétriques utilisées pour tester empiriquement le MEDAF sont également critiquées et plusieurs alternatives sont proposées (Shanken, 1992 ; Kim, 1995). Ray *et al.* (2009) trouvent des preuves que les tests conventionnels rejettent excessivement le MEDAF, tandis que l'utilisation de nouveaux tests robustes à l'hétéroscédasticité et à l'autocorrélation (HAR) fournit des preuves bien plus favorables au MEDAF. Vendrame *et al.* (2016) testent si l'utilisation d'actions individuelles, un modèle conditionnel, les moments d'ordre supérieur et d'autres facteurs de risque tels que l'effet de taille permettent de meilleures performances que le modèle MEDAF traditionnel, statique et basé sur des portefeuilles. Ils constatent que l'utilisation d'actions individuelles avec des moments d'ordre supérieur, en combinaison avec le facteur taille et un modèle conditionnel, explique la variation transversale des rendements des titres.

Motivé par les lacunes empiriques du modèle de consommation traditionnel de Breeden (1979), Delikouras (2017) propose un modèle d'évaluation des actifs basé sur la consommation avec aversion à la déception (*disappointment aversion*). Ce modèle vise à étudier le lien entre le risque de consommation baissier (downside consumption risk) et les rendements espérés sur différents marchés financiers. Plus tard, Delikouras et Kostakis (2019) proposent un modèle où l'investisseur représentatif est averse à la déception tout en étant neutre au risque du second ordre, offrant ainsi une alternative moins complexe au modèle hautement non linéaire introduit par Delikouras (2017).

Brennan et Zhang (2020) postulent que l'horizon de placement joue un rôle crucial dans les tests empiriques. Étant donné que le MEDAF est un modèle à période unique qui ne spécifie pas la durée de la période ou l'horizon pour lequel l'investisseur prend ses décisions, il est nécessaire de formuler une hypothèse à ce sujet à des fins empiriques. Les auteurs supposent un horizon ou un intervalle de négociation stochastique, ce qui contredit l'hypothèse habituelle faite lors de l'application du MEDAF à période unique, selon laquelle l'horizon est fixe et exogène. Brennan et Zhang (2020) ne sont pas les premiers à considérer l'effet de l'horizon ou de l'intervalle de temps sur lequel les rendements sont mesurés sur la performance du MEDAF. Des études antérieures de Levhari et Levy (1977), Longstaff (1989), Lee (1976), Lee *et al.* (1990), entre autres, s'inscrivent également dans ce contexte.

2.2.4. Un regard critique sur le MEDAF

Parmi les critiques les plus notables du MEDAF figure celle de Roll (1977). Cette critique se concentre sur les défis associés au test du MEDAF, que Roll a qualifié de théorie de valorisation des actifs à deux paramètres. Les défis principaux soulignés par l'auteur incluent la difficulté de tester le modèle avec précision en raison de la nature insaisissable du vrai portefeuille de marché. Le vrai portefeuille de marché représente un panier hypothétique de tous les actifs risqués dans l'univers de l'investissement, englobant non seulement les actions mais aussi les obligations, l'immobilier, les métaux précieux, les œuvres d'art et tout autre actif d'investissement concevable. Roll souligne qu'un test valide de la théorie de valorisation des actifs nécessite une connaissance complète de la composition du vrai portefeuille de marché. Ce point est crucial car l'équivalence mathématique entre la relation de linéarité rendement/bêta individuel et l'efficacité moyenne-variance du portefeuille de marché exige d'inclure chaque actif individuel dans le test. Le fait de ne pas inclure tous les actifs peut entraîner des erreurs d'inférence, car les résultats des tests peuvent ne pas refléter avec exactitude les prédictions de la théorie. De plus, Roll explique comment des erreurs d'inférence peuvent surgir de tests incomplets de la théorie de valorisation des actifs. Des omissions dans l'inclusion d'actifs individuels dans le test peuvent introduire des biais et des inexactitudes dans les résultats. Ces erreurs peuvent provenir du fait de ne pas capturer l'étendue complète des actifs qui influencent l'efficacité du portefeuille de marché, conduisant à des conclusions erronées sur la validité de la théorie.

Roll affirme que la littérature existante manque de tests corrects et non ambigus de la théorie de valorisation des actifs à deux paramètres. L'absence de méthodologies de test claires et standardisées entrave la capacité à évaluer rigoureusement les prédictions et les implications de la théorie. Sans procédures de test bien définies, les chercheurs peinent à évaluer avec précision la validité du MEDAF.

Bien qu'il n'existe qu'une seule hypothèse testable associée au modèle à deux paramètres (le portefeuille de marché est efficient au sens de la moyenne-variance), Roll souligne que d'autres implications du modèle ne sont pas testables de manière indépendante. Par exemple, la relation de linéarité entre le rendement espéré et le bêta est dérivée de l'efficacité du portefeuille de marché et ne peut pas être testée de manière isolée. Cette interdépendance des hypothèses complique le processus de test et souligne les défis liés à la validation empirique du modèle.

En abordant ces défis et ces limites dans le test du MEDAF, Roll a souligné la nécessité d'approches de test plus complètes et robustes pour améliorer la compréhension et l'évaluation des modèles de valorisation des actifs en finance.

Bien que la critique de Roll ait mis en lumière les difficultés de construction d'un vrai portefeuille de marché, plusieurs études empiriques montrent que le MEDAF reste robuste même lors de l'utilisation de *proxies* ou d'approximations du portefeuille de marché. Elles démontrent que les résultats du MEDAF sont relativement insensibles au choix du *proxy* pour le portefeuille de marché. Chan *et al.* (1985) et Kothari *et al.* (1995) constatent que le pouvoir explicatif du MEDAF reste stable, que des indices de marché pondérés ou non pondérés soient utilisés. Kandel et Stambaugh (1987) ainsi que Shanken (1987) montrent, ensuite, que les erreurs de mesure du portefeuille de marché n'affectent significativement les résultats du MEDAF que si la corrélation entre le *proxy* et le véritable portefeuille de marché est très faible. Bartholdy et Peare (2003) démontrent qu'une estimation fiable reste possible en utilisant la méthodologie de Fama et MacBeth (1973) avec un *proxy* de portefeuille de marché, tandis que Low et Nayak (2009) suggèrent que la validité du MEDAF devrait être évaluée en utilisant de multiples *proxies* pour le portefeuille de marché, et non pas un seul.

Ces résultats indiquent que le MEDAF peut être appliqué efficacement en pratique, même en l'absence d'un portefeuille de marché « complet » tel que défini par Roll (1977). L'utilisation de *proxies* soigneusement choisis, tels que des indices de marché larges, permet d'obtenir des estimations solides pour tester la validité du MEDAF.

Section 2 : Les anomalies boursières

Le MEDAF et les autres modèles théoriques offrent un éclairage pertinent sur le comportement des investisseurs, mais les conditions réelles des marchés peuvent s'avérer plus complexes et imprévisibles. Cette section se penche sur le domaine intrigant des anomalies boursières. Il s'agit des écarts persistants qui remettent en cause l'idée que les prix reflètent parfaitement toute l'information disponible, suggérant l'existence d'inefficiences potentielles que les investisseurs pourraient exploiter.

Les anomalies boursières peuvent être classées en trois grandes catégories : les effets de saisonnalité, à l'origine de tendances cycliques dans les rendements observés en série temporelle ; les effets fondamentaux, liés aux caractéristiques des entreprises et générant des disparités transversales de rendement ; et les effets liés aux rendements passés ou effets techniques, concernant les tendances du comportement des titres en fonction des prix et leur prévisibilité. Les paragraphes suivants proposent une synthèse des principales études consacrées à ces effets, telles que rapportées dans la littérature scientifique.

1. Effets de saisonnalité

De nombreuses anomalies calendaires ont été étudiées et documentées dans la littérature financière. Ces anomalies révèlent l'existence de tendances saisonnières récurrentes dans les rendements boursiers, qui varient en fonction de jours, de semaines ou de mois spécifiques du calendrier. En tant que phénomènes liés au temps, elles indiquent que les rendements des titres fluctuent selon des périodes précises : des jours spécifiques (tels que l'effet lundi, l'effet *week-end* et l'effet jour férié), des semaines spécifiques (comme l'effet semaine de l'année et l'effet début d'année), ou des mois spécifiques (y compris l'effet janvier, l'effet *Halloween* et l'effet Ramadan). Les anomalies saisonnières les plus documentées sont les effets *day-of-the-week* et *month-of-the-year*.

1.1. L'effet *day-of-the-week*

L'une des premières études consacrées à ce type d'effet est développée par Kelly (1930), qui démontre que le taux de rendement moyen des marchés boursiers américains le lundi est inférieur aux taux de rendement moyens des autres jours de la semaine. Cross (1973) constate que les marchés tendent à hausser le vendredi et à baisser le lundi. Ce phénomène, connu sous le nom d'effet lundi, ou effet *week-end*, est largement documenté sur les marchés développés (Jaffe *et al.*, 1989 ; French, 1980, Lakonishok & Levi, 1982 ; Jaffe & Westerfield, 1985 ; Condoyanni *et al.*, 1987 ; Lakonishok & Maberly, 1990 ; Connolly, 1991 ; Coutts & Hayes, 1999 ; Caporale & Zakirova, 2017). Cet effet calendaire suggère que les rendements de certains jours diffèrent, étant soit supérieurs, soit inférieurs à ceux des autres jours. Dans une étude internationale, Zhang *et al.* (2017) détectent un effet lundi, un effet mardi, un effet mercredi, un effet jeudi et un effet vendredi[3]. À l'inverse des conclusions de Cross (1973), Chiah et Zhong (2019), sur un échantillon de 24 pays développés, identifient un effet vendredi (rendements négatifs) et un effet lundi (rendements positifs).

L'effet *day-of-the-week* est également testé sur les marchés émergents. En Turquie, Oral (2012) relève que les plus faibles variations sont observées le lundi et les plus fortes le mardi. Gharaibeh et Hammadi (2013) mènent une étude sur la bourse de Bahreïn. Ils constatent une corrélation positive entre les rendements du premier jour de bourse de la semaine et ceux du dernier jour de

[3] Les marchés analysés sont : les États-Unis (indice *Dow Jones Industrial Average*), l'Argentine, l'Italie, la Chine, Singapour et la Pologne, pour l'effet lundi ; les États-Unis (S&P 500) et le Canada pour l'effet mardi ; la Suisse, l'Australie, l'Indonésie, la Nouvelle-Zélande, le Japon, le Mexique et l'Allemagne pour l'effet mercredi ; les Philippines et la République tchèque pour l'effet jeudi ; la Russie, le Brésil, l'Espagne, Hong Kong, le Chili, la Turquie, l'Inde et la Malaisie pour l'effet vendredi.

bourse. Des preuves de l'effet *day-of-the-week* sont également détectées sur le marché boursier thaïlandais (Wuthisatian, 2021).

De nombreuses études sur l'effet *day-of-the-week* s'appliquent aux marchés financiers africains. Mlambo et Biekpe (2006) étudient neuf bourses africaines. Les auteurs relèvent un effet lundi significatif sur les bourses du Botswana et du Maroc, mais aucun effet significatif dans les autres pays. Au Ghana, Alagidede et Panagiotidis (2009) ne parviennent pas à mettre en évidence la présence d'un effet *day-of-the-week*. Sur le marché boursier nigérian, Ogieva et Osamwonyi (2013) détectent un rendement de marché négatif le lundi, le jeudi et le vendredi, et un rendement positif le mardi et le mercredi. Ferrouhi *et al.* (2021) identifient un effet lundi sur la BRVM[4] et en Namibie, un effet mercredi au Maroc, à l'Île Maurice, en Égypte et sur la BRVM, et un effet vendredi en Namibie et au Kenya. En revanche, aucun effet *day-of-the-week* n'est trouvé dans les indices de marché de l'Afrique du Sud, de la Zambie, du Rwanda et du Botswana.

1.2. L'effet *month-of-the-year*

L'effet *month-of-the-year* est un phénomène saisonnier qui implique que les rendements fluctuent, certains mois connaissant des rendements plus élevés ou plus faibles que d'autres. L'effet janvier en est l'exemple le plus connu, ayant été découvert par Wachtel en 1942 et popularisé par Rozeff et Kinney en 1976. Cet effet a été largement confirmé sur les marchés développés, montrant des rendements anormalement élevés en janvier (voir par exemple, Gultekin & Gultekin, 1983 ; Haugen & Jorion, 1996 ; Mehdian & Perry, 2002 ; Moller & Zilca, 2008). Cependant, les preuves sont peu abondantes lorsqu'on considère les marchés émergents (par exemple, Gharaibeh, 2017 ; Sahin *et al.*, 2017,

---

[4] La Bourse Régionale des Valeurs Mobilières (BRVM) est une bourse régionale desservant les pays ouest-africains suivants : Bénin, Burkina Faso, Côte d'Ivoire, Guinée-Bissau, Mali, Niger, Sénégal et Togo.

Xiong *et al.*, 2019 ; Shen *et al.*, 2020 ; Chen *et al.*, 2021). En effet, nombreuses sont les études rapportant l'absence de cet effet dans ces régions (Maghayereh, 2003 ; Alrabadi & AL-Qudah, 2012 ; Costas & Layal, 2019 ; Liang *et al.*, 2022).

Par ailleurs, Ferrouhi *et al.* (2021) mettent en évidence divers effets *month-of-the-year* sur les marchés boursiers africains, variant considérablement d'un pays à l'autre[5]. Par exemple, l'effet janvier est observé en Zambie et au Botswana, tandis que d'autres pays présentent des effets spécifiques à d'autres mois.

En outre, l'effet Ramadan constitue une autre anomalie calendaire fréquemment étudiée dans les pays musulmans. Le Ramadan, neuvième mois du calendrier lunaire islamique, revêt une importance religieuse significative pour les musulmans, qui observent un jeûne quotidien du lever au coucher du soleil. Compte tenu de la religiosité accrue et des états émotionnels positifs potentiellement associés au Ramadan, comme le postulent Kavanagh et Bower (1985) et Hirshleifer et Shumway (2003), les chercheurs explorent la possibilité de son impact sur les rendements du marché boursier dans ces pays. Il est à noter que les pays islamiques fonctionnent généralement à la fois avec le calendrier grégorien pour les affaires et le calendrier lunaire Hijri pour les pratiques religieuses (Sonjaya & Wahyudi, 2016).

Les recherches sur l'effet Ramadan sur les marchés boursiers islamiques donnent des résultats mitigés. Seyyed *et al.* (2005) ne trouvent pas de changements significatifs des rendements sur le marché saoudien pendant le Ramadan. En revanche, Al-Hajieh *et al.* (2011) détectent l'effet dans la plupart des marchés du Moyen-

[5] Leurs résultats incluent des effets janvier en Zambie et au Botswana, des effets février en Ouganda, au Maroc et à Maurice, et des effets mars au Maroc et au Kenya. De plus, des effets avril ont été observés au Nigeria et au Kenya, des effets mai en Tunisie, en Tanzanie et en Namibie, des effets juin en Afrique du Sud et en Égypte, des effets juillet en Ouganda et au Botswana, un effet août en Tunisie, des effets septembre au Rwanda, au Nigeria et à Maurice, et des effets décembre en Égypte, au BRVM et au Botswana.

Orient[6], l'attribuant à un sentiment positif des investisseurs durant ce mois (Al-Khazali, 2014). De même, Ariss *et al.* (2011) confirment des résultats similaires pour les pays du Conseil de coopération du Golfe (CCG). De leur côté, en étudiant quinze marchés, y compris le Maroc, Białkowski *et al.* (2012) concluent à l'existence de l'effet Ramadan. Sur le marché boursier pakistanais, Khan *et al.* (2017) trouvent des rendements positifs mineurs en utilisant le modèle GARCH une moindre volatilité avec la méthode des moindres carrés ordinaires (MCO). Sonjaya et Wahyudi (2016) identifient l'effet dans dix pays, dont le Maroc, et Lai et Windawati (2017) le confirment pour l'Indonésie et la Malaisie. À l'inverse, Wasiuzzaman et Al-Musehel (2018) trouvent l'effet en Arabie Saoudite mais pas en Iran. Yousaf *et al.* (2018) ne détectent pas de rendements anormaux pendant le Ramadan au Pakistan.

1.3. Autres effets saisonniers

La littérature financière documente également les effets calendaires suivants :

- L'effet jour férié (*Holiday effect*) désigne le constat empirique selon lequel les rendements moyens sont anormalement plus élevés les jours de bourse précédant les fermetures pour jours fériés, par rapport aux autres jours de l'année (voir par exemple Ariel, 1990 ; Lakonishok & Smidt, 1988 ; Lucey & Pardo, 2005).
- L'effet intra-mensuel (*Within-the-month effect*) indique que les rendements positifs ne se produisent que durant la première quinzaine du mois (voir par exemple Ariel, 1987 ; Kim & Park, 1994).
- L'anomalie de fin de mois (*Turn-of-the-month effect*) fait référence au constat de rendements moyens plus élevés sur les derniers jours du mois et les premiers jours du mois suivant, comparativement aux autres jours du mois (voir par exemple Ariel,

[6] Les marchés concernés sont : les Émirats arabes unis, la Turquie, Bahreïn, l'Arabie Saoudite, le Qatar, le Koweït, la Jordanie et l'Égypte.

1987 ; Lakonishok & Smidt, 1988 ; Kunkel *et al.*, 2003 ; McConnell & Xu, 2008 ; Chen *et al.*, 2019).

Différentes hypothèses et postulats sont avancés dans la littérature pour expliquer l'existence des anomalies calendaires. Elles incluent, entre autres, les ventes pour pertes fiscales pour expliquer l'effet janvier, les procédures de règlement pour expliquer les effets *day-of-the-week* et *week-end*, ainsi que les hypothèses du rééquilibrage de portefeuille et du « *window dressing* » pour expliquer l'effet *turn-of-the-month* (voir, par exemple, Reinganum, 1983 ; Roll, 1983 ; Lakonishok & Smidt, 1988 ; Dzhabarov & Ziemba, 2010). Le risque de vente à découvert et la période de non-négociation figurent parmi les explications les plus importantes pour les effets lundi et *week-end.*

Plus précisément, l'explication de la vente à découvert suggère que les rendements élevés (faibles) du dernier (premier) jour de négociation de la semaine résultent des activités de vente à découvert. Ainsi, les rendements élevés le dernier jour de la semaine résultent de la pression d'achat causée par la tendance des vendeurs à découvert à couvrir leurs positions courtes afin de réduire leur exposition au risque pendant le *week-end.* Inversement, les faibles rendements le premier jour de la semaine découlent de la pression de vente liée à la réouverture de nouvelles positions courtes par les vendeurs à découvert au début de la semaine.

Par ailleurs, l'explication par la période de non-négociation soutient que l'effet *week-end* résulte de l'interruption de la négociation durant le *week-end*, période généralement associée à la diffusion d'informations négatives. Une autre explication basée sur les changements d'humeur associe le comportement des rendements boursiers au cours de la semaine aux fluctuations d'humeur selon les jours. Par exemple, Birru (2018) trouve des preuves que l'humeur négative en début de semaine est liée aux faibles rendements, tandis que l'humeur positive en fin de semaine est associée aux rendements élevés.

2. Effets fondamentaux

Après avoir présenté les anomalies saisonnières affectant les rendements des titres, nous nous penchons à présent sur les anomalies fondamentales. Si les anomalies calendaires exploitent des configurations de rendement prévisibles liées à des périodes saisonnières spécifiques, les anomalies fondamentales se concentrent, quant à elles, sur les opportunités persistantes de sur/sous-évaluation liées aux caractéristiques intrinsèques d'une entreprise. La revue de littérature que nous présentons dans ce qui suit s'appuie principalement sur les études pionnières, avec un focus particulier sur les marchés émergents, conformément à notre cadre d'analyse centré sur le marché boursier marocain.

2.1. L'effet taille

L'effet taille est l'une des anomalies les plus étudiées dans la littérature. L'étude de Banz (1981) est la première à mettre en évidence la présence de l'effet taille sur le marché américain. Selon l'auteur, les entreprises à petite capitalisation boursière affichent des rendements supérieurs à celles à grande capitalisation. La persistance de cet effet taille est également documentée dans les publications ultérieures de FF (1992, 1993).

En ce qui concerne les marchés émergents, Barry *et al.* (2002) examinent la robustesse des effets taille et B/M dans 35 marchés émergents et constatent que les résultats liés à l'effet taille manquent de robustesse par rapport à la présence significative de l'effet B/M. À la différence des résultats de Banz (1981), Kyriazis et Diacogiannis (2007) concluent que, sur la Bourse d'Athènes, l'effet des petites firmes est limité. En d'autres termes, en étudiant l'effet année par année, les auteurs observent sa présence dans certaines années. Cependant, sur l'ensemble de la période d'étude, la différence de rendements entre les petites et les grandes capitalisations est statistiquement non significative. Néanmoins, Al-Mwalla (2012) confirme la persistance d'un fort effet taille sur le marché boursier d'Amman. Dans le même sens, Akhtar *et al.* (2017)

examinent conjointement les effets taille, B/M, *momentum* et liquidité sur les rendements des actions du marché indien. Leurs résultats apportent un soutien significatif à l'existence d'une association entre la taille et les rendements boursiers. De même, Leite *et al.* (2018) relèvent des preuves nettes de l'effet taille dans les rendements excédentaires moyens des actions de 12 marchés émergents, incluant : le Brésil, le Chili, le Mexique, l'Argentine, l'Inde, la Chine, la Thaïlande, la Malaisie, la Turquie, la Pologne, la Roumanie et la Russie.

Concernant les marchés africains, Page et Palmer (1991) étudient la Bourse de Johannesburg et ne trouvent aucun effet taille dans les rendements boursiers. Dans leur article, Acheampong *et al.* (2014) observent un effet taille très limité au sein du secteur manufacturier de la bourse ghanéenne. Sur ce même marché, Abrokwa et Nkansah (2015) révèlent que la relation entre les rendements boursiers et la taille est statistiquement non significative. Néanmoins, Boamah *et al.* (2017), dans le cadre de l'exploration d'une tarification d'actifs intégrée régionalement sur les marchés boursiers africains via le modèle FF3F (1993), soulignent la présence de l'effet taille sur un échantillon regroupé de marchés boursiers africains. Conformément à Page et Palmer (1991), dans le contexte d'un test de la validité du modèle FF3F pour expliquer les rendements boursiers, Abd-Alla et Sobh (2020) concluent à l'absence d'effet taille sur le marché boursier égyptien.

En ce qui concerne le marché marocain, tout en proposant un modèle à trois facteurs alternatif pour décrire la variation des rendements des marchés émergents d'Afrique du Nord, Hearn (2011) révèle l'existence de l'effet taille dans le contexte marocain, mais celui-ci présente le plus faible niveau de significativité par rapport aux marchés égyptien et tunisien. De leur côté, Alaoui Taïb et Benfeddoul (2023a) concluent à l'existence peu prononcée de l'effet taille. Plus récemment, Benfedddoul et Alaoui Taïb (2024b) explorent les anomalies fondamentales et mettent en évidence l'absence de cet effet.

2.2. L'effet *book-to-market*

L'effet B/M (rapport des valeurs comptable et marchande des fonds propres) postule que les entreprises ayant un ratio B/M élevé tendent à générer des rendements supérieurs à celles ayant un faible ratio B/M. Les travaux de Stattman (1980) et Keim (1980)[7] constituent les premières recherches explorant la relation entre l'inverse du ratio B/M (*Market-to-Book,* M/B) et les rendements des actions. Sur le marché américain, Rosenberg *et al.* (1985) mettent en évidence une relation négative significative entre le ratio M/B et les rendements boursiers. Cette relation est ensuite renforcée dans les articles de FF. Dès 1992, en étudiant les marchés NYSE, AMEX et NASDAQ, les auteurs constatent que les entreprises ayant un B/M élevé surperforment celles dont le ratio est plus faible, et que le ratio B/M présente un pouvoir explicatif supérieur au ratio *earnings-to-price* (E/P). Par la suite, FF (1993) confirment l'effet B/M sur une nouvelle période d'étude. La relation positive entre les rendements boursiers et le ratio B/M est fortement documentée sur plusieurs marchés en dehors du marché américain. Ainsi, FF (2017), lors d'un test international du modèle FF5F, confirment une forte relation positive entre les rendements moyens des actions et le ratio B/M sur les marchés d'Amérique du Nord, d'Europe et d'Asie-Pacifique.

Concernant les marchés émergents, la présence de l'effet B/M est amplement prouvée dans diverses études. Barry *et al.* (2002) attestent de sa présence significative dans 35 marchés émergents. Dans le cadre de tests de validité du modèle FF3F et de ses variantes, la présence de l'effet B/M est confirmée sur de nombreux marchés, notamment en Nouvelle-Zélande (Nartea *et al.*, 2009), à Amman (Al-Mwalla, 2012), et en Malaisie (Kheradyar *et al.*, 2011). Conformément à ces résultats, Cakici *et al.* (2013) observent des preuves solides de l'effet B/M dans l'ensemble des 18 marchés émergents étudiés. Sur le marché indien, Akhtar *et al.* (2017) apportent un soutien significatif à l'association entre les rendements

---

[7] Keim (1983) rapporte ces deux études non publiées.

boursiers et le ratio B/M. Le rôle prééminent de l'effet B/M face à d'autres anomalies fondamentales est confirmé par Nivoix et Guo (2018). Les auteurs examinent conjointement les effets *price-to-earnings* (P/E) et B/M sur les marchés de Shanghai et Shenzhen et constatent, contrairement à l'absence d'effet P/E, un effet B/M significatif. En revanche, Hsu *et al.* (2015) et Suyanto et Sibarani (2018) ne trouvent respectivement aucun effet B/M sur les marchés boursiers taïwanais et indonésiens. Pour leur part, Leite *et al.* (2018) ne relèvent que peu de preuves d'un effet B/M dans douze marchés émergents.

Quant aux marchés africains, Uwubanmwen et Obayagbona (2012) rapportent, au Nigeria, que seul le coefficient du B/M passe le test de significativité au seuil de 1 %, tandis que tous les autres coefficients (taille et P/E) échouent. Dans l'étude menée par Boamah *et al.* (2017) sur les marchés boursiers africains, les auteurs concluent que l'effet B/M est plus fort que celui de la taille. De même, Alaoui Taïb et Benfeddoul (2023a) soulignent la prédominance de l'effet B/M sur l'effet taille sur le marché boursier marocain. Dans une étude plus récente, Benfedddoul et Alaoui Taïb (2024b) rapportent une relation significativement positive entre le ratio B/M et les rendements boursiers marocains.

2.3. L'effet *price-to-earnings*

L'effet P/E (le ratio cours sur bénéfices) est la plus ancienne anomalie fondamentale documentée dans la littérature. En effet, l'étude de Basu (1977) met en évidence que les portefeuilles incluant des actions avec un ratio P/E plus faible réalisent des rendements supérieurs, par opposition aux portefeuilles avec un ratio P/E plus élevé. Depuis la publication de cette recherche pionnière, une littérature abondante s'est développée sur l'effet P/E et a confirmé sa présence sur différentes places boursières. Cependant, la préoccupation majeure des chercheurs est de savoir si l'effet taille ou l'effet P/E ne dominait pas l'autre en termes de rendements moyens ; plus encore, ils affirment qu'il n'est pas évident de dissocier les deux effets (Ball, 1978 ; Banz, 1981 ; Reinganum, 1981). En réponse à ces avancées, Basu (1983) confirme à nouveau, dans une version mise à jour de son article, que, même après avoir contrôlé pour la taille de l'entreprise, la relation inverse entre le ratio P/E et le rendement moyen des actions persiste. De même, Jaffe *et al.* (1989) identifient, sur la période étudiée, un effet E/P significatif, mais un effet taille uniquement significatif en janvier.

En ce qui concerne les marchés émergents, la plupart des études sont orientées vers les marchés boursiers asiatiques. Lau *et al.* (2002) examinent la relation entre les rendements des actions et différents indicateurs, incluant le ratio E/P, en utilisant des données de Singapour et de Malaisie. Concernant le marché singapourien, les auteurs n'identifient aucun effet E/P. En revanche, ils confirment la relation positive entre les rendements et le ratio E/P en Malaisie et notent que ni l'effet E/P n'inclut l'effet taille, ni l'effet taille n'inclut l'effet E/P. Contrairement à Jaffe *et al.* (1989), ils concluent que l'effet E/P n'est significatif que durant les mois autres que janvier. Conformément aux travaux de Basu (1977, 1983), Kyriazis et Diacogiannis (2007) mettent en lumière l'existence de l'anomalie P/E sur le marché boursier d'Athènes. À l'opposé, Aldo Carlo (2014) souligne l'absence d'effet P/E sur la Bourse indonésienne et rejoint les conclusions de Lau *et al.* (2002) concernant Singapour. Cependant, sur le marché boursier de Taiwan, Hsu *et al.* (2015) constatent que les portefeuilles avec un ratio E/P élevé ont des rendements moyens plus importants que ceux avec un ratio faible. De plus, les auteurs concluent que les ratios E/P ou dividende/cours sont de meilleurs *proxies* de la valeur que le ratio B/M à Taiwan. Les mêmes résultats sont observés par Noda *et al.* (2016) dans leur étude menée sur le marché boursier brésilien. Néanmoins, Cakici *et al.* (2017) ont un avis différent sur la prééminence de l'indicateur E/P en Chine. Ils observent que le ratio E/P produit des écarts importants, à la fois en termes de rendements bruts et ajustés du risque, entre les quintiles supérieur et inférieur, bien que ces écarts ne soient pas aussi prononcés que ceux résultant de l'inverse du ratio *price-to-cash flow* (CF/P) et du ratio B/M. Le ratio E/P se classe dernier en termes de robustesse de l'effet. Inversement,

Liu *et al.* (2019) rejoignent Hsu *et al.* (2015) et considèrent que le ratio E/P est le meilleur indicateur pour capturer l'effet *value* en Chine. Ils utilisent le ratio E/P au lieu du ratio B/M pour construire leur facteur *value*.

De son côté, Akhtar (2021) étudie l'influence des multiples boursiers sur les rendements boursiers dans les marchés émergents (ASEAN) en comparaison avec les marchés développés (européens). Il conclut que, sur les marchés de l'ASEAN, l'indicateur P/E affecte négativement les rendements des actions. Cependant, Alhashel (2021) ne trouve aucune relation significative entre le ratio E/P et les rendements moyens, que ce soit pour l'ensemble du marché du CCG ou en examinant séparément les marchés koweïtien et saoudien (Lau *et al.*, 2002 ; Aldo Carlo, 2014). L'auteur avance que l'absence d'un effet E/P suggère que les bénéfices actuels pourraient ne pas fournir d'informations sur les bénéfices futurs des entreprises.

Dans le contexte des marchés africains, Page et Palmer (1991), sur la base de la régression de Fama et MacBeth (1973), constatent que l'effet E/P est économiquement et statistiquement significatif sur la Bourse de Johannesburg. C'est l'inverse qui prévaut lorsqu'on considère le marché ghanéen (Abrokwa & Nkansah, 2015). Sur le marché boursier marocain, Benfedddoul et Alaoui Taïb (2024b) concluent à l'existence d'une relation significativement négative entre le ratio P/E et les rendements boursiers.

2.4. L'effet *price-to-cash flow*

L'anomalie fondamentale associée au P/CF (le ratio cours rapporté aux flux de trésorerie) se manifeste par la présence d'un rendement anormalement élevé pour les actions affichant un ratio faible, contrairement à celles avec un ratio élevé. Cette configuration des rendements boursiers est mise en évidence pour la première fois par Chan *et al.* (1991) sur le marché japonais. Les auteurs testent le pouvoir prédictif de quatre fondamentaux de base (taille, B/M, E/P et CF/P). Ils concluent que le ratio CF/P (l'inverse du P/CF) a l'impact positif le plus significatif sur les rendements espérés. Des résultats similaires sont rapportés par Lakonishok *et al.* (1994) sur le marché américain. De plus, les auteurs révèlent que les actions avec un ratio CF/P élevé présentent des écarts de rendement plus importants que les actions avec des ratios B/M ou E/P élevés. FF (1998) confirment la présence de l'effet CF/P aux côtés de trois autres (B/M, E/P et Dividende/Cours) dans 12 marchés centraux, comprenant les États-Unis, le Royaume-Uni, la France, la Suisse, les Pays-Bas, l'Allemagne, la Belgique, Hong Kong, Singapour, l'Australie, la Suède et le Japon.

Comme c'est le cas pour l'effet P/E dans les marchés émergents, la majorité des études concernant l'effet P/CF se concentrent fortement sur les marchés asiatiques. Lau *et al.* (2002) examinent également la relation entre les rendements et le ratio CF/P à Singapour et en Malaisie. Sur la base de l'analyse univariée, le portefeuille de titres à fort CF/P surperforme le portefeuille de titres à faible CF/P dans les deux pays, mais aucun de ces résultats n'est statistiquement significatif. Une relation négative significative entre les rendements boursiers et le ratio P/CF est rapportée par Akhtar et Rashid (2015) lors de l'examen, dans le cas du marché boursier pakistanais, de la relation entre les multiples de marché et les rendements des portefeuilles. En cohérence avec Chan *et al.* (1991) et Lakonishok *et al.* (1994), la prééminence de l'effet CF/P est documentée en Chine par Cakici *et al.* (2017), où les différences les plus importantes, à la fois brutes et ajustées du risque, entre les quintiles les plus élevés et les plus bas sont observées lorsque les actions sont classées par leur ratio CF/P, suivi du ratio B/M puis du ratio E/P. Nudrat *et al.* (2017) confirment la présence d'une relation positive entre le ratio CF/P et les rendements des titres sur les marchés boursiers pakistanais, indien et chinois. Une configuration similaire est observée par Kakinuma (2020) sur le marché thaïlandais. De son côté, Akhtar (2021) documente une relation positive entre le ratio P/CF et les rendements des actions sur les marchés boursiers d'Indonésie, de Malaisie, des Philippines, de Singapour et de Thaïlande.

En ce qui concerne l'Afrique, très peu d'études se sont penchées sur l'effet P/CF. Hanauer et Lauterbach (2019) étudient les rendements anormaux dans 28 marchés émergents, incluant trois marchés africains : l'Égypte, le Maroc et l'Afrique du Sud. Les résultats montrent que l'effet CF/P est omniprésent, apparaissant à la fois dans les classifications de portefeuilles à pondération égale et à pondération par la valeur, ainsi que dans les régressions transversales. La relation négative entre le ratio P/CF et rendements est également rapportée par Benfedddoul et Alaoui Taïb (2024b) sur le marché boursier marocain.

2.5. L'effet *price-to-sales*

L'effet P/S (le ratio cours sur chiffre d'affaires) est initialement documenté par Fisher (1984), qui suggère que les entreprises ayant un ratio P/S faible (élevé) sont plus (moins) favorisées par les investisseurs, créant ainsi des opportunités d'achat (de vente). En d'autres termes, les actions avec les ratios P/S les plus bas génèrent des rendements supérieurs. Ces résultats trouvent leur support dans la recherche de Barbee *et al.* (1996). Les auteurs concluent que l'inverse du ratio P/S (S/P) entretient une relation positive et significative avec les rendements des actions. De plus, cet indicateur présente une association plus robuste avec les rendements que le ratio B/M et la taille. Sur le marché boursier coréen, Mukherji *et al.* (1997) valident cette relation positive et constatent que les actions avec un indicateur S/P plus élevé offrent des rendements plus importants. De leur côté, Nathan *et al.* (2001) mettent en évidence la dominance de l'effet P/S sur le marché américain et notent que les rendements excédentaires des stratégies d'investissement basées sur ce ratio sont largement supérieurs à ceux obtenus en utilisant le ratio P/E. Dans leur étude, Barbee *et al.* (2008) analysent la relation entre quatre multiples de marché (P/E, P/CF, P/B et P/S) et les rendements des actions américaines. Les auteurs constatent que le ratio P/S affiche la relation négative la plus constamment significative avec les rendements, par comparaison avec les autres indicateurs.

Relativement aux marchés émergents, les études qui leur sont consacrées sont rares. La relation positive entre le ratio S/P et les rendements des actions est rapportée plus tôt par Sheu *et al.* (1998) sur le marché boursier taïwanais. Des résultats similaires sont observés par Rahmani *et al.* (2006) sur le marché boursier iranien, mais seulement pour une année. Alors que les auteurs examinent séparément l'effet S/P au fil des années, ils constatent, au contraire, une relation négative, donc un effet inverse, pendant quatre années consécutives. De leur côté, Öztürk et Karabulut (2020) confirment l'effet P/S sur le marché boursier d'Istanbul, les actions ayant le ratio P/S le plus faible conduisant à des rendements plus élevés sur la période de l'étude. Conformément aux conclusions de Rahmani *et al.* (2006), Akhtar (2021) observe un effet P/S inverse sur les marchés de l'ASEAN et des marchés européens. L'auteur note une relation positive et significative entre les rendements des actions et le ratio P/S.

Concerant les marchés africains, la seule étude que nous connaissons est celle de Benfedddoul et Alaoui Taïb (2024b). Les auteurs ne parviennent pas à déterminer l'existence d'un effet P/S positif ou négatif, en raison des résultats contradictoires obtenus lors des tests.

2.6. L'effet *debt-to-equity*

Bhandari (1988) examine, pour la première fois, la relation entre le ratio d'endettement (D/E) et le rendement moyen des actions sur le marché américain. Les résultats montrent la présence d'une relation positive significative entre les rendements des actions et le ratio D/E. On observe une surperformance des entreprises ayant un ratio D/E élevé. Cependant, Harris et Raviv (1991) constatent que les rendements moyens sont négativement associés au ratio D/E. Conformément aux conclusions de Bhandari (1988), Barbee *et al.* (1996) et Mukherji *et al.* (1997) montrent que les actions avec un levier financier plus élevé génèrent des rendements supérieurs, respectivement sur les marchés boursiers américain et coréen. Néanmoins, Penman *et al.* (2007) ainsi que George et Hwang

(2010) s'accordent avec les conclusions de Harris et Raviv (1991) pour le marché américain. De plus, George et Hwang (2010) rejettent l'hypothèse selon laquelle cette relation négative est due à une mauvaise valorisation (Penman *et al.*, 2007). Des résultats similaires sont documentés par Muradoğlu et Sivaprasad (2012) sur le marché boursier londonien.

Lorsqu'il s'agit des marchés émergents, plusieurs études se concentrent principalement sur le continent asiatique. Conformément à Bhandari (1988), la relation positive entre le ratio D/E et les rendements des actions est documentée par de nombreux chercheurs. À la Bourse de Karachi, Mirza *et al.* (2016) constatent que les portefeuilles composés d'entreprises ayant un ratio D/E élevé présentent des facteurs de chargement positifs, tandis que ceux avec un ratio D/E plus faible ont des facteurs de chargement négatifs. De même, Setiyono et Amanah (2016) et Ramlah (2021) montrent que le levier financier influence positivement les rendements des actions indonésiennes. Cependant, d'autres études, alignées sur les résultats de Penman *et al.* (2007), indiquent une association négative entre le ratio D/E et les rendements des actions. Sugiarto (2011) documente un effet D/E négatif et significatif sur le marché boursier indonésien, ce qui s'oppose aux conclusions de Setiyono et Amanah (2016) et Ramlah (2021). Sur le marché boursier d'Istanbul, Koseoglu (2014), Öztürk et Yılmaz (2015), ainsi qu'Öztürk et Karabulut (2020) constatent que les entreprises ayant des ratios de levier plus faibles ont tendance à afficher une performance plus forte que celles ayant des niveaux d'endettement plus élevés.

Outre les résultats contradictoires précédemment documentés dans les marchés développés et émergents, certaines études indiquent l'absence de tout effet de levier dans certains marchés émergents. Samarakoon (1998) ne trouve aucune relation significative entre le ratio D/E et les rendements moyens sur le marché boursier sri-lankais. De même, les résultats de Rahmani *et al.* (2006) affirment l'absence d'un effet de levier significatif sur le marché de Téhéran. Corroborant ces résultats, Shabib-ul-Hasan *et al.* (2015) et Mustafa *et al.* (2017) ne trouvent aucune relation statistiquement significative entre le levier financier et le rendement des actionnaires à la Bourse de Karachi, ce qui est en désaccord avec Mirza *et al.* (2016). En Malaisie, Jakpar *et al.* (2019) révèlent que le ratio D/E n'a aucun impact sur les rendements des actions. Dans leur recherche, Maiti et Balakrishnan (2020) concluent que, dans le contexte indien, il existe une relation complexe entre le ratio D/E et les rendements des actions.

Bien que l'effet de levier occupe une place importante dans la littérature financière et soit lié à de nombreux domaines économiques et financiers, très peu d'études explorent cette anomalie sur le marché africain. À notre connaissance, deux seules études existent à ce jour. La première, menée par Acheampong *et al.* (2014) sur le marché boursier ghanéen, met en évidence un effet de levier inverse. La seconde, réalisée par Benfedddoul et Alaoui Taïb (2024b) conclut à l'absence de cet effet sur le marché boursier marocain.

3. Effets de rendements passés

Au-delà des effets saisonniers et fondamentaux, la littérature présente un autre type d'anomalie présentant des écarts par rapport aux prédictions du MEDAF : il s'agit des effets de rendements passés ou anomalies techniques. En raison de la nature de ces irrégularités boursières particulières, les chercheurs les caractérisent également comme des tendances dans les cours des actions (Han *et al.*, 2016). Concrètement, les chercheurs constatent des motifs prévisibles dans le comportement des cours. Cette observation conduit à une prime de rendement que les modèles conventionnels d'évaluation d'actifs ne parviennent pas à expliquer. Plus précisément, elle révèle la présence d'autocorrélations positives à court terme et négatives à long terme dans les rendements boursiers.

Les anomalies techniques les plus marquantes sont documentées par De Bondt et Thaler (1985) et par Jegadeesh et Titman (1993). De Bondt et Thaler (1985) mettent en évidence la rentabilité de la stratégie dite du balancier, qui consiste à classer les actions en fonction de leurs rendements passés à long terme (3 à 5 ans), à les observer sur une période de détention et à former des portefeuilles à coût nul en achetant les « perdants » et en vendant les « gagnants ». De leur côté, Jegadeesh et Titman (1993) révèlent une stratégie alternative aussi rentable, appliquée sur un horizon plus court (3 à 12 mois), connue dans la littérature sous le nom de stratégie du *momentum*. Les auteurs constatent que les « gagnants » passés surperformaient les « perdants » passés d'environ 1 % par mois durant la période de détention. Les observations empiriques du *momentum* et du balancier inspirent plusieurs théories qui expliquent simultanément les deux effets (Daniel *et al.*, 1998 ; Barberis *et al.*, 1998 ; Hong & Stein, 1999). Généralement, ces théories invoquent des comportements spécifiques des investisseurs, tels que l'heuristique de représentativité, la surconfiance ou le biais d'autocomplaisance, pour expliquer à la fois le balancier et le *momentum*. La dynamique commune à ces théories est que le *momentum* propulse les cours au-delà de leurs justes valeurs, ce qui conduit inévitablement à une correction des prix (le balancier).

Par ailleurs, l'existence de l'effet *momentum* est aujourd'hui l'un des résultats les plus solides et les plus persistants de la littérature financière internationale (voir, par exemple, Asness *et al.*, 2013 ; Munir *et al.*, 2020). L'ampleur des travaux documentant l'effet *momentum* est bien plus importante que celle concernant l'effet balancier (Blackburn & Cakici, 2017).

3.1. L'effet balancier

Faisant suite à l'étude séminale de De Bondt et Thaler (1985), divers chercheurs réexaminent la rentabilité de la stratégie du balancier sur différents marchés boursiers. Également connu dans la littérature sous le nom d'« effet surréaction », les résultats en faveur de cet effet sont observés sur un large éventail de marchés développés, notamment en Allemagne (Stock, 1990), au Royaume-Uni (Campbell & Limmack, 1997), en Nouvelle-Zélande (Swallow & Fox, 1998), à Hong Kong (Fung, 1999) et en Irlande

(Ryan & Donnelly, 2000). En étudiant les rendements des actions de vingt-trois marchés développés[8], Blackburn et Cakici (2017) mettent en évidence la présence globale d'un effet balancier économiquement et statistiquement significatif. En revanche, la littérature fait également état de résultats contradictoires. C'est le cas des études de Brailsford (1992) et de Kryzanowski et Zhang (1992) qui rapportent des résultats non conformes à l'effet surréaction, respectivement sur les marchés australien et canadien.

Concernant les marchés émergents, da Costa (1994), Swallow et Fox (1998) ainsi que Bildik et Gülay (2007) mettent en évidence un effet balancier significatif, respectivement sur les marchés boursiers brésilien, néo-zélandais et turc. De même, Ahmad et Hussain (2001) constatent que les actions « perdantes » sur une période de formation de trois ans surperforment les actions « gagnantes » au cours des trois années suivantes sur la Bourse de Malaisie. Pour sa part, Galariotis (2004) suggère que l'effet balancier est présent sur la Bourse d'Athènes.

Sur les marchés africains, Dhouib et Abaoub (2007) ainsi que Chaouachi et Douagi (2014) trouvent des preuves significatives de l'effet balancier en Tunisie. Cependant, l'étude de Subadar et Hossenbaccus (2010) ne relève que peu d'éléments en faveur de cet effet sur la place boursière de l'Île Maurice. Contrairement à ces résultats, Nnadi et Tanna (2019) indiquent que l'effet balancier est significatif en Afrique du Sud.

3.2. L'effet *momentum*

Depuis les travaux pionniers de Jegadeesh et Titman (1993), un corpus empirique considérable documente l'effet *momentum* sur la

---

[8] Les vingt-trois pays développés concernés sont répartis en quatre régions : Amérique du Nord (États-Unis et Canada), Europe (Autriche, Belgique, Danemark, Finlande, France, Allemagne, Grèce, Irlande, Italie, Pays-Bas, Norvège, Portugal, Espagne, Suède, Suisse et Royaume-Uni), Japon et Asie (Australie, Nouvelle-Zélande, Hong Kong et Singapour).

majorité des marchés développés (États-Unis et hors États-Unis), ainsi que sur des marchés émergents.

Chan *et al.* (1996), en utilisant les sociétés cotées sur les marchés boursiers du NYSE, de l'AMEX et du Nasdaq, mettent en évidence la performance rentable et statistiquement significative des stratégies du *momentum* sur les cours des actions, éclairant ainsi la dynamique du comportement du marché et les réactions des investisseurs aux nouvelles informations. Une étude distinguée de Geczy et Samonov (2016) confirme l'efficacité de la stratégie du *momentum* sur le marché américain en étendant les données disponibles jusqu'en 1801. En dehors des États-Unis, la stratégie du *momentum* a été testé pour sa robustesse sur différents marchés développés (voir ; Rouwenhorst, 1998 ; Chan *et al.*, 2000 ; Bacmann *et al.*, 2001 ; Dijk & Huibers, 2002 ; Griffin *et al.*, 2003 ; Hou & McKnight, 2004 ; Antoniou *et al.*, 2007 ; Chui *et al.*, 2010 ; Wang & Xu, 2015).

Au-delà des études précédemment citées sur les marchés développés, l'effet *momentum* fait également l'objet de recherches sur les marchés émergents. Vu (2012) rapporte que les stratégies du *momentum* génèrent des rendements plus élevés sur les marchés émergents (incluant l'Afrique, l'Asie, l'Europe, l'Amérique latine et le Moyen-Orient) par rapport aux marchés développés. Cependant, bien qu'il existe des preuves de l'effet *momentum* sur les marchés émergents, il existe une variation substantielle entre les pays et les régions (Rouwenhorst, 1999 ; Van der Hart *et al.*, 2003 ; Griffin *et al.*, 2010 ; Cakici *et al.*, 2013 ; Zaremba & Czapkiewicz, 2017).

L'effet *momentum* est largement testé dans le contexte asiatique. Sehgal et Balakrishnan (2002) rapportent son existence dans les rendements boursiers du marché indien (Sehgal & Jain, 2011, 2015 ; Petr & Abdullah, 2012 ; Akhtar *et al.*, 2017). Dans une étude plus large, Cakici *et al.* (2013) documentent la performance de la stratégie du *momentum* pour les marchés émergents d'Asie et d'Amérique latine, mais pas pour l'Europe de l'Est. Pour le marché iranien, Khosroazad et Chitsazan (2016) ont rapporté des preuves du phénomène de *momentum*, tandis que Cakici *et al.* (2017) ont conclu que le *momentum* n'est pas un prédicteur utile sur le marché chinois selon les méthodes de portefeuille et de régression simple. Par ailleurs, bien que la littérature sur le marché indien soit favorable au *momentum*, Pati *et al.* (2019) ont trouvé des preuves faibles de cet effet. L'effet *momentum* a également été démontré par Adrianus et Soekarno (2018) sur le marché indonésien. Dans le contexte des marchés boursiers de l'ASEAN, Anusakumar *et al.* (2013) ne trouvent aucun effet *momentum* en Malaisie et en Thaïlande ; en revanche, ils documentent un effet *momentum* négatif pour les Philippines et l'Indonésie en raison de la performance supérieure des portefeuilles de « perdants ». De leur côté, Khosroazad et Chitsazan (2016), considérant le marché iranien, rapportent des preuves du phénomène de *momentum*. En contradiction avec ces résultats, Cakici *et al.* (2017) indiquent que le *momentum* ne s'avère pas être un prédicteur utile selon les méthodes de portefeuille et de régression simple sur le marché chinois. En considérant le marché boursier indonésien, Adrianus et Soekarno (2018) confirment, quant à eux, l'existence significative de l'effet *momentum*. Par ailleurs, bien que la littérature sur le marché indien soit favorable au *momentum*, Pati *et al.* (2019) ne trouvent que de faibles preuves d'un effet *momentum*.

Au-delà des marchés asiatiques, Muga et Santamaría (2007) étudient les marchés latino-américains et confirment que l'effet *momentum* est bien significatif au Brésil, au Chili et au Mexique. En revanche, Waszczuk (2013) conclut que l'effet *momentum* est non significatif sur le marché polonais. En employant la méthodologie de Jegadeesh et Titman (1993), Chaouachi et Ben Mrad (2020) concluent que la stratégie de *momentum* est positive et statistiquement significative sur le marché boursier tunisien. Pour les marchés du CCG, Alhashel (2021) documente l'absence de cet effet. En étudiant 29 marchés émergents, Atilgan *et al.* (2022) constatent que l'effet *momentum* est significativement présent pour les rendements des portefeuilles, qu'ils soient pondérés de manière égale ou par la valeur, au sein d'une grande majorité des marchés constituant leur échantillon. Sous un autre angle, Nettayanun (2023) étudie différentes anomalies, y compris le *momentum*, en les conditionnant à différentes phases de marché : marchés haussiers et baissiers. L'auteur considère différentes définitions de l'anomalie de *momentum* présentes dans la littérature. Les résultats montrent que les anomalies de *momentum* performent bien durant les marchés haussiers ; en effet, elles sont toutes significatives durant ces phases. Durant les marchés baissiers, aucune anomalie de *momentum* n'est significative.

Dans le contexte marocain, Gharaibeh (2016) démontre des preuves solides de l'effet *momentum*. L'étude de Sifouh et Oubal (2018) fournit des éléments attestant de la présence de l'effet *momentum*, suggérant que les investisseurs suivant une stratégie d'investissement basée sur le *momentum* devraient concentrer leurs analyses sur un passé très récent.

Conclusion

Bien que la théorie moderne du portefeuille ait vu le jour dans les années 1950, elle continue de fournir des éléments fondamentaux pour comprendre l'évaluation des titres dans les marchés financiers complexes d'aujourd'hui. Loin d'être obsolète, elle permet aux investisseurs de construire des portefeuilles diversifiés optimisant le couple rentabilité-risque et sert de base au développement des modèles de la rentabilité plus sophistiqués. Ce chapitre a offert un aperçu global de l'évolution de l'évaluation des titres dans le cadre de la théorie moderne des marchés de capitaux, en tenant compte à la fois des principes théoriques et des observations empiriques qui ont façonné et enrichi ce domaine.

Ce chapitre a retracé les origines historiques de l'évaluation des actifs financiers, depuis les premières contributions du modèle moyenne-variance de Markowitz (1952) jusqu'à l'introduction du MEDAF par Sharpe (1963, 1964) et ses extensions théoriques. En dépit de son élégance théorique, le MEDAF a fait l'objet de critiques majeures, l'une des plus marquantes étant celle de Roll (1977). Ce dernier affirme que le portefeuille de marché est un concept latent et que l'utilisation de *proxies*, tels les indices boursiers, introduit des erreurs significatives dans les tests empiriques du MEDAF. Cette critique est apparue en parallèle avec le développement d'un corpus croissant de recherches sur les anomalies boursières, qui, quant à elles, remettent en question le pouvoir explicatif du facteur de marché unique du MEDAF.

Le chapitre a exploré trois grandes catégories d'anomalies : les effets de saisonnalité impliquant des tendances cycliques dans les rendements observés au fil du temps, les effets fondamentaux liés aux caractéristiques spécifiques de l'entreprise entraînant des disparités de rendement en coupe transversale, et les effets de rendements passés concernant les tendances du comportement des actions par rapport aux cours passés et leur prévisibilité. Les limites empiriques du MEDAF, mises en évidence par la documentation croissante d'anomalies boursières sur divers marchés, ont conduit au développement de modèles plus sophistiqués. Ces modèles cherchent à améliorer l'explication des rendements en ajoutant des facteurs supplémentaires au facteur de marché. Le chapitre suivant examinera l'approche multifactorielle de la rentabilité, en explorant à la fois les aspects conceptuels et empiriques de la relation rentabilité-risque.

Chapitre 2

L'approche multifactorielle de la relation rentabilité-risque

Tandis que le MEDAF classique se concentre exclusivement sur le risque de marché, les modèles multifactoriels étendent l'analyse en prenant en compte un éventail plus large de facteurs de risque. Cette approche permet d'expliquer les variations des rendements boursiers de manière plus pertinente et offre une analyse du risque plus complète, fournissant ainsi une compréhension plus approfondie des déterminants de la rentabilité.

Le pouvoir explicatif limité du seul facteur de marché du MEDAF conduit à l'émergence de modèles multifactoriels de la rentabilité. Deux approches principales se sont particulièrement distinguées : le MEDAF intertemporel et l'APT. Elles servent de base théorique à des recherches approfondies, entraînant une diversité croissante de nouveaux modèles intégrant plusieurs facteurs de risque. Cette abondance accrue de facteurs cherchant à expliquer la rentabilité est comparée par Cochrane (2011) à un « *zoo* »[9].

L'identification des facteurs de risque pertinents permet aux investisseurs de sélectionner des titres offrant un équilibre attractif entre risque et rendement potentiel. En d'autres termes, l'approche multifactorielle facilite des décisions d'investissement éclairées en permettant aux investisseurs d'ajuster leurs portefeuilles selon leur tolérance au risque et leurs objectifs de rendement. Dans ce contexte, le modèle à trois facteurs de FF (1993) constitue une contribution majeure. Ce modèle intègre, en plus du facteur de marché, deux

---

[9] « *Now we have a zoo of new factors* », p.1047

facteurs additionnels liés aux caractéristiques de taille et du B/M. Par la suite, les auteurs élargissent ce modèle pour inclure de nouveaux facteurs explicatifs liés à la *profitability* et à l'investissement, donnant ainsi naissance au modèle à cinq facteurs (2015). L'ajout d'un facteur lié au *momentum* conduit au développement de leur dernier modèle à six facteurs (2018). Ces modèles multifactoriels sont désormais parmi les plus utilisés et testés, séduisant à la fois les chercheurs et les praticiens en finance.

Ce chapitre approfondit les deux principales approches multifactorielles : le MEDAF intertemporel et l'APT (section 1). Il présente ensuite les trois modèles de FF (section 2), à travers une revue de la littérature abondante aussi bien pour les marchés développés que pour les marchés émergents. Les principaux essais d'extension et d'amélioration des modèles originels de FF sont enfin rapportés.

Section 1 : Le MEDAF intertemporel et l'APT : cadres alternatifs

Si le MEDAF constitue le cadre de référence pour modéliser la relation rentabilité-risque, il repose néanmoins sur des hypothèses restrictives et présente d'importantes limites empiriques, mises en évidence par la riche littérature sur les anomalies boursières. Pour pallier ces insuffisances, des modèles alternatifs sont développés, cherchant à élargir ou à réviser ses fondements. Cette section est consacrée à deux contributions majeures : le MEDAF intertemporel et l'APT.

1. Le MEDAF intertemporel

Le MEDAF suppose une période d'investissement unique, limitant son applicabilité dans les scénarios réels. Le MEDAF intertemporel de Merton, introduit en 1973, surmonte cette limite en intégrant plusieurs variables d'état aléatoires qui influencent les anticipations de richesse des investisseurs. Cela permet aux investisseurs de prendre des décisions de consommation et d'investissement en continu. Le MEDAF intertemporel se présente donc comme une version dynamique du MEDAF, tenant compte de l'évolution des opportunités d'investissement en intégrant diverses sources de risque. La nature stochastique des opportunités d'investissement dans ce modèle engendre une prime de risque associée aux changements inattendus dans les variables d'état qui représentent ces opportunités. En outre, le MEDAF intertemporel suppose que les investisseurs négocient en continu et visent à maximiser leur utilité de consommation sur l'ensemble de leur vie. Cette approche implique une prise en compte des développements économiques futurs susceptibles d'influencer leurs rendements. L'approche principale consiste à construire un portefeuille de couverture pour chaque type de risque, puis à analyser la sensibilité d'un actif vis-à-vis de ces portefeuilles. En prenant en compte une source de risque donnée (x), il devient possible d'exprimer le rendement dans une version multi-bêta du MEDAF :

$$E(R_t) = R_f + \beta_i[E(R_M) - R_f] + \beta_{ix}[E(R_x) - R_f] \quad (12)$$

Cette relation correspond à l'expression du MEDAF classique, augmentée d'un facteur de risque additionnel (β_{ix}) qui génère une prime de risque ($E(R_x) - R_f$) associée au risque (x). Le nouveau β_{ix} exprime la sensibilité de l'actif i au portefeuille de référence utilisé pour se couvrir contre le risque (x).

Merton (1973) démontre que si les variations des opportunités d'investissement sont représentées par une seule variable d'état, comme le taux sans risque, un théorème de séparation à trois fonds émerge. Ce théorème implique que, dans des conditions d'équilibre, les rendements attendus des actifs peuvent être décrits par un modèle multifactoriel à trois facteurs.

La principale distinction entre le MEDAF intertemporel et le MEDAF traditionnel réside dans l'inclusion de variables d'état supplémentaires, souvent des variables économiques, illustrant que les investisseurs se protègent contre des changements économiques potentiels.

En s'appuyant sur les travaux de Merton, Richard (1979) a introduit une version plus généralisée du MEDAF intertemporel. Ce modèle intègre toutes les opportunités d'investissement à travers k variables d'état, élargissant le modèle traditionnel à trois fonds en considérant k+2 fonds. L'équation utilisée dans le MEDAF intertemporel est également généralisée pour s'adapter à ce cadre plus étendu :

$$E(R) = R_f + \beta_{iM}[E(R_M) - R_f] + \beta_{is1}[E(R_{s1}) - R_f] + \beta_{is2}[E(R_{s2}) - R_f] + \cdots + \beta_{isk}[E(R_{sk}) - R_f] \quad (13)$$

avec,

$E(R_{sk})$, Rentabilité espérée de l'actif k indiquant la k[ième] variable d'état. Il est considéré comme le portefeuille de couverture contre le facteur de risque associé à la variable k,

β_{isk}, Coefficient bêta de l'actif i lié aux changements de la variable d'état k.

Les facteurs de risque dans ce modèle sont essentiellement des innovations de variables d'état économiques qui permettent de prédire les rendements attendus. Cependant, l'approche de Merton, bien que théoriquement robuste, ne précise ni la nature exacte des facteurs de risque, ni les méthodes de construction de portefeuilles de couverture. Cela a conduit les chercheurs à approfondir la relation entre les rendements et les facteurs économiques dans le cadre du modèle de l'APT, développé à la fin des années 1970.

2. Le modèle d'évaluation par arbitrage (APT)

L'APT constitue une alternative théorique au MEDAF, en postulant que les rendements des actifs peuvent être expliqués par plusieurs facteurs de risque. Les paragraphes suivants présentent dans un premier temps son cadre théorique, puis ses tests empiriques et ses déclinaisons multifactorielles. Enfin, nous abordons l'approche fondamentale, qui prolonge cette logique en reliant les rendements aux caractéristiques propres des firmes.

2.1. Cadre théorique

Proposé par Ross en 1976, l'APT offre une approche plus générale avec des hypothèses moins restrictives que le MEDAF. Bien que les deux modèles cherchent à expliquer la relation entre le risque et le rendement des actions, l'APT se présente comme une alternative au MEDAF traditionnel. Alors que ce dernier repose sur un seul facteur de risque – spécifiquement le facteur de marché – le modèle d'évaluation par arbitrage adopte une approche multifactorielle, intégrant plusieurs sources de variabilité commune à l'ensemble des titres tout en laissant un risque spécifique résiduel propre à chaque titre. Ainsi, au lieu de s'appuyer exclusivement sur le facteur unique bien défini du MEDAF, l'APT utilise plusieurs facteurs de risque, constituant ainsi une théorie plus générale.

De manière générale, l'APT, selon Ross, propose un cadre pour analyser les facteurs qui influencent les rendements boursiers. Ce modèle suggère que deux types d'influences principales sont en jeu :

- **Facteurs Macroéconomiques :** Ces facteurs regroupent des indicateurs économiques globaux – appelés « facteurs » dans le cadre de l'APT – qui affectent systématiquement les rendements d'un large éventail d'actions.
- **Événements spécifiques à l'entreprise :** Chaque action est également influencée par des événements qui lui sont propres, indépendamment du marché global. Cette influence unique est qualifiée de « composante idiosyncrasique » du rendement d'une action.

Ainsi, plutôt que d'utiliser un seul facteur bien défini comme le fait le MEDAF, l'APT intègre plusieurs facteurs de risque, offrant une vision plus complète. Bien que le concept d'arbitrage, qui consiste à exploiter des écarts de prix pour réaliser des profits, ne soit pas totalement sans risque dans l'APT, il présente des opportunités potentielles de gains significatifs. L'APT fournit un cadre pour calculer la juste valeur théorique d'un titre en fonction de sa sensibilité à divers facteurs de risque identifiés. Les investisseurs peuvent ainsi utiliser cette valeur estimée pour identifier les actifs financiers potentiellement sous-évalués par le marché.

L'APT postule que le rendement de tout actif est une fonction linéaire de plusieurs facteurs, avec un consensus parmi les investisseurs concernant le processus de génération de rendement décrit par l'équation suivante :

$$R_{it} = E(R_i) + \sum_{k=1}^{K} \beta_{ik} f_{kt} + \varepsilon_{it} \quad (14)$$

avec,

R_{it} , le taux de rentabilité de l'actif i,

$E(R_i)$, espérance de rendement de l'actif i,

β_{ik} , sensibilité de l'actif i au facteur k,

f_{kt} , rentabilité du facteur k, avec $E(f_k) = 0$,

ε_{it} , rentabilité spécifique de l'actif i, avec $E(\varepsilon_i) = 0$.

L'APT est un modèle factoriel qui explique la variation des rendements d'un actif financier en fonction de plusieurs facteurs de risque. Dans ce modèle, chaque actif est associé à un ensemble de facteurs, dont l'influence sur les rendements est mesurée par des coefficients de sensibilité (ou charges factorielles) propres à chaque facteur de risque. Ces sensibilités (ou expositions) sont utilisées pour expliquer, en coupe transversale, la variation des rendements individuels attendus, et pour mesurer la significativité statistique des primes de risque associées à chaque facteur considéré.

L'APT s'appuie sur un raisonnement d'arbitrage, ce qui conduit à la relation d'équilibre suivante :

$$E(R_i) = \lambda_0 + \beta_{i1}\lambda_1 + \beta_{i2}\lambda_2 + \ldots + \beta_{ik}\lambda_k \qquad (15)$$

Soit λ_0 le taux sans risque et λ_k la prime de risque associée au $k^{ième}$ facteur. Cette prime, également connue sous le nom de facteur de risque pur ou prime de risque, est définie comme le rendement attendu d'un portefeuille ayant une sensibilité unitaire au $k^{ième}$ facteur et une sensibilité nulle à tous les autres facteurs, en excès du taux sans risque. Ces facteurs λ_k sont ainsi identifiés dans un modèle multifactoriel comme suit :

$$\lambda_k = E(R_{pk}) - \lambda_0 \qquad (16)$$

Après substitution dans l'équation (15), la relation APT s'écrit :

$$E(R_i) = \lambda_0 - \beta_{i1}[E(R_{p1}) - \lambda_0] + \ldots + \beta_{ik}[E(R_{pk}) - \lambda_0] \qquad (17)$$

Le MEDAF peut être interprété comme un cas particulier de l'APT, où le facteur de marché devient le seul facteur déterminant. Contrairement à l'hypothèse du MEDAF, qui exige que le portefeuille de marché soit efficace en moyenne-variance, l'APT ne nécessite pas cette condition pour sa formulation. En effet, l'APT suppose simplement qu'un indice de marché reflète les variations de multiples sources de risque affectant les rendements. Dans les cas où le portefeuille de marché se superpose à un portefeuille de réplication, l'équation de l'APT prend une forme proche de celle du MEDAF intertemporel (équation 12), bien que leurs hypothèses initiales diffèrent.

Il existe une multitude de facteurs qui vérifient l'équation des primes de risques factoriels de l'APT. Les facteurs initiaux et leurs sensibilités peuvent être transformés en de nombreuses autres variables. Les nouvelles variables définies, telles que les facteurs d'exposition et les primes ajustées, créent ainsi un nouveau modèle factoriel dans lequel le rendement présente toujours une structure factorielle.

2.2. Tests empiriques

Les tests empiriques de l'APT nécessitent d'abord l'estimation des facteurs ou des coefficients de sensibilité aux facteurs. Deux approches sont possibles :

- La première, une approche statistique, implique des techniques d'analyse de données telles que l'analyse factorielle pour calculer ces sensibilités et développer des portefeuilles d'actifs répliquant lesdits facteurs[10].
- La deuxième méthode adopte une approche pragmatique en identifiant intuitivement des variables macroéconomiques susceptibles d'influencer les cours des titres.

Bien avant la formulation de l'APT, l'idée de modèles multifactoriels pour expliquer la variation des rendements des titres est déjà explorée. Plusieurs études préliminaires (Farrar, 1962 ; King, 1966 ; Agmon, 1973 ; Lessard, 1974) examinent la structure de covariance des rendements des actifs financiers en utilisant l'analyse factorielle. Cependant, la plupart, à commencer par celle de King, se focalisent sur l'extraction de facteurs sectoriels.

---

[10] Les deux méthodes les plus courantes sont l'analyse factorielle principale et l'analyse factorielle de maximum de vraisemblance.

Roll et Ross (1980) sont parmi les premiers à identifier spécifiquement les facteurs de l'APT, constatant qu'un petit nombre d'entre eux pouvait expliquer efficacement les rendements boursiers. Chen (1983) réalise ensuite une évaluation critique de l'APT, en estimant le nombre de facteurs nécessaires et en comparant ses performances avec celles du MEDAF. Les résultats indiquent que l'APT fonctionne relativement bien, confirmant ainsi l'intérêt de l'approche factorielle. Chen *et al.* (1986) introduisent des facteurs macroéconomiques pour tester l'APT sur le marché boursier américain, démontrant le rôle significatif de plusieurs de ces variables dans l'explication des rendements[11]. D'autres études montrent également que les variables macroéconomiques peuvent représenter des facteurs de risque sous-jacents (Chan *et al.*, 1985 ; Shanken et Weinstein, 1990 ; Priestley, 1996 ; Kryzanowski *et al.*, 1997). Lehmann et Modest (1988), quant à eux, testent l'hypothèse de nullité de la constante dans la régression en série temporelle. Les résultats sont mitigés : cette hypothèse est rejetée lorsque les portefeuilles sont formés en fonction de la taille. Comme le MEDAF, l'APT présente des limites pour expliquer certaines anomalies de marché, notamment l'anomalie de taille, ce qui complique sa validation empirique.

Dans la littérature, le test de l'APT présente plusieurs défis (Yli-Olli et Virtanen, 1992), notamment le choix du nombre optimal de facteurs (Lehmann et Modest, 1988). Contrairement au MEDAF, qui offre un cadre explicite pour identifier et tester les facteurs, l'APT repose sur l'hypothèse que les facteurs de risque sont déjà connus par le marché, sans préciser leur nombre ni leur nature. Cette imprécision complique la validation empirique de l'APT, d'autant plus que le nombre de facteurs significatifs tend à augmenter avec la taille des échantillons (Dhrymes *et al.*, 1984, 1985). D'autres problèmes méthodologiques sont également associés à l'utilisation

---

[11] Plus récemment, Cooper *et al.* (2022) étendent cette approche en proposant une version mondiale du modèle.

de l'analyse factorielle : le nombre de facteurs à extraire repose souvent sur des décisions subjectives ; les facteurs peuvent apparaître dans un ordre indéterminé ; et enfin, les signes des paramètres estimés manquent parfois de cohérence, introduisant une certaine une part d'arbitraire dans les résultats (Chen *et al.*, 1986 ; Elton & Gruber, 1987).

Les approches qui consistent à définir des facteurs macroéconomiques en recherchant des variables statistiquement significatives ne garantissent pas la découverte de facteurs prédictifs idéaux. Par conséquent, il n'y a aucune assurance que tous les facteurs de rendement explicatifs soient correctement identifiés. Cela constitue un test conjoint évaluant à la fois la validité du modèle et l'identification correcte des facteurs. La flexibilité dans le choix des facteurs explicatifs appropriés pose un défi important dans l'application de l'APT.

En réponse à ces difficultés, les chercheurs développent des modèles mieux adaptés en tirant parti de la structure factorielle de l'APT.

2.3. Les modèles multifactoriels dérivés de l'APT

Le développement de formulations modifiées ou généralisées du MEDAF classique démontre la robustesse de la structure générale de ce modèle de référence. Cependant, certaines lacunes, notamment les anomalies boursières, persistent malgré les propositions d'amélioration de ce modèle. Avec l'avènement de l'APT, les chercheurs estiment qu'elle peut fournir une alternative viable au MEDAF. Cependant, les limites de ce modèle d'arbitrage se révèlent aussi complexes, voire plus importantes, que celles du modèle à facteur unique.

L'incapacité du modèle d'APT à identifier précisément les facteurs explicatifs pousse les chercheurs à explorer de nouvelles méthodes exploitant sa structure factorielle. Cela oriente la recherche vers le développement de modèles de rendement multifactoriels, plus adaptés et opérationnels. Plusieurs approches émergent ainsi pour identifier les facteurs qui influencent les covariations des rendements boursiers. Ces approches supposent généralement une relation linéaire entre les rendements observés et un ensemble de variables explicatives. En règle générale, un modèle multifactoriel s'écrit comme suit :

$$R_{it} = \alpha_i + b_{i1}f_{1t} + b_{i2}f_{2t} + \cdots + b_{ik}f_{kt} + \varepsilon_{it} \qquad (18)$$

avec, f_{1t} à f_{kt}, les k facteurs et b_{i1} à b_{ik}, les sensibilités du titre i à chaque facteur.

La littérature distingue deux approches principales pour identifier les facteurs explicatifs des rendements des titres. Dans la première approche, dite endogène ou « analyse factorielle », des techniques statistiques sont utilisées pour identifier des facteurs cachés ou implicites en analysant les corrélations entre les rendements des titres, révélant ainsi les risques communs sous-jacents. La deuxième approche, dite exogène ou « à facteur prédéfini », repose sur la sélection de variables prédéterminées, appelées « facteurs tangibles », ayant des interprétations économiques ou financières claires, comme les indicateurs macroéconomiques ou sectoriels. Ces variables sont ensuite analysées pour évaluer leur influence sur les rendements boursiers.

Connor (1995) classe les modèles multifactoriels en trois grandes catégories en fonction des caractéristiques des facteurs et de la méthode d'identification : les modèles statistiques, économiques et fondamentaux. Ces modèles factoriels linéaires simplifient les hypothèses par rapport aux modèles théoriques et expliquent les rendements par différents types de facteurs, permettant une analyse plus précise des risques et de la performance. Chaque catégorie présente des propriétés spécifiques liées à la nature des facteurs employés, et leur comparaison permet d'identifier les modèles qui comblent le mieux les lacunes du MEDAF.

2.3.1. Modèles statistiques

À partir de l'observation des rendements passés, l'analyse des données permet d'identifier plusieurs facteurs communs à un ensemble d'actifs et d'évaluer leur importance. En d'autres termes, la série chronologique des rendements d'un groupe d'actifs permet de définir des combinaisons linéaires qui caractérisent les facteurs sous-jacents. L'identification de ces facteurs s'effectue principalement par le biais d'une analyse factorielle, qui transforme les données observées en un ensemble de « facteurs » formellement définis, qui sont implicites par rapport aux propriétés statistiques des données de rendement. Toutefois, ce type de modèle, appelé modèle implicite, soulève des défis en matière d'interprétation économique des facteurs dérivés du calcul, laissant ainsi une large place à la subjectivité du chercheur. C'est probablement pourquoi ils sont peu développés dans la littérature et rarement appliqués en pratique (Chan *et al.*, 1998).

Roll et Ross (1980) appliquent cette méthode aux rendements quotidiens de 1250 actions cotées au NYSE ou à l'AMEX entre juillet 1962 et décembre 1972. Ils forment et analysent successivement 43 groupes de 30 titres. Leur étude révèle qu'au moins trois facteurs influencent le niveau des rendements attendus. Cependant, la question de l'identification de ces facteurs reste à résoudre.

En effet, les facteurs statistiques ne correspondent pas nécessairement à des variables économiques ou financières clairement définies. Ils peuvent être des combinaisons de plusieurs effets potentiellement instables (Miloudi & Lilti, 2002). De plus, leur instabilité implique qu'un facteur peut avoir une influence à un moment donné puis disparaître sans affecter les résultats du modèle dans une période ultérieure. En particulier, la méthode statistique, en cherchant à maximiser la valeur explicative des facteurs estimés au cours d'une période donnée, risque de générer des corrélations artificiellement élevées qui ne se maintiennent pas après la période d'estimation. En conséquence, d'autres chercheurs s'orientent vers l'utilisation de modèles explicites, que nous décrivons ci-dessous.

2.3.2. Modèles économiques

Dans le domaine de l'évaluation des actifs, les modèles factoriels explicites, également appelés modèles factoriels macroéconomiques, se distinguent par leur utilisation d'un ensemble prédéterminé de variables économiques ou financières interprétables pour expliquer les rendements des titres. Ces modèles, souvent attribués à Chen *et al.* (1986), sont largement adoptés par les chercheurs en finance.

Pour identifier les facteurs macroéconomiques pertinents, les chercheurs suivent généralement une approche structurée :

- **Sélection intuitive :** Une liste initiale de facteurs de risque potentiels est élaborée sur la base de l'intuition et de la théorie économique, en supposant que ces facteurs influencent systématiquement les rendements.
- **Analyse de régression :** Les rendements des titres sont régressés par rapport aux variables économiques sélectionnées, et seules les variables statistiquement significatives sont retenues
- **Scrutin statistique :** Les variables retenues sont soumises à des tests statistiques pour évaluer leur stationnarité, s'assurant qu'elles capturent des innovations inattendues plutôt que des composantes anticipées. Ces variables sont ensuite orthogonalisées pour éliminer la multicolinéarité et garantir leur indépendance.
- **Test de l'APT :** L'APT est testé en utilisant les variables orthogonalisées, suivant une procédure similaire à celle de Fama et MacBeth (Chen *et al.*, 1986).
- **Significativité des facteurs :** Seuls les facteurs présentant des primes de risque moyennes statistiquement significatives sont pris en compte.

Bien que les modèles factoriels explicites soient attrayants, ils présentent plusieurs limites importantes. En effet, leur performance peut varier en fonction des périodes d'échantillonnage, comme le montrent Chan *et al.* (1998), Shanken et Weinstein (2006) et Ferson (2006). Par exemple, Shanken et Weinstein (2006) révèlent que les conclusions principales du modèle de Chen *et al.* (1986) dépendent fortement de la méthode employée pour construire les portefeuilles de test, ce qui remet en question leur robustesse. De plus, la correction des biais liés aux erreurs dans les variables peut diminuer la signification statistique des résultats. Enfin, Ferson (2006) soulève des préoccupations quant aux définitions idiosyncrasiques des facteurs dans le modèle de Chen *et al.* (1986), ce qui souligne la nécessité d'une réévaluation des hypothèses sous-jacentes à ces modèles.

Face à ces limites, Campbell (1996) propose une approche alternative inspirée du MEDAF intertemporel de Merton (1973). Il soutient que les « facteurs valorisés » ne doivent pas être identifiés par une analyse factorielle de la matrice de covariancc des rendements. Au lieu de cela, l'auteur recommande d'explorer des innovations dans des variables qui se sont révélées capables de prévoir les rendements boursiers. La littérature identifie un large éventail de déterminants macroéconomiques influençant la performance du marché boursier (Albu *et al.*, 2014 ; Tsaurai, 2018). Les facteurs fréquemment examinés incluent le produit intérieur brut (PIB), les taux d'intérêt, les taux de change, la masse monétaire et le chômage.

Cependant, les modèles factoriels explicites sont limités par leur nécessité d'identifier et de mesurer tous les chocs économiques affectant les rendements des titres. Le nombre restreint de chocs identifiables et la disponibilité limitée des données pour des mesures précises peuvent nuire à leur efficacité. Mesurer de manière stable et opportune les changements inattendus des indicateurs économiques, tels que la productivité et l'inflation, représente également un défi (Grinblatt & Titman, 2002). En outre, cette approche d'estimation ignore la nature approximative de l'APT, qui ne tient pas compte de l'aléatoire propre à chaque titre. Selon Connor (1995), les facteurs macroéconomiques n'expliquent qu'une petite part des variations des rendements des titres.

De manière générale, bien que les modèles factoriels explicites offrent une approche structurée pour identifier les facteurs macroéconomiques déterminant les rendements des titres, leurs limites, telles que les performances spécifiques à l'échantillon, le biais des erreurs dans les variables, les définitions idiosyncrasiques des facteurs et le pouvoir explicatif limité, soulignent la nécessité d'un raffinement continu et d'une exploration d'approches alternatives.

2.3.3. Modèles fondamentaux

Basés sur des facteurs explicites, les modèles fondamentaux se distinguent des modèles macroéconomiques par leur focalisation sur les caractéristiques spécifiques à l'entreprise pour expliquer les rendements des titres, plutôt que sur des facteurs macroéconomiques. Ces modèles reposent sur des données empiriques qui montrent que les attributs des titres sont essentiels dans la détermination des variations de rendement. Contrairement aux modèles traditionnels d'évaluation des actifs, qui se fondent sur des principes théoriques, les modèles fondamentaux adoptent une approche plus empirique. Ils décomposent les rendements moyens des actifs en composantes factorielles, en supposant que les sensibilités des actifs dépendent des attributs de l'entreprise. Les réalisations de ces facteurs sont estimées par régression.

Dans l'analyse en coupe transversale, les variables explicatives sont mesurées par leurs valeurs calculées, ce qui génère les bêtas factoriels du modèle fondamental. Dans l'analyse en séries temporelles, les facteurs de rendement correspondent aux rendements réalisés des portefeuilles de réplication (*mimicking portfolios*), conçus pour capturer le rendement marginal par rapport à une unité d'exposition à chaque attribut. Par exemple, le facteur taille est défini comme le rendement réalisé pour une unité supplémentaire de taille, toutes choses étant égales par ailleurs.

Le choix des facteurs fondamentaux n'est pas fixe et dépend souvent de l'intuition et du pragmatisme. La littérature a exploré diverses combinaisons de variables. Par exemple, FF (1992, 1993, 2008, 2015) mènent des études empiriques pour identifier les facteurs qui expliquent les rendements moyens des actifs, en plus du facteur de marché[12]. De son côté, Connor (1995) compare l'efficacité de trois types de modèles factoriels, en examinant treize facteurs fondamentaux et en soulignant la supériorité du modèle fondamental[13]. D'autres modèles combinant plusieurs facteurs fondamentaux sont également développés pour des applications commerciales. Le modèle le plus connu est le modèle de BARRA[14] qui intègre un ensemble de variables caractéristiques, notamment la taille, l'effet de levier financier et la croissance des bénéfices, en plus du facteur de marché[15].

En somme, les modèles fondamentaux fournissent une approche basée sur les données financières et comptables pour identifier les facteurs qui influencent les rendements des titres, en mettant l'accent sur les caractéristiques propres aux entreprises. Leur capacité à expliquer les variations de rendement au-delà des méthodes traditionnelles en fait des outils précieux pour la gestion de portefeuille, l'évaluation des actifs et l'analyse des risques.

---

[12] Les modèles FF sont présentés en détail dans la section suivante.

[13] Les facteurs fondamentaux testés dans l'étude comprennent (secteurs, variabilité des marchés, succès, taille, activité commerciale, croissance, B/P, B/P, variabilité des bénéfices, effet de levier financier, investissement étranger, intensité de la main-d'œuvre et rendement des dividendes)

[14] Référence à la société BARRA fondée par Barr Rosenberg.

[15] Certains de ces facteurs sont utilisés par Connor (1995) dans les tests de modèles fondamentaux.

2.3.4. Comparaison des modèles

Le choix entre les modèles multifactoriels implicites et explicites dépend largement de la nature des facteurs explicatifs considérés. Les modèles implicites, bien que plus simples à mettre en œuvre, présentent des difficultés d'interprétation des facteurs extraits et peuvent souffrir d'instabilité. En revanche, les modèles explicites nécessitent une identification préalable des facteurs influençant les rendements des titres, tant en nombre qu'en nature. Deux grandes catégories de facteurs explicatifs sont alors possibles : les facteurs économiques et les facteurs fondamentaux. Les facteurs économiques, issus de modèles macroéconomiques, relient les rendements futurs des titres aux primes de risque associées à des variables comme l'inflation ou la croissance du PIB. Les facteurs fondamentaux, intégrés dans des modèles microéconomiques, se fondent sur les caractéristiques propres aux entreprises, telles que la taille ou la rentabilité opérationnelle, pour expliquer la relation rentabilité-risque.

Les études suggèrent que les modèles fondamentaux présentent un pouvoir explicatif supérieur à celui des modèles économiques et statistiques. En effet, Connor (1995) compare ces trois types de modèles et constate que le modèle fondamental offre le pouvoir explicatif le plus élevé, avec un R^2 de 43 %, contre 39 % pour le modèle implicite et 11 % pour le modèle économique. Sheikh (1996) renforce cette conclusion en soulignant la robustesse des modèles fondamentaux, qui, selon lui, évitent les corrélations historiques et capturent plus efficacement les variations de risque ainsi que les rendements des titres. Poursuivant cette analyse comparative, Chan *et al.* (1998) examinent les variables les plus efficaces pour représenter les co-mouvements des rendements. Leurs résultats, obtenus sur plusieurs marchés et périodes, favorisent les modèles fondamentaux : les variables macroéconomiques y montrent un pouvoir explicatif limité, tandis que les facteurs fondamentaux démontrent de manière constante de bonnes performances. Ces résultats sont appuyés par de nombreuses études, notamment celles d'Engerman (1993) et de Madhavan et Yang (2003), qui confirment la supériorité des facteurs fondamentaux sur les facteurs macroéconomiques dans l'explication des rendements des titres.

Les modèles fondamentaux se révèlent ainsi être les plus performants pour l'estimation des rendements anticipés des actifs financiers. Leur capacité à intégrer des attributs spécifiques aux entreprises en les liant aux rendements attendus les rend particulièrement pertinents pour la modélisation de portefeuille et la gestion des risques. Les facteurs fondamentaux permettent ainsi de mieux comprendre comment la structure de l'entreprise, sa performance économique et sa santé financière influencent son rendement attendu. Souvent dérivés de données comptables ou financières, ces facteurs peuvent être combinés avec le facteur de marché pour affiner la compréhension de la relation rentabilité-risque. En intégrant toutes les informations pertinentes sur la performance et les caractéristiques des entreprises, les modèles fondamentaux offrent une évaluation plus complète et précise des actifs financiers sur le marché. Cette approche, qui lie directement la rentabilité aux variables déterminant les revenus ou bénéfices attendus, reflète une logique intuitive.

En raison de leur capacité à encapsuler des attributs spécifiques à l'entreprise et à les corréler avec les rendements anticipés, les modèles fondamentaux se sont imposés dans la recherche académique et les applications pratiques. Ils constituent désormais un outil puissant pour la modélisation de portefeuille, la gestion des risques et l'évaluation des actifs financiers.

2.4. L'approche fondamentale

Les modèles fondamentaux sont apparus en réponse aux limites du MEDAF, mises en lumière par la validation empirique du modèle. Plus précisément, la documentation accentue des anomalies boursières conduit les chercheurs à identifier des variables directement observables qui pourraient mieux capturer la variation des rendements des titres. Ainsi, ces écarts observés par rapport aux estimations théoriques du MEDAF ont incité à cette approche plus approfondie. En intégrant des caractéristiques spécifiques à l'entreprise dans le calcul du coefficient bêta, les modèles fondamentaux permettent une évaluation plus complète et précise des actifs financiers sur le marché. Cette approche améliore notre compréhension des déterminants des rendements boursiers, constituant ainsi un outil précieux pour la gestion de portefeuille, l'évaluation des actifs et la gestion des risques.

2.4.1. Modélisation de la rentabilité

Les modèles fondamentaux utilisent des données comptables et financières pour décomposer les primes de risque moyennes en fonction de facteurs explicatifs spécifiques. Pour chaque actif, la relation peut être formulée comme suit :

$$E(R_i) - R_f = \sum_{k=1}^{K} b_{ik}\, \delta_k + \varepsilon_i \quad (19)$$

avec,

b_{ik}, sensibilité de l'actif i au facteur k,

δ_k, coefficient spécifique au facteur k qui donne la rémunération de ce facteur par le marché. Il est estimé en régressant le rendement du titre sur le facteur de sensibilité,

ε_i, rentabilité spécifique de l'actif i.

La représentation des rendements attendus dans le modèle fondamental présente des similitudes avec la relation d'équilibre décrite par l'APT (équation 15). Toutefois, la modélisation fondamentale inclut un terme supplémentaire qui prend en compte le rendement résiduel.

La principale différence entre le modèle fondamental et le modèle APT réside dans l'interprétation des paramètres. Dans le cas du modèle fondamental, le paramètre k représente la valeur spécifique au facteur pour l'entreprise i, où les coefficients b_k sont interprétés comme des expositions des actions à certains attributs prédéfinis. En revanche, dans le modèle APT, ces coefficients sont estimés par régression à partir de l'équation du modèle initial (équation 14).

Les modèles factoriels fondamentaux constituent une extension pratique de la théorie de l'arbitrage, en offrant une approche empirique pour identifier et interpréter les facteurs influençant les rendements des actifs. Contrairement à l'APT, qui ne précise pas explicitement les facteurs, ces modèles lient des attributs observables de l'entreprise aux facteurs sous-jacents. Par exemple, le niveau d'endettement d'une entreprise (un attribut) peut refléter son exposition au facteur de taux d'intérêt. Cette approche permet une compréhension plus intuitive des déterminants des rendements des actifs financiers.

La construction d'un modèle factoriel fondamental nécessite de sélectionner des attributs spécifiques et de tester leur pouvoir explicatif sur les rendements des actifs. Seuls les attributs qui apportent une contribution significative à l'explication de ces rendements sont retenus. Pour chaque actif, chaque attribut est calculé de manière à représenter sa sensibilité aux facteurs identifiés. Afin d'assurer la comparabilité au sein de l'échantillon, les variables choisies sont généralement normalisées avant les tests, ce qui permet une interprétation plus rigoureuse des coefficients de sensibilité.

Dans un modèle fondamental de la rentabilité, l'exposition moyenne d'un titre à un facteur particulier montre dans quelle mesure le rendement de ce titre devrait varier en réponse aux changements de rendement de ce facteur. Cette sensibilité est souvent mesurée en calculant l'écart entre l'attribut de l'actif et la moyenne de l'ensemble des titres, ajusté par l'écart-type. Un titre ayant un attribut supérieur (ou inférieur) à la norme du marché aura une réponse positive (ou négative) à cette variable spécifique. Les primes de risque associées aux différents facteurs sont estimées en construisant des portefeuilles à exposition nulle à tous les facteurs sauf celui analysé. Ces portefeuilles de réplication, définis en fonction des caractéristiques propres de chaque entreprise, incluent des pondérations spécifiques pour chaque actif, parfois négatives.

L'approche fondamentale présente plusieurs avantages par rapport aux modèles traditionnels d'évaluation des actifs. En se basant sur des caractéristiques observables des entreprises, elle offre une compréhension plus intuitive des facteurs influençant les rendements des actifs et intègre un éventail plus large de dimensions de risque. Cette transparence accrue dans l'interprétation des paramètres découle du lien direct entre les coefficients de sensibilité et les attributs des entreprises. Cette approche fondamentale s'accorde avec le cadre des facteurs de risque en reconnaissant l'existence de risques cachés qui influencent les rendements, justifiant ainsi l'inclusion de variables supplémentaires au-delà du facteur de marché.

In fine, les modèles fondamentaux offrent une méthode efficace pour analyser les rendements des actifs financiers et identifier leurs facteurs explicatifs. Leur approche, fondée sur les données financières et comptables, ainsi que leur flexibilité, en font une extension pratique de l'APT, fournissant des informations précieuses sur les composantes du risque systématique. Toutefois, il est essentiel de prêter une attention particulière à la sélection des attributs, aux méthodes d'estimation et à la validation empirique pour assurer une application optimale du modèle.

2.4.2. Les caractéristiques fondamentales des firmes

Les caractéristiques spécifiques de l'entreprise sont devenues une approche prééminente dans la gestion de portefeuille et l'analyse de risque des actifs financiers. Leur attrait réside dans leur accessibilité, leur interprétabilité et leur validation empirique. La littérature comptable financière souligne l'importance des attributs intrinsèques de l'entreprise pour comprendre sa performance et son orientation stratégique, ce qui contraste avec les approches traditionnelles axées sur les influences extérieures. En examinant ces attributs internes, les investisseurs peuvent mieux évaluer la stabilité financière, l'efficacité opérationnelle et les risques d'une organisation, permettant ainsi des choix d'investissement plus éclairés.

Les ratios comptables et financiers jouent un rôle essentiel en fournissant des indicateurs synthétiques de la situation financière et de la performance d'une entreprise. Ils permettent de résumer une grande quantité de données en mesures faciles à interpréter, largement utilisées pour l'analyse et la comparaison. Dans l'approche fondamentale, ces ratios sont des outils privilégiés pour examiner l'évolution d'une entreprise et évaluer sa position sur le marché ou dans son secteur

Historiquement, la compréhension des ratios comptables et financiers a beaucoup évolué depuis les premières analyses des états financiers aux États-Unis à la fin du XIXe siècle. À l'origine, ces ratios étaient perçus surtout comme des signaux de vulnérabilité, servant d'indicateurs pour le risque de faillite (d'un point de vue des prêteurs) ou l'échec potentiel de l'entreprise (d'un point de vue managérial) (Gilman, 1925).

Aujourd'hui, un nombre croissant de preuves empiriques montre que la santé financière d'une entreprise, mesurée par des indicateurs comptables et financiers, est positivement corrélée avec sa performance boursière. Cette corrélation suggère un lien entre les fondamentaux de l'entreprise (tels que les ratios de distribution de dividendes, la structure du capital, les bénéfices et la croissance) et les rendements des investissements. Dans ce contexte, les travaux de FF (1992, 1993) suscitent un regain d'intérêt pour les attributs spécifiques aux entreprises en démontrant leur rôle dans l'explication des rendements boursiers. Les auteurs (1992) montrent, à travers une régression transversale, que des facteurs comme la taille de l'entreprise, l'effet de levier, le ratio B/M et le ratio E/P influencent les rendements attendus des actions. En 1993, les auteurs confirment ces résultats avec une régression en séries temporelles appliquée à des portefeuilles de titres classés selon des ratios de cours. En particulier, FF (1996) trouvent que ces ratios, bien que différents, contiennent des informations similaires sur les rendements attendus, le cours de l'action étant le facteur commun, tandis que les numérateurs des ratios révèlent des aspects supplémentaires de ces rendements. FF (2004) expliquent en outre que les ratios basés sur les cours capturent des informations sur les rendements attendus qui ne sont pas présentes dans les bêtas du marché.

Pour optimiser l’utilisation de ces multiples, certaines conditions préalables sont essentielles. Les variables sélectionnées doivent être logiques, faciles à interpréter, cohérentes dans le temps et capables d'expliquer une part significative de la variation des rendements entre les actions. Il est également crucial que ces variables soient comparables pour toutes les entreprises et facilement accessibles pour l'ensemble du marché. La sélection des facteurs pertinents pour le modèle repose sur une validation empirique, qui reste la meilleure approche pour évaluer et comparer leur pertinence.

Section 2 : Modèles multifactoriels *ad-hoc* de la rentabilité des titres : revue de littérature

Le MEDAF, en se concentrant uniquement sur le facteur de marché pour expliquer les rendements des actifs, adopte une approche rigide. En réponse à cette limite, Merton (1973) propose le MEDAF intertemporel, tandis que Ross (1976) développe l'APT. Contrairement au MEDAF, ces approches laissent ouverte la question du nombre et de la nature des facteurs pertinents pour la valorisation des actifs financiers. Bien qu'elles ne définissent pas précisément ces facteurs, elles constituent aujourd'hui la base théorique de nombreux modèles d'évaluation des titres (Urbański, 2017).

Le modèle multifactoriel *ad-hoc* le plus largement utilisé dans la littérature est celui à trois facteurs développé par FF (1992, 1993), qui constitue une avancée majeure par rapport au MEDAF classique en intégrant, au facteur de marché, deux nouveaux facteurs additionnels liés à la taille et au ratio B/M. Selon les auteurs, le succès empirique de leur modèle suggère qu'il représente un modèle d'équilibre, correspondant à une version à trois facteurs du MEDAF intertemporel ou de la théorie de l'arbitrage de Ross (FF, 1996). Cochrane (2005a), quant à lui, interprète le modèle multifactoriel de FF comme une variante du MEDAF intertemporel de Merton (1973), formulé en temps continu et enrichi de variables d'état supplémentaires. Au fil du temps, en réponse aux avancées de la recherche, FF étendent leur modèle initial pour intégrer cinq puis six facteurs. Ils soutiennent que ces facteurs jouent le rôle de variables d'état capables de prédire les variations futures des opportunités d'investissement, conformément au cadre théorique du modèle de Merton (FF, 1992, 1993, 1996, 1998, 2015, 2017).

Cette section s'attache plus particulièrement à la lignée la plus influente des travaux de FF. Nous en retraçons l'évolution, depuis le modèle originel à trois facteurs (1993) jusqu'à ses extensions à cinq facteurs (2015) et six facteurs (2018). Nous présentons ensuite l'état de l'art des travaux ayant testé ces modèles, d'abord dans le contexte des marchés développés, puis au sein des marchés émergents. Enfin, une présentation d'autres extensions majeures de modèles *ad-hoc* vient compléter cette revue de littérature.

1. Evolution des Modèles *ad-hoc* de Fama et French (1992, 1993, 2006, 2015, 2018)

Les limites de la validation empirique du MEDAF ont révélé un large éventail d'anomalies boursières que ce modèle peine à expliquer. Dans ce contexte, FF (1992, 1993) proposent ainsi un modèle alternatif s'appuyant sur deux anomalies bien établies, identifiées par les études pionnières de Banz (1981) et Stattman (1980). Ce modèle intègre, en plus du facteur de marché, deux facteurs supplémentaires liés à la taille des entreprises et au ratio B/M. L'importance de ces deux facteurs dans l'évaluation des variations des rendements boursiers est confirmée par de nombreuses études, tant sur les marchés développés (FF, 2008 ; Bhatnagar & Ramlogan, 2012) que sur les marchés émergents (Xie & Qu, 2016 ; Shah *et al.*, 2021).

Cependant, malgré l'adhésion générale de la communauté académique et des praticiens à ce modèle, plusieurs recherches mettent en lumière certaines limites du modèle de FF3F (1993). Titman *et al.* (2004) ainsi que Novy-Marx (2013) soulignent l'importance d'inclure des variables liées à l'investissement et à la *profitability* dans l'évaluation des rendements boursiers. En réponse à ces critiques, FF (2015) élargissent leur modèle à trois facteurs en y ajoutant des facteurs relatifs à la *profitability* et à l'investissement, offrant ainsi une explication plus complète des rendements.

Les auteurs soutiennent que leur modèle à cinq facteurs s'inscrit dans la logique du modèle d'actualisation des dividendes (DDM), qui stipule que la valeur de marché d'une action peut être estimée comme la valeur actuelle de tous ses dividendes futurs anticipés.

$$p_t = \sum_{\tau=1}^{\infty} \frac{E(d_{t+\tau})}{(1+r)^{\tau}} \tag{20}$$

avec,

p_t, cours de l'action à l'instant t,

E(d), dividende par action anticipé pour la période $t + \tau$,

r, taux de rendement interne sur les dividendes attendus.

À partir de cette équation, FF (2015) justifient l'inclusion de la *profitability* et de l'investissement dans le modèle. Utilisant cette relation et les travaux de Miller et Modigliani (1961), ils aboutissent à l'équation suivante :

$$\frac{M_t}{B_t} = \sum_{\tau=1}^{\infty} \frac{E(Y_{t+\tau} - dB_{t+\tau})}{(1+r)^{\tau}} \; / \; B_t \qquad (21)$$

avec,

$Y\ t{+}\tau$, le bénéfice total des capitaux propres pour la période $t + \tau$,

$dB\ t{+}\tau$, la variation de la valeur comptable totale des capitaux propres.

L'équation (21) entraîne trois implications clés :

- Supposons que tous les éléments de l'équation (21) soient maintenus constants, à l'exception de la valeur de marché actuelle de l'action, M_t, et du rendement anticipé de l'action, r. Dans ce cas, une valeur plus faible de M_t, ou de manière équivalente, un ratio valeur comptable sur valeur de marché (B_t/M_t) plus élevé, implique un rendement anticipé plus important.
- Si l'on maintient M_t constant ainsi que tous les autres paramètres de (21), à l'exception des bénéfices futurs anticipés et du rendement anticipé de l'action, l'équation indique qu'une anticipation de bénéfices plus élevés implique un rendement anticipé plus fort.
- Pour des valeurs fixes de B_t, M_t et des bénéfices anticipés, une croissance anticipée plus importante de la valeur comptable des capitaux propres – c'est-à-dire l'investissement – implique un rendement anticipé plus faible.

En somme, le modèle de FF5F (2015) s'appuie sur le DDM pour démontrer comment la *profitability* et l'investissement influencent la capacité d'une entreprise à générer des dividendes futurs, impactant ainsi ultimement sa valeur de marché[16]. En intégrant des facteurs liés à la *profitability* et à l'investissement, le modèle vise à fournir une image plus complète des attentes de rendement boursier.

Dans leur dernière itération, FF (2018) ajoutent à leur modèle à cinq facteurs un sixième facteur lié à la variable de *momentum* en raison de sa forte demande populaire dans la littérature, ainsi qu'ils le notent eux-mêmes. Le nouveau facteur capture la tendance des titres ayant une récente bonne performance de cours à poursuivre leur trajectoire ascendante, mettant en évidence le potentiel de rendements à court terme basés sur le *momentum*. Les auteurs concluent que ce modèle à six facteurs démontre une performance empirique supérieure dans leurs différents tests de validation.

2. Revue de littérature des tests empiriques sur les modèles de Fama et French

Les modèles successifs de FF (1993, 2015, 2018) ont considérablement fait progresser le domaine de la valorisation des actifs en étendant le cadre traditionnel du MEDAF. La pertinence de ces modèles repose sur leur validation empirique rigoureuse, et ils sont, de fait, parmi les plus testés de la littérature financière. Leur capacité à expliquer les rendements est soumise à une multitude de tests sur les marchés financiers, tant dans les pays développés que dans les marchés émergents. C'est cette lignée de recherche que nous suivons dans les paragraphes suivants. Nous présentons d'abord un aperçu des études menées sur les marchés développés, avant de nous concentrer plus spécifiquement sur celles concernant les marchés émergents, comme c'est le cas pour notre marché d'étude. Enfin,

[16] « *Stated in perhaps more familiar terms, (3) says that Bt/Mt is a noisy proxy for expected return because the market cap Mt also responds to forecasts of earnings and investment.* » FF (2015), p.2.

nous rapportons les principaux essais d'extension et d'amélioration des modèles de FF.

2.1. Sur les marchés développés

Le modèle FF3F (1993) joue un rôle crucial dans la compréhension et l'explication des variations des rendements boursiers sur les marchés développés. De nombreuses études confirment l'importance des deux facteurs additionnels introduits par ce modèle pour expliquer les rendements boursiers (par exemple, Hu, 2007 ; Lajili Jarjir, 2002 ; Gaunt, 2004 ; FF, 2008 ; Bhatnagar & Ramlogan, 2012 ; Walkshaeusl & Lobe, 2014).

Le développement du modèle FF5F (2015) marque une avancée significative dans la théorie de l'évaluation des actifs financiers. Plusieurs études comparent les performances explicatives des modèles FF3F et FF5F, concluant généralement à la supériorité du second dans l'explication des rendements boursiers. Sur un échantillon international de 23 marchés développés, FF (2017) évaluent la performance de leurs deux modèles. Bien que des exceptions soient relevées, leurs résultats confirment largement la prédominance du modèle FF5F dans la description de la variation des rendements boursiers dans ces marchés. Des conclusions similaires sont rapportées par Chiah *et al.* (2016) ainsi que Chai *et al.* (2019) concernant le marché boursier australien. Li et Duan (2021) appliquent des régressions des MCO en utilisant les modèles FF3F et FF5F sur 30 portefeuilles sectoriels américains afin d'évaluer les changements survenus durant la pandémie de COVID-19. Les résultats révèlent que le modèle FF5F est plus pertinent dans de telles conditions.

Le modèle FF5F n'est cependant pas exempt de limites. En utilisant la base de données de FF (1992), Racicot et Rentz (2017) démontrent que la performance du modèle FF5F varie selon la méthode d'estimation. Bien que le modèle explique efficacement les rendements avec des méthodes économétriques standard comme les MCO, son pouvoir explicatif diminue notablement lorsque des techniques d'estimation plus robustes, telles que la Méthode Généralisée des Moments avec Dérives (GMM_d), sont employées. Dans certaines études, le modèle ne parvient pas à capturer toutes les variations des rendements des titres. Par exemple, Elliot *et al.* (2018) montrent que, malgré ses avancées par rapport au FF3F, le FF5F reste incapable d'expliquer complètement les variations des rendements australiens.

Dans le contexte britannique, Nichol et Dowling (2014) comparent les modèles FF3F, FF5F et celui de Chen *et al.* (2011)[17]. Ils constatent que tous ces modèles échouent aux tests de Fama et MacBeth (1973), les facteurs significatifs se limitant au marché et au B/M dans les modèles FF3F et FF5F, tandis que le facteur *profitability* du FF5F ne s'approche de la significativité qu'à un seuil légèrement supérieur à 10 %. Les facteurs liés à la taille et à l'investissement montrent un pouvoir explicatif très faible, voire inexistant, dans le contexte britannique. Aux États-Unis, Kim et Skoulakis (2018) proposent une modification de la méthode de régression croisée en deux étapes, intégrant une calibration par régression, pour comparer les modèles MEDAF, FF3F et FF5F. Ils rejettent l'hypothèse nulle de spécification correcte pour tous les modèles analysés. Sur le marché japonais, Kubota et Takehara (2018) confirment l'absence de significativité des facteurs liés à la *profitability* et l'investissement, des résultats cohérents avec ceux de FF (2017). En France, Chakroun et Hmaied (2019), à travers des régressions de séries temporelles et la méthodologie de Fama et MacBeth (1973), observent une amélioration marginale du FF5F par rapport au FF3F en termes de R^2 ajusté moyen. Cependant, leur analyse des constantes de régressions révèle des valeurs significativement négatives, indiquant une part importante non expliquée par le modèle. Les auteurs constantent également que le coefficient de la prime de risque associée à la variable investissement

[17] Chen *et al.* (2011) développent un modèle à trois facteurs, qui ajoute au facteur de marché les deux facteurs liés à la *profitability* et l'investissement.

est mieux valorisé que celui de la *profitability*, le coefficient de ce dernier n'étant significatif dans aucun cas.

Dans la même perspective de comparaison de modèles, Fletcher (2019) constate que le modèle FF6F, avec des facteurs explicatifs définis selon seulement les petites capitalisations, offre les meilleures performances parmi l'ensemble des modèles considérés sur le marché boursier britannique. Afin de fournir une vision actualisée des déterminants des rendements boursiers allemands, O'Connell (2023) évalue la performance relative de neuf modèles d'évaluation d'actifs néoclassiques concurrents. L'auteur constate que le modèle FF6F, intégrant le facteur lié au B/M à la fois dans sa version traditionnelle et actualisée, émerge comme le modèle dominant.

2.2. Sur les marchés émergents

La supériorité du modèle FF3F par rapport au MEDAF dans l'explication des rendements boursiers est également mise en évidence sur les marchés émergents. Bundoo (2008) démontre la robustesse du modèle FF3F dans l'analyse des rendements à Maurice, même en prenant en compte la variation temporelle des bêtas. De son côté, Pasaribu (2009) montre que le modèle FF3F offre un pouvoir explicatif bien supérieur au MEDAF en utilisant des données du marché brésilien. De même, Xie et Qu (2016) constatent que le modèle FF3F parvient à expliquer de manière satisfaisante les variations des rendements de la Bourse de Shanghai. Ajlouni et Khasawneh (2017) ainsi que Shah *et al.* (2021) observent des résultats similaires à ceux de Pasaribu (2009) lorsqu'ils testent les modèles respectivement sur les marchés d'Amman et du Pakistan.

Cependant, malgré son succès auprès des chercheurs et des praticiens, plusieurs études montrent que le modèle FF3F peut être incomplet. En effet, l'ajout de deux facteurs au modèle MEDAF traditionnel ne permet pas d'expliquer l'intégralité de la variation des rendements boursiers. Cleassens *et al.* (1995, 1998) soulignent que bien que le modèle FF3F soit supérieur au MEDAF, une part importante des rendements reste inexpliquée (Djajadikerta & Nartea, 2005 ; Nartea *et al.*, 2009 ; Dolinar, 2013). Shum et Tang (2005) testent ce modèle sur les marchés de Hong Kong, Singapour et Taïwan, et constatent que le facteur de marché reste le principal facteur explicatif des rendements, tandis que les facteurs liés à la taille et au B/M ont une contribution limitée, voire négligeable dans certains cas. Ces résultats sont corroborés par l'étude de Naughton et Veeraraghavan (2005) portant sur l'Indonésie, Singapour et Taïwan. Selon les auteurs, le pouvoir explicatif des facteurs liés à la taille et au B/M demeure très limité et varie selon les marchés observés. Anwar et Kumar (2018), quant à eux, constatent que le pouvoir explicatif du modèle FF3F est relativement faible par rapport au MEDAF sur le marché indien.

Le modèle FF5F révolutionne la théorie de l'évaluation des actifs en offrant une compréhension plus nuancée des facteurs influençant les rendements boursiers. Lin (2017) confirme la robustesse du modèle FF5F sur le marché boursier chinois. De même, Zhang *et al.* (2022) obtiennent des résultats cohérents sur le même marché. Leite *et al.* (2018) trouvent des résultats similaires lorsque le modèle est testé sur les marchés chinois, indien, malaisien et thaïlandais. Cependant, d'autres études montrent que le modèle FF5F explique de manière limitée les rendements sur certains marchés boursiers. Contrairement à Lin (2017) et Leite *et al.* (2018), Guo *et al.* (2017) constatent une contribution marginale du facteur lié à la variable d'investissement dans l'explication des rendements chinois. Zaremba *et al.* (2019) comparent le MEDAF, le modèle FF3F, le modèle à quatre facteurs de Carhart (ci-après C4F) et le modèle FF5F. Les auteurs concluent que le modèle C4F est plus adapté pour expliquer les rendements du marché polonais. Dans la même perspective, Foye et Valentinčič (2020) mènent un test comparatif des modèles concurrents sur la bourse indonésienne. Bien que le modèle FF5F démontre une certaine amélioration par rapport au modèle FF3F, les résultats ne sont pas concluants. Ceci renforce les conclusions antérieures de Foye (2018), qui rapportent également une efficacité limitée du modèle FF5F sur les marchés asiatiques. Pour Dolinar *et al.* (2020), bien que le modèle FF5F offre un pouvoir explicatif légèrement supérieur à celui du modèle FF3F, il laisse tout de même environ la moitié de la variation des rendements boursiers croates inexpliquée.

Contrairement aux définitions des variables proposées par FF (2006, 2015), Guo *et al.* (2017) suggèrent que le rendement des capitaux propres (*Return on equity*, ROE) constitue la mesure optimale pour définir la variable de *profitability*. Leurs résultats, basés sur le marché boursier chinois, indiquent que le facteur lié au ROE améliore significativement le pouvoir explicatif des rendements des titres. Concernant le facteur lié à l'investissement, les auteurs rapportent des résultats mitigés. En revanche, les statistiques t de la méthodologie de Fama et MacBeth (1973) pour les facteurs taille et B/M se révèlent hautement significatives. Guo *et al.* (2017) avancent donc qu'un modèle d'évaluation d'actifs plus précis est encore nécessaire pour saisir la dynamique des rendements sur le marché boursier chinois. Ali *et al.* (2019) confirment également la supériorité de la ROE en tant qu'indicateur de *profitability* plus robuste dans le contexte du marché boursier pakistanais. Leurs résultats démontrent que le facteur ROE améliore significativement le pouvoir explicatif du modèle, tandis que le facteur investissement n'y contribue que marginalement. Devant la faiblesse des statistiques t de leurs régressions de Fama et Macbeth (1973), les auteurs concluent donc à la nécessité de développer un modèle d'évaluation d'actifs mieux adapté au marché pakistanais.

Alrabadi et Alrabadi (2018) remettent en cause l'efficacité du modèle FF5F à expliquer la variation des rendements sur la Bourse d'Amman. En ayant recours à des régressions en panel de données empilées (*pooled*) par MCO, avec des effets fixes et des effets aléatoires, les auteurs comparent la performance prédictive du MEDAF, des modèles FF3F et FF5F. Leur analyse révèle des constantes de régression statistiquement significatives pour les trois modèles, soulignant l'incapacité de ces modèles à capturer intégralement les rendements attendus. Dans le contexte sud-africain, Cox et Britten (2019) examinent la performance du modèle

FF5F. Leurs résultats indiquent que le modèle améliore marginalement l'explication des rendements des actions et que la prime d'investissement reste ambiguë dans les tests de Fama et MacBeth (1973). À la Bourse de Johannesburg, Cox et Britten (2019) concluent qu'il y a une amélioration marginale de la capacité du modèle FF5F à expliquer les rendements des portefeuilles, bien que le pouvoir explicatif du facteur investissement reste ambigu dans les tests de Fama et MacBeth. En étudiant cinq marchés émergents latino-américains (Brésil, Chili, Colombie, Mexique et Pérou), de Carvalho *et al.* (2021) démontrent que les facteurs bêta, taille et B/M sont significatifs pour tous les modèles testés. Cependant, dans le cadre du modèle FF5F, le coefficient lié au facteur OP n'est significatif qu'au seuil de 10%, tandis que celui associé au facteur Inv ne l'est pas. Leur régression en deuxième étape, selon Fama et MacBeth (1973), révèle que les constantes de régressions sont fortement significatives dans tous les cas, ce qui corrobore les conclusions d'Alrabadi et Alrabadi (2018). Dans cette même optique, Hossain (2022) étudie le pouvoir explicatif des facteurs de risque communs dans les modèles FF3F et FF5F à la Bourse de Dhaka, au Bangladesh. L'auteur confirme la significativité statistique des coefficients de tous les facteurs de risque, à l'exception de ceux liés à la *profitability* et l'investissement. De plus, comme le soulignent plusieurs études (Alrabadi & Alrabadi, 2018 ; de Carvalho *et al.*, 2021), le problème des constantes de régressions significativement positives persiste.

Le modèle FF6F fait également l'objet de tests empiriques sur plusieurs marchés émergents. En étudiant 22 marchés boursiers frontières, Zaremba et Maydybura (2019) démontrent la supériorité du modèle FF6F par rapport aux autres modèles concurrents, soulignant sa capacité à capturer à la fois les variations transversales et les variations en séries temporelles des rendements boursiers. Par ailleurs, les auteurs soulignent l'importance significative du facteur lié au *momentum*. À l'inverse, Ali *et al.* (2019) rapportent que le modèle FF5F surpasse tous les modèles concurrents, y compris le FF6F, sur diverses métriques de performance sur le marché boursier pakistanais. Approfondissant l'analyse sur ce même marché, Ali (2022) propose un modèle alternatif à quatre facteurs (détaillé ci-dessous), qui s'avère être supérieur aux modèles FF5F et FF6F en termes de pouvoir explicatif. Faisant écho aux résultats de Zaremba et Maydybura (2019), Doğan *et al.* (2022) apportent des preuves étayant la performance supérieure du modèle FF6F sur le marché de la Bourse d'Istanbul. Ils recommandent en outre aux investisseurs d'intégrer la stratégie *momentum*, celle-ci contribue à l'obtention de rendements plus élevés.

Dans le contexte du marché marocain, très peu d'études ont examiné le cadre théorique proposé par FF. Alaoui Taïb et Benfeddoul (2023a, 2023b) examinent les modèles FF3F et FF5F en appliquant la méthodologie originelle de FF (1993, 2015). Leurs résultats s'avèrent peu concluants sur le marché marocain. Cela s'explique principalement par l'importance de la part inexpliquée dans la variation des rendements observés. Plus récemment, Benfeddoul et Alaoui Taïb (2024a) recourent à des méthodologies alternatives et intègrent le modèle FF6F dans une analyse comparative avec les modèles FF3F et FF5F. Leurs résultats suggèrent que ces modèles demeurent incomplets pour expliquer les variations des rendements boursiers sur le marché marocain.

2.3. Autres extensions

Face aux critiques portant sur les fondements théoriques des modèles *ad-hoc* de FF et leurs limites dans l'explication complète des variations des rendements boursiers, les chercheurs proposent de nombreuses extensions et améliorations. Nous présentons ci-après les principales extensions documentées et testées sur divers marchés.

Carhart (1997) propose un modèle à quatre facteurs en ajoutant le facteur lié au *momentum* au modèle FF3F. L'auteur souligne la supériorité de son modèle à expliquer les rendements des titres. De leur côté, Pástor et Stambaugh (2003) constituent un modèle à quatre facteurs (FFPS) en incorporant un facteur lié à la liquidité aux trois facteurs existants de FF. Asness et Frazzini (2013), quant à eux, introduisent un modèle à trois facteurs (FFAF) qui inclut une version actualisée du facteur lié au B/M, en complément des facteurs de marché et de taille du modèle FF3F. Hou *et al.* (2015, 2017) proposent un modèle à q facteurs (HXZ) comprenant, en plus du facteur de marché, des facteurs liés à la taille, à l'investissement et à la *profitability*[18]. De leur côté, Stambaugh et Yuan (2017) développent un modèle à quatre facteurs (SY4) intégrant le marché, la taille et deux facteurs *mispricing*[19] pour mieux expliquer les rendements boursiers. Le modèle à six facteurs (BS6) de Barillas et Shanken (2018) combine des facteurs issus de modèles existants, incluant le facteur de marché, ainsi que les facteurs liés à la taille et au *momentum* (modèle FF6F), à la *profitability* et à l'investissement (modèle HXZ) et au ratio B/M (modèle FFAF). Hou *et al.* (2019) enrichissent leur modèle HXZ en y intégrant un cinquième facteur, représentant la croissance de l'investissement attendu, aboutissant ainsi au développement du modèle HMXZ.

Le débat académique demeure intense quant au modèle le plus approprié pour expliquer la variation des rendements des titres. De nombreux chercheurs optent donc pour une comparaison des modèles d'évaluation d'actifs afin d'identifier ceux offrant les meilleures performances explicatives.

Ainsi, Dos Santos *et al.* (2012) démontrent que le modèle C4F est valide pour le marché boursier brésilien et qu'il surperforme le modèle FF3F ainsi que le MEDAF dans l'explication des variations des rendements boursiers.

Par ailleurs, à l'instar des travaux de Pástor et Stambaugh (2003), des chercheurs tels que Chan et Faff (2005), Sadka (2006) et Li et Wang (2014) intègrent la liquidité au modèle FF3F. Leurs études,

[18] FF (2015) et Hou *et al.* (2015) utilisent des métriques différentes pour calculer leurs facteurs d'investissement et de *profitability*, de sorte que bien que tous deux tentent de capturer les mêmes facteurs de risque.

[19] Les deux facteurs de *mispricing* sont le management (MGMT) et la performance (PERF).

menées respectivement sur les marchés australien, américain et chinois, mettent en lumière l'importance du facteur de risque lié à la liquidité dans l'amélioration du pouvoir explicatif du modèle. Dans le cadre du marché tunisien, Bouchaddekh (2013) réalise une analyse empirique de deux modèles alternatifs d'évaluation des actifs en parallèle avec le MEDAF standard : le modèle d'évaluation des actifs financiers ajusté de la liquidité (LACAPM) proposé par Acharya et Pedersen (2005) et le modèle de rendement ajusté à la liquidité du flottant (FARM) proposé par Weill (2008). Ces modèles, appuyés par les cadres théoriques développés par Pástor et Stambaugh (2003), confirment l'impact de la liquidité sur les rendements des titres. Les résultats montrent que le modèle FARM présente un pouvoir explicatif des rendements des actifs supérieur à celui du MEDAF standard ainsi qu'à celui du modèle LACAPM. En s'appuyant sur la base de données de FF, Racicot et Rentz (2017) ainsi que Racicot *et al.* (2018) examinent le pouvoir explicatif du modèle FF5F lorsqu'il est enrichi par la mesure d'illiquidité développée par Pástor et Stambaugh (2003). Leurs conclusions empiriques justifient l'inclusion de ce facteur de liquidité dans le modèle. Pour ce qui est des marchés africains, y compris celui du Maroc, Hearn et Piesse (2009) proposent un MEDAF augmenté pour intégrer la taille et la liquidité. Ils constatent que la prime de risque de marché, ainsi que les primes associées au facteur taille et au facteur de liquidité, sont des paramètres importants pour expliquer les rendements des actifs dans tous les pays étudiés. Les résultats montrent également que ce modèle est supérieur à la fois au MEDAF standard et au modèle FF3F.

Nombreuses sont les études qui comparent la performance de différents modèles multifactoriels pour expliquer les variations des rendements boursiers. Ahmed *et al.* (2019) testent un éventail de modèles[20] et concluent que le modèle SY4 offre la meilleure

[20] (1) MEDAF, (2) FF3F, (3) C4F, (4) FFPS, (5) FFAF, (6) HXZ, (7) FF5F, (8) le modèle à quatre facteurs (FF4F) de FF (2015) qui supprime le facteur HML, (9) SY4 et (10) BS6.

performance globale, suivi du modèle HXZ. Les modèles FF5F et BS6 se classent ex æquo à la troisième place. Des comparaisons par paires et des tests de comparaison de modèles révèlent que les modèles q-factor, C4F, FF5F et BS6 atteignent tous un niveau de performance optimal équivalent. Plus récemment, Ahmed *et al.* (2023) examinent l'efficacité de onze modèles[21]. Leur analyse se concentre sur la performance hors échantillon de portefeuilles à risque minimum et de portefeuilles à erreur de suivi minimum, telle qu'impliquée par les modèles factoriels. Pour les portefeuilles à risque minimum, les modèles FF5F, BS6 et FF6F s'avèrent être les plus performants. Pour les portefeuilles à erreur de suivi minimum, les modèles BS6 et FF6F sont dominants. Barillas *et al.* (2020) comparent huit modèles multifactoriels[22]. Ils observent que le modèle FFPS et l'extension du MEDAF par Frazzini et Pedersen (2014), intégrant le facteur BAB, sont surclassés par le modèle HXZ, le modèle SY4 et le modèle FF5F. Ce dernier incorpore un facteur de *profitability* fondé sur la trésorerie (*cash profitability*) en substitution du facteur lié à la rentabilité opérationnelle de FF (2015). Par ailleurs, une variante du modèle HXZ, remplaçant le facteur ROE par un facteur de rentabilité basé sur la trésorerie, s'est avérée supérieure au modèle FF6F. Le modèle le plus performant dans l'ensemble demeure cependant une version modifiée du FF6F intégrant le facteur HML, suivant la proposition d'Asness et Frazzini (2013). Pour sa part, O'Connel (2023) constate que le

[21] (1) MEDAF, (2) FF3F, (3) C4F, (4) FFAF, (5) HXZ, (6) FF5F, (7) FF4F, (8) SY4, (9) BS6, (10) FF6F et (11) le modèle à trois facteurs (DHS) de Daniel *et al.* (2020), comprenant les facteurs de marché, de financement et de décalage d'annonce de bénéfices « *post-earnings announcement drift* ».

[22] (1) FFPS, (2) modèle de Frazzini et Pedersen (2014), qui étend le MEDAF avec le facteur « *betting-against-bêta*» (BAB) - consistant à prendre une position longue sur les actifs de faible bêta et une position courte sur les actifs de haut bêta (Mkt+BAB), (3) FF5F, avec un facteur de *profitability* basé sur la trésorerie, (4) ajout du facteur de momentum au modèle précédent, (5) HXZ, (6) SY4, (7) une variante du HXZ avec un facteur de *profitability* basée sur la trésorerie (HXZCP), (8) considérant le modèle (4) avec le facteur lié au B/M du modèle FFAF.

modèle FF6F, intégrant à la fois le facteur lié au B/M dans ses versions traditionnelle et actualisée, s'impose comme le modèle dominant.

De leur côté, Detzel *et al.* (2023) intègrent les coûts de transaction dans l'évaluation des modèles d'actifs financiers, influençant ainsi les tests en faveur des modèles reposant sur des facteurs impliquant des coûts élevés. Sans tenir compte de ces coûts, les modèles HXZ et BS6 affichent des ratios de Sharpe au carré maximaux élevés et de faibles alphas sur un ensemble de 205 anomalies. Cependant, une fois les coûts de transaction pris en considération, le modèle FF5F présente un ratio de Sharpe au carré significativement supérieur à celui de ces deux modèles alternatifs.

Outre les extensions couramment étudiées, d'autres perspectives de recherche méritent une attention particulière. Certaines études traitent de l'impact de l'erreur de mesure dans les modèles d'évaluation d'actifs. Carmichael *et al.* (2007) se concentrent sur le modèle FF3F. Ils proposent une méthode pour tenir compte de l'erreur de mesure et constatent que celle-ci a un impact significatif sur les estimations par rapport aux régressions des MCO traditionnelles. De son côté, Lohrmann (2015) compare le pouvoir explicatif du MEDAF, du modèle FF3F et de ses versions modifiées incorporant les processus autorégressifs d'ordre un AR(1) et d'ordre deux AR(2). Le modèle FF3F standard surpasse le MEDAF. Cependant, la modification AR(2) souffre probablement de résultats biaisés en raison d'incohérences hors échantillon. Proposant une approche par variables instrumentales pour corriger l'erreur de mesure inhérente aux tests de valorisation d'actifs, Jegadeesh *et al.* (2019) indiquent que cette méthode permet d'utiliser des actions individuelles tout en fournissant des estimations cohérentes. Les auteurs constatent qu'après avoir contrôlé les caractéristiques des actifs, le MEDAF, les modèles FF3F et HXZ ne révèlent aucune prime de risque significative, mettant en évidence l'importance des ajustements méthodologiques dans ces analyses.

D'autres recherches s'intéressent à l'intégration de nouveaux facteurs dans les modèles d'évaluation d'actifs existants, dans le but d'améliorer leur capacité à expliquer les variations des rendements boursiers. Hou *et al.* (2011) élaborent un modèle multifactoriel incluant les facteurs liés à la variable du *momentum* et au ratio CF/P, qui surperforme à la fois le MEDAF et le modèle FF3F dans l'explication des rendements boursiers. Alaoui Taïb (2014), pour sa part, propose un modèle à trois facteurs tenant compte des risques opérationnels et financiers, en remplaçant les facteurs traditionnels lié à la taille et au B/M par des ratios plus simples comme S/P et D/E. Selon l'auteur, ce modèle alternatif s'adapte mieux aux imperfections des marchés que le modèle FF3F originel. Dans une autre perspective, Foye *et al.* (2013) proposent de substituer le facteur lié à la taille du modèle FF3F par une variable représentant une mesure de la manipulation comptable. Leur version modifiée du modèle à trois facteurs s'avère plus efficace dans l'explication des rendements boursiers. Par ailleurs, Desban et Lajili Jarjir (2018) suggèrent un modèle à cinq facteurs intégrant un facteur de taille orthogonal, le facteur lié au B/M, le facteur lié à l'investissement inversé et un facteur lié à la variable qualité. Ce modèle superforme les modèles standards en termes d'estimation du coût du capital et d'optimisation des portefeuilles.

En prenant en compte le sentiment des investisseurs comme variable, Dash (2016) étudie son impact en tant que variable conditionnelle dans différents modèles. Les résultats révèlent que le modèle à cinq facteurs, intégrant un facteur de liquidité au modèle C4F, donne les meilleurs résultats lorsque le sentiment des investisseurs est considéré. Sous un autre angle, Dhaoui et Bensalah (2016) confirment l'effet positif du sentiment des investisseurs en tant que facteur supplémentaire au modèle FF5F pour l'évaluation d'actifs.

Proposant des méthodes alternatives pour construire les facteurs taille et valeur, Liu *et al.* (2019) obtiennent de meilleurs résultats que la simple reproduction de l'approche de FF (1993). Ali et Ülkü (2021), remettant en question la capacité explicative du modèle FF6F pour certaines primes de risque, proposent un modèle parcimonieux à trois facteurs (facteur de marché, facteur UMO -

sous-évalué moins surévalué - et le facteur lié au *momentum*) qui performe aussi bien, voire mieux, que le modèle FF6F. Considérant l'importance du facteur UMO, Ali (2022) propose un modèle à quatre facteurs combinant les facteurs de marché, UMO, lié à la taille et à la *profitability*. Son modèle surpasse l'ensemble des modèles analysés.

Conclusion

Les insuffisances du MEDAF ont poussé au développement d'approches alternatives plus adéquates pour mieux cerner la relation rentabilité-risque. En réponse à ces insuffisances, deux approches multifactorielles principales ont émergé : le MEDAF intertemporel de Merton (1973) et l'APT de Ross (1976). Ces modèles offrent une analyse plus approfondie et détaillée de la relation complexe entre le risque et le rendement attendu. Ce passage de l'approche monofactorielle à une approche multifactorielle a permis le développement de modèles de la rentabilité plus sophistiqués capables d'expliquer la variation des rendements des titres. En particulier, le modèle fondamental, qui relie les rendements boursiers à leurs caractéristiques intrinsèques, a donné des résultats fortement prometteurs. Cette logique qui intègre le facteur de marché à des variables comptables ou financières spécifiques répond le mieux aux lacunes empiriques du MEDAF. C'est la prémisse sous-jacente du célèbre modèle FF3F (1993). Les auteurs ont, par la suite, élargi leur modèle originel pour développer un modèle à cinq facteurs en 2015 et l'ont encore amélioré en un modèle à six facteurs en 2018. Reconnaissant l'impact des caractéristiques des entreprises sur les rendements boursiers, plusieurs études ont émergé en s'appuyant sur le cadre des modèles FF, proposant ainsi des extensions sous forme de nouveaux modèles multifactoriels. Ces modèles étendus sont caractérisés comme de « bons » outils pour décrire les variations des rendements boursiers.

Ce chapitre a exploré la perspective multifactorielle de la rentabilité en examinant la relation rentabilité-risque au-delà des limites du MEDAF. Nous avons d'abord présenté le MEDAF intertemporel et l'APT comme principales alternatives. Ensuite, nous avons détaillé le modèle FF3F et ses variantes, en analysant la littérature existante sur sa validité dans différents contextes, tant sur les marchés développés qu'émergents. Enfin, nous avons souligné les nombreuses extensions et améliorations apportées aux modèles de FF, en mettant en évidence les principales contributions testées sur divers marchés financiers.

Chapitre 3

Évaluation empirique des modèles multifactoriels : le cas des modèles de Fama et French (1993, 2015, 2018)

Le MEDAF a constitué le pilier de la théorie financière pendant plusieurs décennies. Toutefois, sa capacité explicative, fondée sur un seul facteur de risque, s'est révélée limitée, ce qui a conduit au développement de modèles multifactoriels plus performants. Le modèle fondateur de FF (1993) marque une avancée décisive en la matière. En complément du facteur de marché, il intègre des variables liées aux fondamentaux de l'entreprise (la taille et le B/M), ce qui améliore sensiblement le pouvoir explicatif du MEDAF, comme l'ont démontré de nombreuses études. Néanmoins, le facteur de marché demeure un élément central dans l'explication des rendements des titres.

Dans une logique d'évolution continue, FF ont élargi leur modèle : d'abord à cinq facteurs en 2015, puis à six en 2018, renforçant ainsi sa pertinence empirique. Cependant, la littérature portant sur la validation de ces modèles dans le contexte marocain reste extrêmement limitée. Ce chapitre vise à combler ce manque en proposant une étude comparative des trois modèles de FF (1993, 2015, 2018), ainsi que du MEDAF classique, appliqués au marché boursier marocain.

Pour atteindre cet objectif, l'analyse repose sur deux approches complémentaires : des régressions en séries temporelles (section 1), utilisées pour estimer les primes de risque et le pouvoir explicatif global des modèles, puis des régressions en coupe transversale (section 2), permettant d'évaluer la significativité et le rôle explicatif de chaque facteur de risque inclus.

Section 1 : Analyse empirique sur données temporelles

Dans cette première section, nous procédons à une analyse comparative en séries temporelles des modèles de FF (1993, 2015, 2018), en y intégrant le MEDAF afin d'évaluer si l'ajout de facteurs améliore son pouvoir explicatif. Nous présentons d'abord les données et les variables mobilisées dans l'étude. Ensuite, nous analysons les statistiques descriptives des facteurs explicatifs et des variables dépendantes. Enfin, nous comparons les résultats des régressions en séries chronologiques appliquées aux portefeuilles construits par double tri.

1. Présentation des données et des variables

Les données et les variables employées dans chaque modèle sont présentées en mettant l'accent sur la construction des portefeuilles. Nous distinguons particulièrement entre les portefeuilles indépendants (*right-hand-side portfolios*, RHS), qui représentent les variables explicatives, et les portefeuilles dépendants (*left-hand-side portfolios,* LHS) qui correspondent aux variables à expliquer.

1.1. Données financières et comptables

Les tests statistiques reposent sur les rendements mensuels et couvrent la période de juillet 2002 à juin 2020, en utilisant des données issues de la base de données Refinitiv et du site de la Bourse de Casablanca. Pour qu'une société soit incluse dans l'échantillon, elle doit fournir des informations sur sa capitalisation boursière (CB) et ses données comptables au mois de décembre de l'année t-1, où t est l'année de définition des facteurs et des portefeuilles de test. L'échantillon initial compte 75 entreprises. Conformément à la littérature, les sociétés financières et les sociétés ayant un B/M négatif sont exclues. L'échantillon final comprend 52 sociétés marocaines. Compte tenu de la disponibilité des données, l'échantillon n'est pas cylindrique. Le nombre d'actions observées augmente progressivement au cours de la période d'étude et dès qu'une société est incluse, toutes ses données disponibles à partir de ce point jusqu'à la fin de l'étude sont prises en compte. Il n'y a aucune observation manquante pour une entreprise après son inclusion dans l'échantillon.

Afin de calculer le rendement mensuel de chaque action, nous prenons en compte le gain en capital et le rendement des dividendes. Le portefeuille de marché est défini par le portefeuille global composé de tous les titres de l'échantillon. Son rendement est représenté par la moyenne, pondérée par la CB, des rentabilités mensuelles de l'ensemble des titres de l'échantillon. L'étude utilise, comme *proxy* pour le taux sans risque, le taux équivalent mensuel du taux du bon du Trésor à 13 semaines disponible sur le site web de Bank Al-Maghrib[23] (Nguyen *et al.*, 2009 ; Trimech *et al.*, 2009 ; Akhtaruzzaman *et al.*, 2014 ; Chai *et al.*, 2019).

Les variables de base incluses dans nos tests sont la taille, le ratio B/M, le ratio de rentabilité opérationnelle (OP), l'investissement (Inv) et le *momentum* (Mom). Nous définissons la taille par la CB, calculée par le produit du cours de clôture ajusté du mois et du nombre d'actions en circulation. Concernant le ratio B/M, il est estimé comme l'inverse du ratio M/B obtenu à partir de la base de données Refinitiv. Le ratio OP est calculé comme la différence entre le chiffre d'affaires annuel et le coût des ventes, les frais de vente, généraux et administratifs et les charges d'intérêt, le tout divisé par la valeur comptable des capitaux propres, et ce en décembre de l'année t-1. Pour le ratio Inv, nous prenons la valeur comptable des actifs en décembre de l'année t-2, la soustrayons de celle de décembre de l'année t-1, puis divisons le résultat par la valeur comptable des actifs en décembre de l'année t-2. Enfin, la variable Mom est définie comme les rendements cumulés des mois t-12 à t-

[23] La Banque Centrale du Royaume du Maroc.

2, selon la définition adoptée par plusieurs chercheurs (Carhart, 1997 ; Zaremba & Konieczka, 2017 ; FF, 2018 ; entre autres).

1.2. Méthodologie d'étude

La construction des variables explicatives et à expliquer s'effectue par la formation de portefeuilles de titres, en suivant la méthodologie établie par FF (1993, 2015).

1.2.1. Formation des facteurs

Les portefeuilles indépendants, également appelés facteurs explicatifs dans les modèles testés, sont estimés conformément à la méthodologie utilisée par FF (1993, 2015, 2018). La prime de marché (ci-après Mkt) est mesurée comme la différence des rendements mensuels pondérés par la CB de tous les titres de l'échantillon et le taux sans risque[24]. Ce dernier correspond, dans notre étude, au taux équivalent mensuel du bon du Trésor à 13 semaines.

Conformément à la deuxième approche de FF (2015)[25], les portefeuilles explicatifs sont définis indépendamment en fonction de la taille et du B/M, de la taille et de l'OP, ainsi que de la taille et de l'Inv suivant le tri 2x2. Notre choix est motivé à la fois par la disponibilité limitée des données et par le nombre réduit d'entreprises cotées sur le marché marocain.

Concernant la taille, les actions sont classées en deux catégories selon leur CB : petite (S ; *Small*) si elle est inférieure à la médiane de l'échantillon, et grande (B ; *Big*) si elle est supérieure. Pour

[24] La corrélation entre le rendement du marché (R_m) et l'indice principal de la Bourse de Casablanca (*Morrocan All Shares Index, MASI)* sur la période d'étude est de 0,91.

[25] FF (2015) emploient trois méthodes distinctes - 2x3, 2x2 et 2x2x2x2 - pour contraster les cinq facteurs. Les auteurs affirment que le choix d'un tri est arbitraire, car les résultats sont similaires.

construire les portefeuilles, nous utilisons la capitalisation de juin de l'année t, qui est appliquée sur la période allant de juillet de l'année t à juin de l'année t+1.

Indépendamment, les actions sont classées en deux groupes en fonction de leur ratio B/M : faible (L ; *Low*) si ce ratio est inférieur à la médiane, et élevé (H ; *High*) s'il est supérieur. Conformément à l'approche FF (1993), nous considérons la période de juillet de l'année (t) à juin de l'année (t+1) comme période d'étude. Le ratio B/M utilisé pour former les portefeuilles est celui de la fin de l'année précédente (décembre de l'année t-1).

Sur la base des classements précédents, quatre portefeuilles distincts sont formés : (S/L, S/H, B/L, B/H). Pour chacun de ces portefeuilles, les rendements mensuels pondérés par la CB sont calculés sur la période allant de juillet de l'année t à juin de l'année t+1.

Le facteur de risque lié au ratio B/M (appelé HML ; *High Minus Low*) est calculé chaque mois en soustrayant la moyenne des rendements des portefeuilles à ratio B/M élevé (SH et BH) de celle des portefeuilles à ratio B/M faible (SL et BL) :

$$HML = \frac{\left(R_{S/H} + R_{B/H}\right)}{2} - \frac{\left(R_{S/L} + R_{B/L}\right)}{2} \qquad (22)$$

De manière similaire à la construction du facteur HML, nous avons créé des facteurs de risque pour OP et Inv, en substituant le B/M à OP et à Inv respectivement.

Dans cette perspective, deux catégories de portefeuilles sont définies en fonction de la médiane du ratio OP. Les portefeuilles dits « faibles » (W ; *Weak*) regroupent les entreprises dont le ratio OP est inférieur à la médiane, tandis que les portefeuilles « robustes » (R ; *Robust*) incluent celles dont le ratio OP est supérieur. Comme pour le ratio B/M, la formation des portefeuilles, entre juillet de l'année (t) et juin de l'année (t+1), se base sur le ratio OP à la fin de l'année (t-1), soit en décembre.

Le facteur de risque lié au ratio OP (ci-après RMW ; *Robust Minus Weak*) est calculé chaque mois comme la différence entre la moyenne des rendements des portefeuilles SR et BR (entreprises profitables) et la moyenne des rendements des portefeuilles SW et BW (entreprises moins profitables) :

$$RMW = \frac{\left(R_{S/R} + R_{B/R}\right)}{2} - \frac{\left(R_{S/W} + R_{B/W}\right)}{2} \tag{23}$$

Pour le tri des actions selon le ratio Inv, deux portefeuilles sont constitués. Les actions avec des ratios Inv inférieurs à la médiane sont classées dans le portefeuille « conservateur » (C ; *Conservative*), tandis que celles avec des ratios Inv supérieurs sont regroupées dans le portefeuille « agressif » (A ; *Agressive*).

Le facteur de risque associé au ratio Inv (ci-après CMA ; *Concervative Minus Agressive*) est calculé chaque mois comme la différence entre la moyenne des rendements des portefeuilles conservateurs (SC et BC) et la moyenne des rendements des portefeuilles à profil d'investissement agressif (SA et BA) :

$$CMA = \frac{\left(R_{S/C} + R_{B/C}\right)}{2} - \frac{\left(R_{S/A} + R_{B/A}\right)}{2} \tag{24}$$

En plus du facteur de taille basé sur le tri taille-B/M (ci-après $SMB_{B/M}$), nous avons également généré deux autres facteurs de taille basés sur les tris taille-OP (SMB_{OP}) et taille-Inv (SMB_{INV}). Pour chaque facteur, nous avons calculé mensuellement la différence entre les rendements moyens des portefeuilles de petites entreprises (à savoir, SL et SH ; SW et SR ; SC et SA) et ceux des portefeuilles de grandes entreprises (à savoir, BL et BH ; BW et BR ; BC et BA). Ces calculs sont réalisés selon les trois équations distinctes ci-dessous :

$$SMB_{B/M} = \frac{\left(R_{S/L} + R_{S/H}\right)}{2} - \frac{\left(R_{B/L} + R_{B/H}\right)}{2} \tag{25}$$

$$SMB_{OP} = \frac{\left(R_{S/W} + R_{S/R}\right)}{2} - \frac{\left(R_{B/W} + R_{B/R}\right)}{2} \tag{26}$$

$$SMB_{Inv} = \frac{\left(R_{S/C} + R_{S/A}\right)}{2} - \frac{\left(R_{B/C} + R_{B/A}\right)}{2} \quad (27)$$

Enfin, le facteur de risque lié à la taille (ci-après SMB ; *Small Minus Big*) est estimé comme la moyenne de $SMB_{B/M}$, SMB_{OP} et SMB_{INV}, comme indiqué dans l'équation ci-après :

$$SMB = \frac{\left(SMB_{B/M} + SMB_{OP} + SMB_{Inv}\right)}{3} \quad (28)$$

Le facteur lié à la variable Mom (ci-après, UMD ; *Up Minus Down*) est défini de manière similaire à HML, mais il est actualisé mensuellement plutôt qu'annuellement. Les portefeuilles sont formés à la fin du mois t-1 en se basant sur le rendement moyen cumulé de t-12 à t-2. Contrairement à SMB, HML, RMW et CMA, qui sont actualisés annuellement et utilisent des données disponibles depuis au moins six mois, UMD est mis à jour chaque mois. Le facteur de risque UMD est calculé comme la différence entre la moyenne des rendements des portefeuilles SU et BU (actions ayant affiché les rendements passés les plus élevés) et la moyenne des rendements des portefeuilles SD et BD (actions ayant affiché les rendements passés les plus faibles) :

$$UMD = \frac{\left(R_{S/U} + R_{B/U}\right)}{2} - \frac{\left(R_{S/D} + R_{B/D}\right)}{2} \quad (29)$$

1.2.2. Formation des portefeuilles dépendants

Les variables dépendantes, à savoir les portefeuilles à expliquer, sont constituées en quatre ensembles selon des tris doubles :

Les portefeuilles taille-B/M sont construits selon un processus en deux étapes. Premièrement, les actions sont classées en deux groupes selon la médiane de la CB : petites (S) et grandes (B). Deuxièmement, les actions sont triées selon B/M en trois catégories à l'aide des 40e et 20e percentiles[26] : faible (L), moyen (M) et élevé (H). Ce classement indépendant génère six portefeuilles taille-B/M.

Les portefeuilles taille-OP sont construits suivant une méthode similaire. Les actions sont d'abord divisées par la médiane de taille (petites (S) et grandes (B)), puis triées selon le ratio OP en trois groupes selon les 40e et 20e percentiles : robuste (R), moyen (M), et faible (W). Ce double tri indépendant produit six portefeuilles taille-OP.

Les portefeuilles taille-Inv sont constitués en appliquant le même principe. Après le tri initial par taille, les actions sont classées, indépendamment, selon le ratio d'investissement (Inv) en trois groupes utilisant les 40e et 20e percentiles : conservateur (C), moyen (M) et agressif (A), formant ainsi six portefeuilles taille-Inv.

Finalement, les portefeuilles taille-Mom sont formés, indépendamment, par un tri initial sur la taille suivi d'un tri sur le Mom selon les 30e et 70e percentiles : bas (D), moyen (M) et haut (U), produisant six portefeuilles taille-Mom.

Sur chacun des quatre ensembles, les rendements excédentaires mensuels sont définis comme les variables à expliquer.

2. Analyse des facteurs explicatifs et des variables dépendantes

Les paragraphes suivants offrent une vue détaillée des caractéristiques descriptives essentielles des portefeuilles explicatifs et des portefeuilles à expliquer.

---

[26] Compte tenu de la taille limitée de notre échantillon, la constitution de portefeuilles suffisamment diversifiés s'est avérée difficile. Dans ce contexte particulier, la combinaison des 40e et 20e percentiles s'est révélée la plus pertinente. De leur côté, Cox et Britten (2019) ont plutôt utilisé les 33e et 66e percentiles dans leur étude portant sur la Bourse de Johannesburg.

2.1. Statistiques descriptives des facteurs explicatifs

Les moyennes, les t-statistiques et les écarts-types des rendements mensuels des facteurs sont présentés dans le tableau 1.

La prime de marché (rendement moyen de Mkt) affiche le rendement moyen significatif le plus élevé, mais avec une valeur négative[27] (-1,77 %, t=-5,27). Dans cette perspective, FF (2012) constatent qu'au Japon, la prime de marché génère un rendement excédentaire mensuel de -0,12 %, tout en soulignant le caractère imprécis [28] de ces estimations.

La prime de taille (rendement moyen SMB) présente un rendement significativement positif. Ce résultat indique que les petites entreprises offrent des rendements plus élevés que les grandes.

Tableau 1 : Moyenne, t-statistiques et écart-type des rentabilités mensuelles des facteurs

Facteurs	Moyenne (%)	t-statistique	Ecart-type (%)
Mkt	-1.772*	-5.269	4.944
SMB	0.922**	2.201	6.160
HML	0.798**	1.992	5.887
RMW	0.410	0.964	6.244
CMA	0.234	0.595	5.784
UMD	1.416*	3.681	5.653

(*), (**) et (***) correspondent respectivement à des seuils de significativité de 1 %, 5 % et 10 %.

La prime du B/M (rendement moyen HML) montre une valeur significativement positive au seuil de 5 %, indiquant que les actions

[27] Une valeur moyenne négative de la prime est également observée dans des études portant sur différentes places boursières, comme l'ont montré les travaux sur le marché nairobien (Achola & Muriu, 2016), le marché d'Amman (Alrabadi & Alrabadi, 2018) et le marché polonais (Zaremba *et al.*, 2019).

[28] « *Japan is the exception, with a negative premium of 0.12% per month. As usual, the estimates of equity premiums are imprecise.* », FF (2012), p. 460.

à B/M élevé surperforment celles à B/M faible. L'existence d'une prime HML est largement prouvée dans plusieurs études sur les marchés développés et émergents (FF, 1993, 2015, 2017 ; Novy-Marx, 2013 ; Cox & Britten, 2019).

La prime de *profitability* (rendement moyen RMW) affiche une valeur positive de 0,41 % par mois, suggérant que les entreprises rentables surperforment celles présentant un faible ratio OP. Toutefois, cette prime n'atteint pas un seuil de significativité statistique.

La prime d'investissement (rendement moyen CMA) présente une valeur positive mais plus modeste, à 0,23 % par mois. Cela indique que les entreprises adoptant une stratégie d'investissement conservatrice surperforment celles qui investissent de manière plus agressive.

Conformément à Foye (2018) et Leite *et al.* (2018), les primes RMW et CMA s'avèrent faibles et statistiquement non significatives sur les marchés émergents asiatiques. En revanche, FF (2015) rapportent que les cinq facteurs analysés présentent des rendements positifs hautement significatifs. La polarité positive des primes, telle que documentée par FF, corrobore nos résultats à l'exception notable du rendement moyen du Mkt.

La prime du Mom (rendement moyen UMD) présente un rendement positif hautement significatif statistiquement. Cette valeur dépasse même celle de la prime SMB, avec un seuil de significativité de 1 %. Ce résultat démontre que les titres affichant un Mom élevé tendent à surperformer celles avec un Mom faible, suggérant une persistance des tendances de marché, qu'elles soient haussières ou baissières.

La corrélation (Tableau 2) entre SMB et Mkt présente un résultat surprenant, en contradiction avec les résultats antérieurs. Contrairement aux attentes, SMB affiche une corrélation négative avec Mkt, indiquant que les grandes entreprises tendent à générer des rendements de marché plus élevés que les petites entreprises.

Des résultats similaires sont observés par Mosoeu et Kodongo (2020) pour le marché sud-africain.

Tableau 2 : Matrice de corrélation des facteurs

	Mkt	SMB	HML	RMW	CMA	UMD
Mkt	1					
SMB	-0.312*	1				
HML	-0.050	0.115*	1			
RMW	0.047	0.382*	-0.186*	1		
CMA	-0.114*	-0.159*	-0.182*	-0.444*	1	
UMD	-0.0055	0.286*	0.1125	0.479*	-0.278*	1

*p<0.05

Par ailleurs, SMB présente une forte corrélation positive avec RMW, suggérant que les petites entreprises sont plus associées à une rentabilité opérationnelle robuste. Conformément aux résultats de Ragab *et al.* (2020) sur le marché boursier égyptien, nous constatons une corrélation faiblement négative entre HML et les facteurs RMW et CMA. Cependant, FF (2015) relèvent une corrélation fortement positive (0,7) entre CMA et HML. La corrélation négative marquée entre RMW et CMA indique que les entreprises rentables tendent à adopter des stratégies d'investissement agressives, résultat cohérent avec les observations d'Alrabadi et Alrabadi (2018) sur la bourse d'Amman.

Nous observons une corrélation fortement positive entre UMD et les facteurs SMB et RMW, signalant que l'effet Mom pourrait être plus prononcé parmi les petites capitalisations et les titres à fort ratio OP. À l'inverse, UMD présente une corrélation négative avec CMA, suggérant que les entreprises aux stratégies d'investissement agressives pourraient exhiber un Mom plus marqué.

Globalement, les corrélations entre facteurs demeurent majoritairement inférieures à 0,50. Cette observation permet d'exclure tout risque de multicolinéarité dans les spécifications du modèle estimé.

2.2. Rendements excédentaires moyens des portefeuilles dépendants

Pour l'ensemble de la période d'étude, les rendements excédentaires mensuels moyens figurant dans le tableau 3 sont ceux de portefeuilles formés selon une double classification indépendante, d'une part sur la base de la taille et d'autre part sur la base de chacune des variables suivantes : B/M, OP, Inv ou Mom.

Dans le panel A, les portefeuilles avec un ratio B/M élevé affichent des rendements supérieurs à ceux avec un faible B/M, quel que soit le groupe de taille, à l'exception du portefeuille SM. En contrôlant le B/M, on observe généralement une baisse des rendements moyens à mesure que la taille des entreprises augmente, à l'exception des portefeuilles SH.

Le double classement taille-OP (Panel B) montre que les entreprises à petite capitalisation affichent des rendements supérieurs à celles de grande taille. Dans chaque groupe OP, les portefeuilles de petites tailles surperforment ceux de grandes tailles. De plus, pour les deux groupes de taille, les portefeuilles dits « robustes » enregistrent les rendements les plus forts, à l'exception du portefeuille de grande capitalisation à faible OP.

Une observation intéressante révèle que les entreprises de grande capitalisation ayant un profil d'investissement agressif surperforment celles qui investissent moins (Panel C). Ces résultats sont cohérents avec ceux de Cox et Britten (2019) sur la Bourse de Johannesburg. Les auteurs avancent que les petites entreprises ne disposent pas des mêmes capacités de financement pour leurs investissements, contrairement aux grandes entreprises. Concernant l'effet taille, les résultats observés dans le panel C sont identiques à ceux rapportés pour le panel B. Les portefeuilles à petites capitalisations suivent une tendance similaire à celle des portefeuilles taille-OP ; les petites valeurs surperforment les grandes dans toutes les catégories d'Inv.

Tableau 3 : Rentabilités mensuelles excédentaires moyennes des portefeuilles dépendants

	Panel A : Portefeuilles de taille et du B/M		
	L	M	H
	-0.017	-0.004	-0.011
S	(7.71%)	(10.14%)	(6.46%)
	-0.019	-0.019	-0.006
B	(5.22%)	(5.62%)	(9.00%)
	Panel B : Portefeuilles de taille et d'OP		
	W	M	R
	-0.011	-0.009	-0.003
S	(6.72%)	(9.01%)	(10.97%)
	-0.016	-0.019	-0.017
B	(9.11%)	(6.01%)	(5.27%)
	Panel C : Portefeuilles de taille et d'Inv		
	C	M	A
	-0.003	-0.018	-0.005
S	(7.69%)	(7.28%)	(10.861)
	-0.017	-0.021	-0.011
B	(5.05%)	(7.66%)	(10.86%)
	Panel D : Portefeuilles de taille et du Mom		
	D	M	U
	-0.020	-0.012	0.023
S	(7.26%)	(7.14%)	(10.46%)
	-0.023	-0.021	-0.016
B	(9.04%)	(5.52%)	(5.66%)

Ecart type entre parenthèses

Enfin, le panel D montre que, pour chaque groupe Mom, les petites entreprises obtiennent de meilleurs rendements que les grandes. De plus, indépendamment de la taille de l'entreprise, les titres affichant de fortes tendances haussières surperforment ceux avec un Mom plus faible.

2.3. Tests de *factor spanning*

Les tableaux 4 et 5 analysent l'influence des rendements de chaque facteur sur les autres à travers des régressions. Le tableau 4 se concentre sur les régressions sans inclure le facteur UMD, tandis que le tableau 5 l'intègre.

Dans les deux cas, la constante des régressions du facteur Mkt est clairement significative au seuil de 1 %. Par conséquent, le facteur Mkt possède un pouvoir explicatif important. En utilisant les données de FF, Racicot et Rentz (2017) ont conclu que le facteur Mkt est le seul facteur significatif de manière persistante.

Pour la période 2002-2020, nous constatons que le facteur HML est particulièrement pertinent pour expliquer la variation des rendements boursiers marocains, puisque sa constante de régression est positive et fortement significative avec un t-statistique=2.141 (Tableau 4). Toutefois, lorsque le facteur UMD est inclus dans l'équation de régression, le rôle du facteur HML devient négligeable. Sa constante devient statistiquement non significative (Tableau 5), ce qui suggère que les informations précédemment capturées par le facteur HML sont désormais expliquées par le facteur UMD.

Tableau 4 : Tests de factor spanning à l'exclusion du facteur UMD

Dépendants↓	Constante	Mkt	SMB	HML	RMW	CMA	R^2 ajusté
Mkt	-0.015*		-0.309*	0.001	0.115***	-0.095	0.123
	(-4.680)		(-5.429)	(0.012)	(1.774)	(-1.478)	
SMB	-0.001	-0.397*		0.199*	0.444*	0.041	0.273
	(-0.341)	(-5.429)		(3.056)	(6.603)	(0.564)	
HML	0.008**	0.001	0.213*		-0.395*	-0.338*	0.148
	(2.141)	(0.012)	(3.056)		(-5.540)	(-4.706)	
RMW	0.006***	0.128***	0.386*	-0.321*		-0.461*	0.385
	(1.810)	(1.774)	(6.603)	(-5.540)		(-7.647)	
CMA	0.004	-0.108	0.037	-0.281*	-0.471*		0.268
	(1.176)	(-1.478)	(0.564)	(-4.706)	(-7.647)		

(*), (**) et (***) correspondent respectivement à des seuils de significativité de 1 %, 5 % et 10 %.

Le tableau 4 montre que la constante dans la régression du facteur RMW est positive et statistiquement significative au seuil de 10 %. Cependant, le facteur UMD semble absorber le pouvoir explicatif du RMW. Lorsqu'il est inclus dans la régression (Tableau 5), la constante du RMW perd sa significativité statistique. Cela suggère que le facteur UMD explique désormais la variation des rendements qui était auparavant attribuée au facteur RMW.

Le facteur SMB semble plus redondant que le facteur CMA. En effet, les deux facteurs présentent des constantes non significatives dans les régressions, avec des valeurs t-statistique de -0,341 et -0,560 pour SMB, et de 1,176 et 1,210 pour CMA dans les tableaux 4 et 5, respectivement.

Sur le marché marocain, le facteur Mkt semble exercer une influence prédominante sur les rendements boursiers, bien que son impact soit négatif. Les facteurs SMB et CMA apparaissent redondants dans les deux cas, qu'on introduise ou non le facteur UMD dans la liste des facteurs explicatifs étudiés. Tandis que les facteurs HML et RMW pourraient avoir un certain rôle explicatif, leur contribution semble limitée. En tenant compte du facteur UMD, la situation change : HML et RMW deviennent redondants, tandis que le facteur Mkt conserve sa prééminence, mais avec un soutien renforcé de l'UMD.

Tableau 5 : Tests de factor spanning en intégrant le facteur UMD

Dépendants↓	Constante	Mkt	SMB	HML	RMW	CMA	UMD	R^2 ajusté
Mkt	-0.015*		-0.309*	0.000	0.112	-0.095	0.005	0.119
	(-4.590)		(-5.400)	(0.00)	(1.590)	(-1.470)	(0.080)	
SMB	-0.002	-0.395*		0.182*	0.403*	0.043	0.087	0.275
	(-0.560)	(-5.400)		(2.730)	(5.350)	(0.580)	(1.180)	
HML	0.006	0.000	0.188*		-0.473*	-0.321*	0.217*	0.178
	(1.470)	(0.000)	(2.730)		(-6.310)	(-4.530)	(2.930)	
RMW	0.002	0.106	0.297*	-0.337*		-0.381*	0.368*	0.480
	(0.480)	(1.590)	(5.350)	(-6.310)		(-6.700)	(6.270)	
CMA	0.004	-0.108	0.038	-0.277*	-0.462*		-0.020	0.265
	(1.210)	(-1.470)	(0.580)	(-4.530)	(-6.700)		(-0.290)	
UMD	0.010*	0.006	0.075	0.180*	0.429*	-0.019		0.260
	(2.920)	(0.080)	(1.180)	(2.930)	(6.270)	(-0.290)		

(*), (**) et (***) correspondent respectivement à des seuils de significativité de 1 %, 5 % et 10 %.

3. Analyse comparative des résultats de régression de séries temporelles : portefeuilles à double tri

Partant du MEDAF et des développements multifactoriels de FF (1993, 2015, 2018), nous présentons les résultats comparatifs des régressions de séries temporelles réalisées pour chaque modèle. Nous poursuivrons par une analyse approfondie du test GRS, qui fournit une synthèse de l'efficacité globale de chaque modèle à capturer la relation rentabilité-risque. Enfin, nous examinerons en détail les constantes et les coefficients de régression ainsi que leurs t-statistiques associées pour chaque modèle.

3.1. Synthèse des tests d'évaluation d'actifs (test GRS)

Introduits par Gibbons *et al.* (1989), le test statistique GRS et sa p-valeur associée [p(GRS)] permettent d'évaluer si toutes les estimations des constantes dans une régression chronologique sont statistiquement indiscernables de zéro. En cohérence avec l'approche de FF (2017), nous étendons notre analyse empirique en incluant des métriques supplémentaires: (1) A$|a_i|$, la valeur absolue moyenne des constantes, (2) $Aa_i^2/A\bar{r}_i^2$, le rapport entre la moyenne des carrés des constantes et la moyenne des carrés des $\bar{r}_i$(Cette valeur représente l'écart de rendement moyen entre le portefeuille i et le portefeuille de marché, ce dernier étant pondéré par la CB), (3) $As^2(a_i)/Aa_i^2$, le rapport entre la moyenne des carrés des erreurs standards des constantes et Aa_i^2, (4) AR², la moyenne des coefficients de détermination ajustés R².

Le tableau 6 présente les résultats synthétiques pour le MEDAF, le FF3F (1993), le FF5F (2015) et le FF6F (2018) et nous ajoutons un modèle à trois facteurs (3F) incluant le Mkt, le HML et le RMW comme facteurs explicatifs. Ce dernier modèle tend à vérifier l'observation des tests de *factor spanning* de telle manière qu'il supprime les facteurs redondants (SMB, CMA) pour décrire les rendements moyens marocains. Plusieurs études soutiennent le rôle du facteur RMW sur les marchés émergents (Lin, 2017 ; Guo *et al.*, 2017 ; Cox & Britten, 2019).

Les résultats soulignent que le test GRS rejette généralement tous les modèles considérés pour les quatre ensembles de portefeuilles dépendants. Nous observons que la probabilité (*p-value*) pour tous les modèles est proche de zéro, sauf pour les résultats sur les portefeuilles taille-OP où les modèles s'en sortent mieux, mais les *p-values* sont toujours inférieures à 0,24. Cependant, le but de nos tests est d'analyser la performance des modèles concurrents plutôt que de déterminer s'ils sont rejetés ou non, c'est pourquoi nous avons initialement ajouté d'autres statistiques au test GRS.

En prenant en compte les six portefeuilles taille-B/M en tant que variables dépendantes, l'estimation de $Aa_i^2/A\bar{r}_i^2$ pour le modèle FF5F est de 0,49. Cela indique que, exprimé en unités de rendement au carré, ce modèle ne parvient à expliquer qu'environ la moitié de la variation des rendements, soit la performance explicative la plus faible parmi les modèles étudiés. Les valeurs du ratio pour les modèles MEDAF, FF3F, FF6F et 3F sont respectivement de 0,86, 0,56, 0,51 et 0,56. Le tableau 6 met également en évidence une valeur plus faible de $A|a_i|$ pour le modèle FF5F en comparaison avec les modèles MEDAF, FF3F et 3F. Les résultats indiquent que l'ajout des facteurs RMW et CMA au modèle FF3F permet d'augmenter le R^2 moyen, passant ainsi de 55 % à 60 %.

Bien que l'amélioration demeure marginale, l'intégration du facteur UMD dans le modèle FF5F apporte une valeur ajoutée supplémentaire. En effet, la valeur absolue moyenne des constantes pour le modèle FF6F est légèrement réduite (0,0043 contre 0,0042), tandis que le R^2 moyen affiche également une très légère progression (60 % contre 61 %).

Malgré l'efficacité du modèle FF6F, le modèle 3F parvient à réduire le plus significativement la dispersion inexpliquée des rendements moyens, avec une erreur d'échantillonnage représentant 52 % de la variation résiduelle. Toutefois, le modèle FF6F pourrait être considéré comme plus fiable en raison de son estimation GRS inférieure.

Les tests concernant les portefeuilles taille-OP mettent en évidence la performance du modèle 3F qui élimine les facteurs redondants par rapport à ses modèles concurrents. D'après le test GRS, ce modèle fournit une meilleure description, bien que partiellement incomplète, du rendement moyen marocain par rapport à ses alternatives. Plus précisément, les estimations de $Aa_i^2/A\bar{r}_i^2$ et A$|a_i|$ affichent respectivement les valeurs la plus basse et la plus élevée, en ce qui concerne l'estimation $As^2(a_i)/Aa_i^2$. Ces résultats suggèrent que le modèle 3F est performant. Toutefois, en ce qui concerne le R^2 moyen, les modèles FF5F et FF6F se distinguent en obtenant la valeur la plus élevée et identique (63 % chacun).

Pour les portefeuilles taille-Inv, le modèle FF6F laisse inexpliquée la plus faible estimation de la variation des rendements ($Aa_i^2/A\bar{r}_i^2$ = 46%). Les résultats montrent également que le modèle FF6F génère la plus faible dispersion des constantes. Cependant, c'est une « mauvaise nouvelle » pour le modèle à six facteurs [29]; $As^2(a_i)/Aa_i^2$ révèle que seulement 35 % de la variation inexpliquée des rendements moyens peut être attribuée à une irrégularité aléatoire dans les données de l'échantillon. En revanche, le modèle 3F conserve sa position relative dans l'explication des rendements boursiers marocains. Ce modèle présente un test GRS légèrement inférieur à celui des modèles concurrents, tandis que l'erreur d'échantillonnage représente 53 % de la dispersion des termes d'interception. Par ailleurs, le modèle FF6F se distingue par un coefficient de détermination moyen R^2 moyen de 68 %, le plus élevé parmi les modèles étudiés.

L'analyse effectuée à partir des portefeuilles taille-Inv démontre clairement la performance supérieure du modèle FF6F par rapport à ses concurrents. Ce modèle présente les valeurs les plus faibles des estimations $Aa_i^2/A\bar{r}_i^2$ et A$|a_i|$, ainsi que par la valeur la plus élevée

[29] Selon FF (2017), une faible valeur de $Aa_i^2/A\bar{r}_i^2$ est bonne pour un modèle d'évaluation des actifs. En revanche, une faible valeur de $As^2(a_i)/Aa_i^2$ est moins favorable.

de l'indicateur $As^2(a_i)/Aa_i^2$. Par ailleurs, le modèle FF6F enregistre la plus faible estimation du test GRS, suggérant ainsi un niveau d'erreur de modèle potentiellement inférieur. Enfin, en termes de coefficient de détermination moyen (R^2), le modèle FF6F se positionne en tête avec une valeur de 61 %, surpassant largement ses rivaux : le MEDAF (37 %), le FF3F (51 %), le FF5F (55 %) et le 3F (42 %).

Tableau 6 : Comparaison de la performance des modèles sur des portefeuilles doublement triés à l'aide du test GRS et d'autres métriques

Modèles comparatifs	GRS	p (GRS)	$A\|a_i\|$	$\frac{Aa_i^2}{Ar_i^2}$	$\frac{As^2(a_i)}{Aa_i^2}$	AR^2
Panel A : Portefeuilles de 2x3 taille-B/M						
MEDAF	2.86*	0.01	0.0064	0.8641	0.4536	0.2942
Mkt SMB HML	4.26*	0.00	0.0048	0.5643	0.4372	0.5496
Mkt SMB HML RMW CMA	3.73*	0.00	0.0043	0.4904	0.4271	0.6042
Mkt HML RMW	2.97*	0.01	0.0049	0.5587	0.5209	0.4595
Mkt SMB HML RMW CMA UMD	2.70*	0.02	0.0042	0.5076	0.4265	0.6062
Panel B : Portefeuilles de 2x3 taille-OP						
MEDAF	1.58	0.15	0.0046	0.6752	0.7330	0.2955
Mkt SMB HML	1.67	0.13	0.0046	0.6479	0.5862	0.4970
Mkt SMB HML RMW CMA	1.47	0.19	0.0038	0.5121	0.4735	0.6298
Mkt HML RMW	1.33	0.24	0.0035	0.4675	0.7901	0.4471
Mkt SMB HML RMW CMA UMD	1.63	0.14	0.0039	0.5089	0.4954	0.6298
Panel C : Portefeuilles de 2x3 taille-Inv						
MEDAF	2.38*	0.03	0.0069	0.7401	0.4659	0.3068
Mkt SMB HML	2.04	0.06	0.0056	0.5709	0.3909	0.4897
Mkt SMB HML RMW CMA	2.41*	0.03	0.0054	0.5064	0.3180	0.6204
Mkt HML RMW	1.92	0.08	0.0057	0.5313	0.5331	0.3959
Mkt SMB HML RMW CMA UMD	2.35*	0.03	0.0046	0.4604	0.3506	0.6789
Panel D : Portefeuilles de 2x3 taille-Mom						
MEDAF	2.57*	0.02	0.0051	0.5333	0.4218	0.3739
Mkt SMB HML	3.17*	0.01	0.0051	0.5629	0.3005	0.5115
Mkt SMB HML RMW CMA	2.68*	0.02	0.0051	0.4211	0.3807	0.5459
Mkt HML RMW	2.45*	0.03	0.0050	0.4359	0.4800	0.4199
Mkt SMB HML RMW CMA UMD	2.37*	0.03	0.0042	0.2794	0.4859	0.6134

*$p<0.05$

Dans l'ensemble, le MEDAF se révèle être le moins performant, suivi par le modèle FF3F, en termes d'ampleur des différentes métriques de synthèse. Les résultats sont quelque peu ambigus lorsqu'il s'agit de comparer les modèles FF5F, FF6F et 3F, car les métriques de performance ne montrent pas systématiquement une amélioration pour l'un plus que pour l'autre. Cependant, le modèle 3F se distingue comme étant le plus efficace pour l'évaluation des actifs, notamment en ce qui concerne l'estimation du test GRS et le ratio $As^2(a_i)/Aa_i^2$ dans tous les types de portefeuilles. Toutefois, l'estimation du R^2 moyen pour le modèle FF5F présente une conclusion différente. Les résultats révèlent que le modèle FF5F atteint un R^2 moyen supérieur à celui du modèle 3F pour différents ensembles de portefeuilles dépendants. En effet, le R^2 du modèle FF5F varie entre 55 % et 63 %, tandis que celui du modèle 3F oscille entre 40 % et 46 %. Il convient également de noter que le modèle FF6F affiche les valeurs de R^2 les plus élevées, surpassant même le modèle FF5F, avec des résultats compris entre 61 % et 68 %.

Bien que certains modèles montrent une promesse initiale pour expliquer les rendements boursiers marocains, tous présentent des limites qui entravent leur capacité à expliquer suffisamment la variation observée sur le marché.

3.2. Résultats comparés

Les tableaux 7 à 10 exposent les résultats des régressions de séries temporelles des quatre modèles concurrents : MEDAF, FF3F, FF5F et FF6F pour les quatre différents ensembles de portefeuilles. Notre attention se porte sur trois points importants à souligner. Premièrement, le seul cas où un modèle d'évaluation des actifs financiers est considéré comme correctement spécifié est celui où les intercepts des régressions en séries temporelles sont non significativement différents de zéro. Deuxièmement, les pentes significatives des facteurs de risque confirment leur capacité à expliquer les rendements boursiers. Troisièmement, le modèle gagnant dans la capture de la variation des rendements est celui qui présente le R^2 moyen le plus élevé.

3.2.1. Portefeuilles de taille et de B/M

En comparant le nombre de constantes statistiquement significatives produits par chacun de nos modèles factoriels, nous constatons que les modèles MEDAF, FF3F et FF5F peuvent capturer la variation commune des portefeuilles taille-B/M et nous ne pouvons pas faire de différences entre eux. Au seuil de confiance de 5 %, les constantes de cinq des six portefeuilles ne sont pas significatives. En revanche, pour le modèle FF6F, seules quatre constantes sur six sont non significatives. Concernant le R^2 moyen, le MEDAF est faiblement performant car il laisse environ 70 % des rendements moyens inexpliqués. Le modèle FF5F présente un pouvoir explicatif relativement supérieur au modèle FF3F puisque le R^2 moyen est passé de 55 % à 60 %. Ces résultats laissent supposer que le modèle FF5F surperforme les deux autres modèles concurrents. Cependant, l'ajout du facteur UMD au modèle FF5F n'apporte qu'une amélioration marginale, le R^2 ajusté moyen n'augmentant que de 60 % à 61 %.

Indépendamment du modèle testé, les résultats de régression approuvent la position primaire du facteur Mkt dans l'explication des rendements des six portefeuilles à double tri taille-B/M. Au seuil de 5 %, tous les coefficients associés au Mkt sont statistiquement significatifs. Cette observation est uniforme pour tous les modèles.

Les coefficients des facteurs SMB et HML méritent d'être soulignés. Conformément à FF (1993, 2015), les coefficients du SMB affichent une valeur positive pour tous les portefeuilles de petites capitalisations et sont négatifs pour ceux de grandes capitalisations. De plus, les portefeuilles à faible B/M produisent des coefficients négatifs et ceux à haut B/M produisent des coefficients positifs. Par conséquent, les coefficients du SMB sont bien liés à la taille et ceux du HML sont intuitivement associés au ratio B/M. Statistiquement, quatre des six coefficients du facteur SMB sont significatifs à 5 %, tandis que cinq des six coefficients du facteur HML sont significatifs au même seuil. Ces résultats confirment l'évidence selon laquelle le facteur HML est plus important que le facteur SMB observé dans les tests de *factor spanning*.

En revanche, le facteur RMW ne montre pas le même schéma que dans le test de *factor spanning*. Un seul des six coefficients du RMW est significatif à 5 %, ce qui signifie que le rôle joué par le facteur dans la description des rendements moyens des portefeuilles taille-B/M n'est pas robuste. Ces résultats sont en ligne avec ceux de Ragab *et al.* (2020) sur le marché boursier égyptien.

Tableau 7 : Résultats de régression des modèles MEDAF, FF3F, FF5F et FF6F pour les six portefeuilles pondérés par la capitalisation boursière, classés par taille-B/M (juillet 2002 - juin 2020)

		Portefeuilles de taille et de B/M				
		MEDAF				
	L	M	H	L	M	H
		α			t (α)	
S	-0.010	0,007	-0,003	-1,81	0,95	-0,72
B	-0.001	-0,008*	0,01	-1,15	-2.42	1,71
		β			t (β)	
S	0.416*	0,621*	0,458*	4.05	4.64	5.48
B	1.036*	0,616*	0,891*	76.82	9.45	8.21
		R^2 ajusté				
S	0.067	0.087	0.119			
B	0.965	0.291	0.236			
R^2 ajusté moyen		0.294				
		Modèle FF3F				
	L	M	H	L	M	H
		α			t (α)	
S	-0.008	0.001	-0.007	-1.86	0.17	-1.96
B	0	-0.009*	0.004	-0.20	-2.53	1.02
		β			t (β)	
S	0.649*	1.074*	0.666*	7.72	11.49	9.58
B	1.027*	0.599*	0.844*	90.12	8.75	9.57
		s			t (s)	
S	0.678*	1.094*	0.48*	9.99	14.50	8.55
B	-0.008	-0.057	-0.252*	-0.88	-1.04	-3.54
		h			t (h)	
S	-0.505*	0.475*	0.371*	-7.48	6.33	6.63
B	-0.099*	0.08	0.844*	-10.77	1.45	11.91
		R^2 ajusté				
S	0.435	0.597	0.449			
B	0.977	0.294	0.545			
R^2 ajusté moyen		0.550				

Tableau 7 : (suite)

	Modèle FF5F					
	L	M	H	L	M	H
		α			t (α)	
S	-0.008	0.000	-0.005	-1.84	0.09	-1.84
B	0.000	-0.009*	0.004	-0.21	5.55	0.99
		β			t (β)	
S	0.613*	0.967*	0.822*	7.17	10.81	16.13
B	1.025*	0.618*	0.869*	7.57	8.81	9.63
		s			t (s)	
S	0.640*	0.959*	0.739*	8.48	12.16	16.43
B	-0.011	-0.039	-0.228*	-1.05	-0.62	-2.86
		h			t (h)	
S	-0.522*	0.459*	0.301*	-7.16	6.02	6.93
B	-0.099*	0.091	0.859*	-9.92	1.51	11.17
		r			t (r)	
S	0.025	0.156	-0.452*	0.31	1.84	-9.37
B	0.003	-0.009	-0.01	0.28	-0.14	-0.11
		iv			t (iv)	
S	-0.139	-0.33*	0.247*	-1.74	-3.94	5.18
B	-0.007	0.078	0.107	-0.65	1.19	1.27
		R^2 ajusté				
S	0.442	0.648	0.718			
B	0.977	0.294	0.545			
R^2 ajusté moyen		0.604				

	Modèle FF6F					
	L	M	H	L	M	H
		α			t (α)	
S	-0.009*	0.001	-0.004	-2.13	0.21	-1.54
B	0.000	-0.009*	0.002	0.25	-2.5	0.5
		β			t (β)	
S	0.613*	0.968*	0.823*	7.19	10.8	16.17
B	1.025*	0.618*	0.868*	88.51	8.79	9.73
		s			t (s)	
S	0.630*	0.963*	0.744*	8.36	12.15	16.52
B	-0.009	-0.039	-0.243*	-0.87	-0.63	-3.08
		h			t (h)	
S	-0.546*	0.468*	0.313*	-7.37	6	7.08
B	-0.094*	0.088	0.822*	-9.37	1.45	10.6
		r			t (r)	
S	-0.032	0.177	-0.423*	-0.37	1.92	-8.07
B	0.014	-0.014	-0.098	1.18	-0.2	-1.07
		iv			t (iv)	
S	-0.137	-0.331*	0.246*	-1.71	-3.94	5.17
B	-0.008	0.078	0.111	-0.7	1.19	1.33
		d			t (d)	
S	0.134*	-0.049	-0.067*	2.1	-0.57	-2.06
B	-0.026*	0.012	0.206*	-2.34	0.17	2.42
		R^2 ajusté				
S	0.447	0.647	0.719			
B	0.978	0.291	0.556			
R^2 ajusté moyen		0.606				

*$p<0.05$

En ce qui concerne les coefficients du CMA, les résultats font écho à ceux de FF (2015) selon lesquels les actions de croissance investissent de manière plus agressive que les actions de valeur.

Cependant, au seuil de confiance de 5 %, seulement deux des six coefficients estimés sont significatifs.

Concernant le facteur UMD, les résultats montrent que le rôle joué par le facteur dans la description des rendements moyens des portefeuilles taille-B/M est robuste par rapport aux facteurs RMW et CMA, puisque quatre des six coefficients du facteur UMD sont significatifs à 5%.

3.2.2. Portefeuilles de taille et d'OP

Le tableau 8 présente l'analyse de régression des six portefeuilles classés en fonction de la taille et du ratio OP. Notre analyse révèle que les modèles MEDAF, FF3F, FF5F et FF6F capturent tous un degré de variation similaire dans les rendements des portefeuilles taille-OP. Par conséquent, nous ne sommes pas en mesure de distinguer ces modèles en termes de nombre de constantes statistiquement significatives. Pour l'ensemble des modèles, cinq des six constantes de portefeuilles sont statistiquement non significatives au seuil de 5 %. Les modèles FF5F et FF6F surpassent néanmoins les modèles concurrents en ce qui concerne le R^2 ajusté moyen, dont la valeur est quasiment identique pour ces deux modèles.

Indépendamment du modèle testé, les résultats de régression confirment la position primordiale du facteur Mkt dans l'explication des rendements des six portefeuilles à double tri taille-OP. Au seuil de 5 %, tous les coefficients du Mkt sont statistiquement significatifs.

En ce qui concerne le facteur SMB, les régressions des modèles FF5F et FF6F présentent des coefficients du SMB plus significatives que celles fournies par le modèle FF3F. Cinq des six coefficients du SMB sont significatifs au seuil de 5 %, contre seulement trois coefficients significatifs sur six pour le modèle FF3F. Ces résultats sont concordants avec ceux rapportés par Erdinç (2018) sur le marché boursier turc.

L'ajout des facteurs RMW et CMA au modèle FF3F diminue le rôle principal du facteur HML dans l'explication des rendements moyens des portefeuilles taille-OP. Quatre des six coefficients HML sont statistiquement significatifs dans les résultats de régression FF3F, tandis que seulement deux sur six le sont au seuil de 5 % dans le modèle FF5F. Des résultats identiques sont observés lors du test du modèle FF6F.

Tableau 8 : Résultats de régression des modèles MEDAF, FF3F, FF5F et FF6F pour les six portefeuilles pondérés par la capitalisation boursière, classés par taille-OP (juillet 2002 - juin 2020)

Portefeuilles de taille et d'OP						
MEDAF						
	W	M	R	W	M	R
		α			t (α)	
S	-0.003	-0.001	0.009	-0.56	-0.11	1.22
B	0.004	-0.011*	0.001	0.76	-2.69	0.55
		β			t (*β*)	
S	0.509*	0.479*	0.708*	5.90	3.98	4.93
B	1.149*	0.524*	1.015*	11.67	6.98	45.80
		R^2 ajusté				
S	0.136	0.065	0.098			
B	0.386	0.182	0.907			
R^2 ajusté moyen		0.295				
Modèle FF3F						
	W	M	R	W	M	R
		α			t (α)	
S	-0.006	-0.001	0.005	-1.70	-0.22	1.12
B	0.002	-0.012*	0.001	0.51	-3.03	0.99
		β			t (*β*)	
S	0.76*	0.725*	1.255*	10.98	6.36	13.52
B	1.033*	0.556*	1.002*	10.71	7.14	44.26
		s			t (s)	
S	0.603	0.657*	1.391*	-1.70	7.14	18.58
B	-0.349*	0.058	-0.022	-4.47	0.93	-1.21
		h			t (h)	
S	0.283*	-0.142	0.108	5.09	-1.55	1.45
B	0.33*	0.161*	-0.064*	4.25	2.57	-3.52
		R^2 ajusté				
S	0.497	0.241	0.66			
B	0.467	0.204	0.912			
R^2 ajusté moyen		0.497				

Tableau 8 : (suite)

	Modèle FF5F					
	W	M	R	W	M	R
		α			t (α)	
S	-0.002	-0.001	0.002	-1.18	-0.22	0.62
B	0.007	-0.01*	0	1.80	-2.65	-0.05
		β			t (β)	
S	0.936*	0.803*	1.047*	24.36	7.03	15.46
B	1.115*	0.613*	0.979*	13.43	7.98	51.07
		s			t (s)	
S	0.938*	0.747*	0.002*	27.70	7.41	17.41
B	-0.073	0.189*	-0.092*	-1.00	2.79	-5.42
		h			t (h)	
S	0.139*	-0.116	0.211*	4.24	-1.20	3.65
B	0.081	0.081	-0.005	1.14	1.23	-0.33
		r			t (r)	
S	-0.666*	-0.08	0.626*	-18.34	-0.74	9.77
B	-0.743*	-0.295*	0.181*	-9.47	-4.06	9.99
		iv			t (iv)	
S	0.114*	0.277*	-0.305*	3.17	2.60	-4.81
B	-0.406*	-0.047	0.086*	-5.22	-0.66	4.77
		R^2 ajusté				
S	0.852	0.274	0.828			
B	0.624	0.261	0.939			
R^2 ajusté moyen		0.629				

	Modèle FF6F					
	W	M	R	W	M	R
		α			t (α)	
S	-0.003	-0.003	0.001	-1.41	-0.5	0.34
B	0.007	-0.010*	0.000	1.66	-2.57	-0.01
		β			t (β)	
S	0.936*	0.802*	1.046*	24.39	7.04	15.48
B	1.115*	0.613*	0.979*	13.4	7.96	50.95
		s			t (s)	
S	0.935*	0.735*	1.033*	27.54	7.29	17.28
B	-0.076	0.189*	-0.091*	-1.04	2.78	-5.38
		h			t (h)	
S	0.131*	-0.145	0.195*	3.92	-1.46	3.31
B	0.074	0.082	-0.005	1.02	1.22	-0.29
		r			t (r)	
S	-0.686*	-0.148	0.588	-17.35	-1.26	1.37
B	-0.760*	-0.292*	0.183*	-8.87	-3.68	9.22
		iv			t (iv)	
S	0.115*	0.280	-0.303*	3.2	1.45	-4.79
B	-0.405*	-0.047	0.085*	-5.2	-0.66	4.75
		d			t (d)	
S	0.046	0.158*	0.088*	1.25	2.63	3.16
B	0.040*	-0.006	-0.003	2.5	-0.08	-0.18
		R^2 ajusté				
S	0.853	0.278	0.828			
B	0.623	0.258	0.940			
R^2 ajusté moyen		0.630				

*p<0.05

Les coefficients du facteur RMW pour les portefeuilles taille-OP fournissent les signes attendus étant donné que ces portefeuilles sont constitués sur la base du ratio OP. Bien que le coefficient RMW soit positif pour les portefeuilles à OP élevé et négatif pour ceux à OP faible, cinq de ces six estimations sont statistiquement significatives au seuil de 5 %. FF (2015) ont révélé que les entreprises à faible OP investissent moins. Cependant, cette observation n'est confirmée que pour les portefeuilles de petites capitalisations (le portefeuille SW présente un coefficient positif), tandis qu'elle s'inverse pour les portefeuilles de grandes capitalisations (le portefeuille BW présente un coefficient négatif).

L'ajout du facteur UMD au modèle FF5F influence l'interprétation des résultats pour les coefficients de RMW et CMA. Ceci s'explique par la diminution du nombre de coefficients significatifs pour chaque facteur. Cette observation suggère que le facteur UMD capture une partie de la variance des rendements précédemment attribuée aux facteurs RMW et CMA. Il est à noter que trois des six coefficients UMD sont statistiquement significatifs.

3.2.3. Portefeuilles de taille et d'Inv

Les constantes de régression des six portefeuilles basés sur la taille et le ratio Inv (Tableau 9) présentent des résultats différents de ceux des portefeuilles basés sur les deux classifications précédentes. Concernant les modèles MEDAF et FF3F, cinq des six portefeuilles ont des constantes non significatives. Cependant, pour les modèles FF5F et FF6F, quatre des six portefeuilles ont des constantes non significatives au seuil de 5 %. Cela reflète en retour le fait que les modèles FF5F et FF6F améliorent moins le pouvoir explicatif des rendements boursiers par rapport à leurs modèles concurrents. Cependant, la valeur R^2 moyenne semble suggérer le contraire. Le modèle FF5F décrit relativement bien les rendements moyens des portefeuilles taille-Inv, mais il reste insuffisant, avec un R^2 ajusté moyen de 62 %, contre 49 % pour le modèle FF3F et 30,7 % pour le MEDAF. Dans le cas des portefeuilles triés sur la taille et le ratio Inv, le modèle FF6F affiche un pouvoir explicatif relativement plus important que le modèle FF5F, puisque le R^2 ajusté moyen passe de 62 % à 68 %.

Tableau 9 : Résultats de régression des modèles MEDAF, FF3F, FF5F et FF6F pour les six portefeuilles pondérés par la capitalisation boursière, classés par taille-Inv (juillet 2002 - juin 2020)

Portefeuilles de taille et d'Inv						
MEDAF						
	C	M	A	C	M	A
		α			t (α)	
S	0.007	-0.009	0.008	1.39	-1.89	1.06
B	-0.003	-0.004	0.01*	-1.23	-0.97	2.24
		β			t (*β*)	
S	0.579*	0.503*	0.716*	5.88	5.31	5.04
B	0.83*	0.924*	1.17*	20.41	10.87	14.12
		R^2 ajusté				
S	0.135	0.112	0.102			
B	0.659	0.353	0.480			
R^2 ajusté moyen		0.307				
Modèle FF3F						
	C	M	A	C	M	A
		α			t (α)	
S	0.005	-0.011*	0.002	1.09	-2.44	0.37
B	-0.003	-0.005	0.008	-1.33	-1.11	1.98
		β			t (*β*)	
S	0.848*	0.672*	1.259*	9.93	7.26	14.96
B	0.835*	0.923*	1.088*	19.46	10.32	13.60
		s			t (s)	
S	0.673*	0.415*	1.33*	9.76	5.57	19.57
B	0.008	-0.017	-0.266*	0.24	-0.24	-4.11
		h			t (h)	
S	0.131	0.137	0.459*	1.91	1.85	6.79
B	0.031	0.099	0.35*	0.88	1.38	5.45
		R^2 ajusté				
S	0.414	0.237	0.715			
B	0.657	0.352	0.562			
R^2 ajusté moyen		0.490				

Le tableau 9 indique que le facteur Mkt conserve son rôle dans la capture de la variation des rendements, également dans le cas du classement taille-Inv étant donné que tous les coefficients sont statistiquement significatifs au seuil de 5%.

Tableau 9 : (suite)

	Modèle FF5F					
	C	M	A	C	M	A
		α			t (α)	
S	0.005	-0.009*	0.002	1.74	-2.07	0.72
B	-0.004	-0.004	0.009*	-1.97	-0.92	2.42
		β			t (β)	
S	1.05*	0.781*	1.056*	20.03	8.96	21.38
B	0.858*	0.942*	1.033*	21.18	10.29	13.38
		s			t (s)	
S	0.894*	0.629*	1.107*	19.34	8.18	25.40
B	-0.006	0.034	-0.28*	-0.18	0.42	-4.12
		h			t (h)	
S	0.214*	0.039	0.376*	4.78	0.52	8.94
B	0.101*	0.059	0.258*	2.91	0.76	3.92
		r			t (r)	
S	-0.173*	-0.435*	0.174*	-3.49	-5.28	3.73
B	0.125*	-0.129	-0.119	3.26	-1.50	-1.62
		iv			t (iv)	
S	0.753*	0.049	-0.76*	15.36	0.59	-16.43
B	0.238*	-0.05	-0.382*	6.29	-0.58	-5.29
		R^2 ajusté				
S	0.79	0.352	0.906			
B	0.709	0.353	0.612			
R^2 ajusté moyen		0.620				

	Modèle FF6F					
	C	M	A	C	M	A
		α			t (α)	
S	0.003	-0.009	0.002	1.34	-1.96	0.82
B	-0.004*	-0.006	0.008*	-2.03	-1.21	2.14
		β			t (β)	
S	1.049*	0.781*	1.056*	20.16	8.95	21.35
B	0.858*	0.941*	1.032*	21.14	10.31	13.39
		s			t (s)	
S	0.887*	0.631*	1.109*	19.25	8.17	25.33
B	-0.008	0.024	-0.287*	-0.22	0.3	-4.2
		h			t (h)	
S	0.196*	0.044	0.381*	4.33	0.58	8.87
B	0.097*	0.035	0.242*	2.76	0.44	3.61
		r			t (r)	
S	-0.215*	-0.422	0.187*	-4	-1.07	3.66
B	0.117*	-0.187	-0.156	2.8	-1.29	-1.46
		iv			t (iv)	
S	0.755*	0.048	-0.760	15.5	0.59	-1.42
B	0.239*	-0.047	-0.380	6.29	-0.55	-0.27
		d			t (d)	
S	0.097*	-0.029	-0.029*	2.15	-0.35	-3.61
B	0.018	0.135*	0.086	0.48	2.55	1.17
		R^2 ajusté				
S	0.877	0.464	0.812			
B	0.746	0.386	0.789			
R^2 ajusté moyen		0.679				

*$p<0.05$

Les résultats de la régression FF3F mettent en évidence une meilleure performance du facteur SMB par rapport au facteur HML. Quatre des six coefficients SMB sont significatifs au seuil de 5 %, tandis que deux des six coefficients HML sont significatifs au même seuil de confiance. Le facteur SMB continue d'exercer le même rôle même après l'ajout de facteurs supplémentaires (facteurs RMW et CMA à l'équation du modèle FF3F, et le facteur UMD à l'équation du modèle FF5F). À l'inverse, le nombre de coefficients HML significatifs est passé à quatre sur six dans les modèles FF5F et FF6F, contre seulement deux sur six dans le cas du modèle FF3F.

En cohérence avec les résultats de Ragab *et al.* (2020), la majorité des coefficients du facteur RMW sont négatives et quatre sur six sont significatives à 5 %. Par ailleurs, les coefficients du facteur CMA suivent la même tendance que celle observée dans les conclusions de FF (2015). Bien que ces résultats montrent que, pour chaque groupe de taille, les portefeuilles conservateurs affichent une exposition positive et ceux au profil d'investissement agressif une exposition négative, seuls quatre des six coefficients sont significatifs.

L'intégration du facteur UMD au modèle FF5F modifie sensiblement l'interprétation des résultats concernant les coefficients des facteurs RMW et CMA. Cela se traduit par une réduction du nombre de coefficients statistiquement significatifs pour ces deux facteurs : un de moins pour le RMW et deux de moins pour le CMA. Néanmoins, le facteur UMD conserve un rôle dans l'explication des variations de rendement, particulièrement dans le contexte des portefeuilles triés sur la taille et l'Inv, où trois de ses six coefficients demeurent statistiquement significatifs.

3.2.4. Portefeuilles de taille et du Mom

La comparaison du nombre de constantes statistiquement significatives générées par chacun des modèles testés révèle que le MEDAF, ainsi que les modèles FF3F et FF5F parviennent à capturer la variation commune des portefeuilles taille-Mom, sans qu'aucune différence notable ne puisse être établie entre eux. Au seuil de confiance de 5 %, les constantes de cinq des six portefeuilles sont non significatives (Tableau 10). Cependant, concernant le modèle FF6F, seules quatre constantes sur six sont non significatives. Des résultats similaires ont été rapportés pour les portefeuilles taille-B/M. S'agissant du R^2 moyen, le modèle FF6F présente un pouvoir explicatif relativement plus élevé que les modèles concurrents, avec un R^2 de 61 %, contre 37 % pour le MEDAF, 51 % pour le FF3F et 55 % pour le FF5F. Ces résultats suggèrent que l'ajout du facteur UMD améliore le pouvoir explicatif du modèle FF5F.

Indépendamment du modèle testé, les résultats des régressions confirment systématiquement la position primordiale du facteur Mkt dans l'explication des rendements des six portefeuilles à double tri taille-Mom. Au seuil de 5 %, tous les coefficients associés au Mkt sont statistiquement significatifs.

Le facteur SMB conserve le même rôle dans l'explication de la variation des rendements, même après l'inclusion de facteurs supplémentaires, puisque, au seuil de 5 %, quatre coefficients sur six sont statistiquement significatifs pour tous les modèles

Comme le montrent les portefeuilles constitués sur la base des critères taille-OP, l'ajout des facteurs RMW et CMA au modèle FF3F réduit le rôle principal du facteur HML dans l'explication des rendements moyens des portefeuilles taille-Mom. Trois des six coefficients HML sont statistiquement significatifs dans les résultats de régression du modèle FF3F, contre seulement deux qui le sont au seuil de 5 % dans le modèle FF5F. Toutefois, lors du test du modèle FF6F, les coefficients du HML retrouvent des résultats similaires à ceux du modèle FF3F, puisque trois des six coefficients de HML s'avèrent à nouveau statistiquement significatifs.

Tableau 10 : Résultats de régression des modèles MEDAF, FF3F, FF5F et FF6F pour les six portefeuilles pondérés par la capitalisation boursière, classés par taille-Mom (juillet 2002 - juin 2020)

	Portefeuilles de taille et du mom					
	MEDAF					
	D	M	U	D	M	U
		α			t (α)	
S	-0.013*	-0.001	0.011	-2.72	-0.11	1.5
B	0.002	-0.004	0.000	0.43	-1.86	0.03
		β			t (β)	
S	0.537*	0.657*	-0.676*	5.76	7.47	-4.93
B	1.220*	0.977*	0.889*	13.12	26.36	18.05
		R^2 ajusté				
S	0.130	0.207	0.098			
B	0.443	0.763	0.602			
R^2 ajusté moyen		0.373				
	Modèle FF3F					
	D	M	U	D	M	U
		α			t (α)	
S	-0.016*	-0.002	0.007	-3.66	-0.56	1.36
B	0.002	-0.003	-0.001	0.42	-1.63	-0.31
		β			t (β)	
S	0.740*	0.883*	-0.242*	8.53	11.26	-2.22
B	1.212*	0.975*	0.865*	12.32	25.15	17.27
		s			t (s)	
S	0.489*	0.575*	1.102*	6.99	9.09	12.55
B	-0.025	0.006	-0.086*	-0.31	0.2	-2.12
		h			t (h)	
S	0.209*	0.051	0.106	2.99	0.81	1.22
B	0.013	-0.066*	0.152*	0.16	-2.13	3.77
		R^2 ajusté				
S	0.323	0.427	0.486			
B	0.438	0.766	0.628			
R^2 ajusté moyen		0.511				

Les coefficients RMW n'ont contribué de manière significative qu'à deux des six valeurs du modèle FF6F, contre trois des six coefficients dans le cas du modèle FF5F. Les résultats concernant le facteur CMA sont surprenants. Aucun des coefficients CMA n'est statistiquement significatif, que ce soit dans le modèle FF5F ou le modèle FF6F, ce qui implique un pouvoir prédictif minimal du facteur CMA dans l'explication des portefeuilles taille-Mom.

Tableau 10 : (suite)

	Modèle FF5F					
	D	M	U	D	M	U
		α			t (α)	
S	-0.013*	-0.002	0.007	-3.26	-0.61	1.29
B	0.004	-0.003	-0.001	0.94	-1.59	-0.42
		β			t (β)	
S	0.846*	0.915*	-0.287*	10.8	11.47	-2.58
B	1.291*	0.967*	0.858*	13.4	24.32	16.68
		s			t (s)	
S	0.733*	0.604*	1.038*	10.6	8.58	10.6
B	0.153	-0.001	-0.104*	1.81	-0.03	-2.3
		h			t (h)	
S	0.059	0.074	0.111	0.88	1.09	1.17
B	-0.094	-0.072*	0.166*	-1.15	-2.12	3.78
		r			t (r)	
S	-0.552*	-0.004	0.093	-7.45	-0.05	0.88
B	-0.399*	0.001	0.046*	-4.38	0.04	2.94
		iv			t (iv)	
S	-0.087	0.145	-0.110	-1.19	1.94	-1.06
B	-0.055	-0.035	0.015	-0.61	-0.95	0.32
		R^2 ajusté				
S	0.472	0.435	0.490			
B	0.486	0.765	0.626			
R^2 ajusté moyen		0.546				
	Modèle FF6F					
	D	M	U	D	M	U
		α			t (α)	
S	-0.007*	0.000	-0.002	-2.02	-0.12	-0.48
B	0.009*	-0.003	-0.003	2.08	-1.65	-1.25
		β			t (β)	
S	0.849*	0.916*	-0.292*	12.51	11.62	-3.22
B	1.293*	0.967*	0.857*	14.36	24.27	17.3
		s			t (s)	
S	0.774*	0.618*	0.971*	12.88	8.85	12.1
B	0.189	-0.002	-0.119*	1.38	-0.07	-2.72
		h			t (h)	
S	0.157*	0.107	-0.050	2.66	1.57	-0.63
B	-0.008	-0.075*	0.130*	-0.1	-2.17	3.02
		r			t (r)	
S	-0.319*	0.075	-0.289	-4.55	0.93	-3.09
B	-0.194*	-0.006	-0.039	-2.09	-0.15	-0.76
		iv			t (iv)	
S	-0.098	0.142	-0.093	-1.54	1.92	-1.09
B	-0.064	-0.035	0.019	-0.76	-0.94	0.41
		d			t (d)	
S	-0.545*	-0.184*	0.890*	-8.41	-2.44	10.29
B	-0.478*	0.018	0.197*	-5.57	0.46	4.17
		R^2 ajusté				
S	0.604	0.448	0.660			
B	0.551	0.764	0.653			
R^2 ajusté moyen		0.613				

*$p<0.05$

Conformément à la littérature, les coefficients du facteur UMD affichent des valeurs positives pour tous les portefeuilles de titres « gagnants » et sont négatives pour ceux des « perdants ». Ainsi, les coefficients du facteur UMD estimés pour les actions sont liés au Mom. Statistiquement, cinq des six coefficients du facteur UMD sont significatifs au seuil de 5 %. Ces résultats suggèrent que le facteur UMD pourrait jouer un rôle non négligeable dans l'explication des rendements des titres.

Section 2 : Analyse empirique sur données transversales

Dans la section précédente, le modèle FF6F (2018) s'est distingué comme le modèle le plus performant. Toutefois, une part de la variation des rendements reste encore inexpliquée. Ces résultats soulignent la nécessité d'approfondir l'analyse à travers l'étude de la rentabilité en coupe transversale. Ce nouveau cadre d'étude nous permettra d'approcher le pouvoir explicatif de chaque variable de risque dans le modèle testé. Cette analyse, qui porte sur les trois modèles de FF (1993, 2015, 2018), est structurée en deux temps. Nous commençons par présenter les données et les méthodologies empiriques mobilisées. Notre approche s'articule autour de trois choix méthodologiques : premièrement, nous utilisons une adaptation des méthodologies en coupe transversale de Fama et MacBeth (1973) et FF (1992). Deuxièmement, nous optons pour des portefeuilles comme variables dépendantes afin de réduire les erreurs d'estimation potentielles associées aux titres individuels. Troisièmement, nous corrigeons spécifiquement le problème des erreurs de mesure en appliquant la méthodologie proposée par Brennan *et al.* (1998). Dans un second temps, nous présentons et discutons les résultats des régressions transversales.

1. Données et méthodologies

Nous présentons ci-après l'ensemble des données utilisées, en précisant les critères de sélection des titres de l'échantillon ainsi que la période d'analyse. Nous fournissons également une explication approfondie des méthodologies empiriques adoptées, en détaillant le choix des variables dépendantes et indépendantes, ainsi que les techniques d'estimation employées.

1.1. Données de l'étude

Les données de l'étude sont extraites de la base de données Refinitiv complétée par le site Web de la Bourse de Casablanca. La période d'analyse s'étend de juillet 2008 à juin 2020, soit 144 mois. Conformément à la littérature, l'échantillon étudié comprend toutes les actions marocaines cotées, à l'exclusion des financières et des entreprises à B/M négatif, pour lesquelles les données requises sont disponibles. Pour l'estimation, notamment des bêtas (β) pré-classement individuels et des β post-classement (voir ci-dessous), nous utilisons un panel fortement équilibré. Ainsi, 45 entreprises répondent aux critères de sélection retenus.

Sur une base mensuelle, les rendements boursiers sont calculés en incluant les gains en capital et les dividendes. Afin d'estimer les β dans notre première méthodologie de tests (détaillée après), nous considérons le portefeuille de référence, ou portefeuille de marché, comme étant le rendement net de l'indice MASI calculé mensuellement, à partir de la base de données Refinitiv. Le taux mensuel équivalent au taux des bons du Trésor à 13 semaines, accessible via le site de Bank Al-Maghrib, est utilisé comme *proxy* du taux sans risque.

Nos tests mobilisent un ensemble de caractéristiques individuelles des titres, à savoir la taille (CB), le B/M, l'OP, l'Inv et le Mom. Le modèle FF3F utilise le β, la CB et le B/M comme variables explicatives. Le modèle FF5F conserve ces variables et y intègre l'OP et l'Inv. Enfin, le modèle FF6F étend cette spécification en ajoutant le Mom. La définition de ces variables fondamentales reste conforme à celle établie dans les travaux de FF (1992, 1993, 2006, 2015, 2018) comme détaillé dans la section précédente. Par ailleurs, nous respectons le décalage de six mois pour la construction des variables comptables. Ainsi, les données des actions de décembre de l'année t-1 sont liées aux rendements mensuels de juillet de l'année t à juin de l'année t+1. Parallèlement, la CB est mesurée à partir du mois de juin de l'année t. Ces valeurs annuelles sont considérées comme stables pendant les douze mois entre juillet de l'année t et juin de l'année t+1. De plus, conformément à FF (1992), la CB et le B/M sont testés en utilisant le logarithme naturel (ln).

1.2. Méthodologie d'estimation du β

Pour évaluer et comparer la capacité prédictive des facteurs dans les modèles FF3F, FF5F et FF6F, la première approche empirique utilisée dans cette étude est une adaptation des méthodologies en coupe transversale de Fama et MacBeth (1973) et FF (1992). Comme l'ont soutenu FF (1992), la mesure précise de CB, B/M, OP, Inv et Mom pour chaque action individuelle rend inutile la dilution de cette information via la construction de portefeuilles dans les régressions de Fama et MacBeth (1973). Cependant, contrairement aux variables fondamentales directement observables, les coefficients β doivent être estimés au préalable. Par conséquent, conformément à FF (1992), nous estimons les β par portefeuilles, avant d'attribuer le β du portefeuille à chaque action individuelle qui le compose. Cette approche nous permet d'intégrer les actions individuelles dans les tests d'évaluation des actifs de Fama et MacBeth (1973).

La mise en œuvre de cette méthodologie dans l'étude implique l'établissement de trois périodes d'estimation. La première consiste à estimer les βi individuels (β pré-classement) pour construire des portefeuilles. Une période ultérieure est nécessaire pour estimer les β_p des portefeuilles formés (β post-classement). Ces β seront utilisés pendant la troisième période pour les tests en coupe transversale, étant donné que nous attribuons le β_p d'un portefeuille à chaque action individuelle qu'il contient.

Cinq portefeuilles[30] sont constitués en classant les actions en fonction de leurs coefficients β_i individuels pré-classement. Afin de corriger le biais inhérent de non-synchronisation des transactions (Dimson, 1979), ces β sont estimés comme la somme des pentes des trois β (décalé, contemporain et avancé) ($\beta_i = \beta_{i1} + \beta_{i2} + \beta_{i3}$). Conformément à Alhashel (2021), les valeurs β_i font l'objet d'un

[30] En raison de la taille limitée de notre échantillon, nous choisissons de former les actions en cinq portefeuilles au lieu de dix (Alaoui Taïb, 2014), Fama et MacBeth (1973) et FF (1992) traitent un plus grand nombre d'actions.

ajustement supplémentaire pour tenir compte l'autocorrélation des rendements du marché. Cela implique de diviser chaque β_i par 1 + 2AC, où AC représente l'autocorrélation de premier ordre de R_m. Selon Heaney *et al.* (2016), ces valeurs sont estimées en tant que séries temporelles sur une période glissante[31] de 36 mois en utilisant l'équation de régression suivante :

$$R_{it} - R_{ft} = \alpha_i + \beta_{i1}\left(R_{m(t-1)} - R_{f(t-1)}\right) + \beta_{i2}\left(R_{mt} - R_{ft}\right) + \beta_{i3}\left(R_{m(t+1)} - R_{f(t+1)}\right) + \varepsilon \quad (30)$$

avec,

R_{it}, rentabilité du titre i pour le mois t,

R_{ft}, taux sans risque pour le mois t,

$R_{m(t-1)}$, R_{mt} , and $R_{m(t+1)}$, rentabilité du portefeuille de marché décalé d'un mois, contemporain et avancé d'un mois, respectivement, pour le mois t,

α_i, constante de régression du titre i,

β_{i1} , β_{i2} , and β_{i3}, coefficients β décalés, contemporains et avancés, respectivement, pour l'action i sur la période étudiée,

ε, estimation erreur.

Les cinq portefeuilles d'actions sont formés chaque mois, de juillet 2011 à mai 2020. Ils sont désignés par P1, P2, P3, P4 et P5. Par conséquent, leurs coefficients β_p peuvent être estimés sur une nouvelle période glissante de 36 mois[32] en utilisant l'équation (30) en remplaçant les rendements individuels des actions par le rendement équipondéré de chaque portefeuille calculé le mois

[31] La première estimation couvre la période de juillet 2008 à juin 2011, la seconde d'août 2008 à juillet 2011, et ainsi de suite, totalisant 108 estimations successives. La dernière estimation possible est effectuée de juin 2017 à mai 2020 puisque le mois suivant, le dernier de la période d'analyse entière (juin 2003), est réservé à la deuxième étape.

[32] La première estimation s'étend de juillet 2011 à juin 2014, la seconde d'août 2011 à juillet 2014, et ainsi de suite. La dernière estimation possible est effectuée de juin 2017 à mai 2020.

suivant sa formation. Les β_p post-classement estimés des portefeuilles sont ensuite attribués aux actions qui les composent. En d'autres termes, chaque action se voit attribuer mensuellement l'estimation β du portefeuille correspondant auquel elle avait été affectée trois ans auparavant. Ces β sont utilisés comme variables explicatives dans les régressions transversales mensuelles sur les actions individuelles.

Le tableau 11 présente les rendements moyens (R_p) et les β estimés des cinq portefeuilles basés sur les β pré-classement sur la période de juillet 2011 à mai 2020.

Tableau 11 : Les rentabilités moyennes et les β calculés des portefeuilles de titres basés sur les βs pré-classement (juillet 2011 - mai 2020)

	R_p	β_{moy}	β_{min}	β_{max}
P1	-0.001	-0.392	-10.227	0.527
P2	0.004	0.389	-0.288	0.859
P3	0.005	0.790	0.182	1.284
P4	0.004	1.266	0.458	2.006
P5	0.004	2.247	1.092	5.078

En se concentrant sur les valeurs de rendement extrêmes, les résultats obtenus semblent cohérents avec la théorie du MEDAF, qui postule que le rendement d'un actif augmente avec son risque. En effet, nous constatons que les rendements des portefeuilles les plus risqués (P5) présentent un taux de rendement supérieur à celui des portefeuilles les moins risqués (P1).

Cependant, cette relation positive avec les coefficients β pré-classement varie de manière aléatoire lorsque l'on considère les portefeuilles intermédiaires (P2, P3 et P4). Ainsi, cette observation suggère que l'utilisation du β comme critère de classement des actions ne permet pas de contrôler adéquatement le risque.

Dans le tableau 12, nous présentons les rendements moyens et les caractéristiques des cinq portefeuilles. Ces caractéristiques incluent les β post-classement estimés du portefeuille et ses attributs, notamment CB, B/M, OP, Inv et Mom.

Les résultats conduisent à des observations similaires à celles précédemment établies. La relation positive entre les rendements et les coefficients β estimés est à nouveau constatée entre les portefeuilles extrêmes (P1 et P5). Cependant, lorsqu'on compare les rendements des portefeuilles les plus risqués (P5) à ceux des portefeuilles intermédiaires (P2, P3 et P4), les résultats révèlent le taux de rendement le plus faible (0,0035).

Tableau 12 : Les rentabilités moyennes, les β post-classement et les caractéristiques des cinq portefeuilles (juillet 2014 - mai 2020)

	R_p	β	CB (millions DH)	B/M	OP	Inv	Mom
P1	-0.001	0.776	2 664, 636	0.705	0.159	0.040	0.051
P2	0.008	0.695	4 413, 839	0.703	0.183	0.044	0.088
P3	0.006	1.039	7 627, 821	0.728	0.199	0.032	0.060
P4	0.007	1.222	9 744, 264	0.835	0.181	0.037	0.117
P5	0.004	1.171	5 799, 210	0.864	0.133	0.045	0.105

Au-delà de la relation incohérente entre rendements et risque, il semble que les β estimés post-classement et les variables présentent également des corrélations inattendues. Dans le cas de la CB, les coefficients de risque estimés sont positivement corrélés avec la CB, le risque augmentant avec une capitalisation plus importante. De même, et en contradiction avec la littérature, il apparaît que les coefficients des βs estimés sont positivement corrélés avec la variable Inv. Concernant le ratio B/M, les résultats montrent que les β estimés sont positivement corrélés avec le ratio, ce qui est conforme à la revue de littérature. Cette relation n'est pas confirmée pour la variable OP. En se concentrant sur les valeurs extrêmes des portefeuilles, les résultats montrent une relation inverse entre les coefficients de risque estimés et OP. En ce qui concerne le Mom, la corrélation positive avec les β estimés n'apparaît qu'au niveau des valeurs extrêmes des portefeuilles.

Le tableau 13 présente certaines statistiques descriptives des variables explicatives pour les titres individuels sur la période transversale de juillet 2014 à juin 2020.

Tableau 13 : Statistiques descriptives des variables explicatives des titres individuels (juillet 2014 - juin 2020)

	Moyenne	Médiane	Ecart-type
β	0.981	1.013	0.318
CB (millions DH)	6 049, 954	1 507, 268	16 981, 131
B/M	0.767	0.549	0.623
OP	0.192	0.171	0.255
Inv	0.040	0.014	0.181
Mom	0.084	0.037	0.422

Contrairement aux β estimés des actions, qui semblent relativement sous-évalués en moyenne, les valeurs calculées des variables CB, B/M, OP, Inv et Mom apparaissent cohérentes. Les β estimés individuellement par régression sont en effet sujets à des erreurs de mesure. L'observation de la valeur médiane des β post-classement pour les portefeuilles P3 et P4 dans le tableau 13 suggère que ce sont les β des actions extrêmes qui contribuent à la sous-évaluation de leurs β moyens. La constitution de portefeuilles équipondérés, plutôt que l'analyse d'actions individuelles, permet de réduire l'erreur d'estimation des β étant donné l'écart significatif entre β_{min} et β_{max} des portefeuilles (Tableau 11). Cependant, les portefeuilles extrêmes conservent des actions avec des βs soit surévalués, soit sous-évalués, entraînant des coefficients de régression biaisés à la baisse.

1.3. Méthodologie d'estimation des coefficients des variables explicatives

La première approche reliait les rendements des actions à leurs caractéristiques individuellement calculées. La seconde remplace les valeurs calculées des caractéristiques explicatives des actions par leurs coefficients estimés. Nous optons pour des portefeuilles plutôt que des titres individuels pour réduire les erreurs d'estimation potentielles associées aux valeurs individuelles. Les tests de régression utilisent les quatre ensembles de six portefeuilles de titres dépendants tels que formés à la section précédente du chapitre. Nous avons constitué les portefeuilles en fonction de la CB et du B/M, d'OP, d'Inv ou du Mom. Pour le tri selon la CB, les actions sont réparties, en utilisant la valeur médiane, en deux groupes. Simultanément, trois groupes sont formés indépendamment en utilisant les 40e et 20e percentiles pour le ratio B/M, OP ou Inv, et les 30e et 40e pour Mom. La combinaison de chaque paire de variables de tri donne six portefeuilles taille-B/M, six portefeuilles taille-OP, six portefeuilles taille-Inv et six portefeuilles taille-Mom.

Les modèles examinés estiment les facteurs explicatifs en utilisant la méthodologie adoptée par FF (1993, 2015). La formation de chaque facteur est détaillée précédemment dans la section 1.

La procédure de régression en coupe transversale est similaire à la précédente, sauf que les estimations de séries temporelles de la première étape sont étendues ici pour inclure les facteurs, en plus du facteur β. La période de test s'étend de juillet 2008 à juin 2020, dont les trois premières années sont exclues pour permettre le décalage nécessaire à l'estimation des coefficients de risque explicatifs. La variable dépendante est le rendement excédentaire mensuel des portefeuilles. Les variables explicatives comprennent les coefficients de risque estimés associés aux facteurs de chaque modèle considéré.

Une première étape de régression en série chronologique est réalisée sur les portefeuilles dépendants pour obtenir des estimations de risque. Plus précisément, les rendements excédentaires mensuels des portefeuilles sont régressés sur les variables explicatives des modèles FF3F, FF5F et FF6F. Les régressions sont effectuées sur une fenêtre glissante de trois ans (36 mois) avec un décalage d'un mois pour chaque régression répétée.

La série de coefficients estimés de cette première étape sert ensuite de variables explicatives pour les 108 régressions transversales. Les rendements excédentaires mensuels de chacun des vingt-quatre portefeuilles sont régressés, mois par mois, sur leurs estimateurs de risque dans le modèle, de juillet 2011 à juin 2020.

1.4. Modèles comparatifs

Notre analyse transversale porte sur les modèles FF3F (1993), FF5F (2015) et FF6F (2018).

1.4.1. Modèle FF3F (1993)

Dans le cas du modèle FF3F, les coefficients β (Mkt), s (SMB) et h (HML) sont estimés en séries temporelles sur une période glissante de 36 mois précédant le mois de l'estimation en coupe transversale. La régression de séries temporelles est réalisée conformément à l'équation suivante :

$$R_{pt} - R_{ft} = \alpha_p + \beta_P \, MKT + s_p \, SMB + h_p \, HML + \varepsilon \qquad (31)$$

t ⊂ {Juillet 2008, ……, Mai 2020}

Les rendements excédentaires mensuels des vingt-quatre portefeuilles dépendants sont expliqués, séparément, par les trois coefficients β, s et h, comme suit :

$$R_{pt} - R_{ft} = \delta_0 + \delta_{MKT} \, \beta_P + \delta_{SMB} s_p + \delta_{HML} \, h_p + \varepsilon \qquad (32)$$

t ⊂ {Juillet 2011, ……, Juin 2020}

1.4.2. Modèle FF5F (2015)

Concernant le modèle FF5F, les coefficients β (Mkt), s (SMB), h (HML), o (RMW) et iv (CMA) sont estimés en séries temporelles sur une période glissante de 36 mois située juste avant le mois de l'estimation. La régression de séries temporelles est réalisée selon l'équation :

$$R_{pt} - R_{ft} = \alpha_p + \beta_P \, MKT + s_p \, SMB + h_p \, HML + o_p \, RMW + iv_p \, CMA + \varepsilon \qquad (33)$$

t ⊂ {Juillet 2008, ……, Mai 2020}

Les rendements excédentaires mensuels des vingt-quatre portefeuilles dépendants sont ensuite expliqués par les cinq coefficients : *β*, s, h, o et iv, comme suit :

$$R_{pt} - R_{ft} = \delta_0 + \delta_{MKT}\,\beta_P + \delta_{SMB} s_p + \delta_{HML}\,h_p + \delta_{RMW}\,o_p + \delta_{CMA}\,iv_p + \varepsilon \quad (34)$$

t ⊂ {Juillet 2011, ……, Juin 2020}

1.4.3. Modèle FF6F (2018)

Pour le modèle FF6F, les coefficients *β* (Mkt), s (SMB), h (HML), o (RMW), iv (CMA) et UMD (d) sont estimés en séries temporelles sur une période glissante de 36 mois située juste avant le mois de l'estimation. La régression de séries temporelles est réalisée selon l'équation :

$$R_{pt} - R_{ft} = \alpha_p + \beta_P\,MKT + s_p\,SMB + h_p\,HML + o_p\,RMW + iv_p\,CMA + d_p\,UMD + \varepsilon \quad (35)$$

t ⊂ {Juillet 2008, ……, Mai 2020}

Les rendements excédentaires mensuels des vingt-quatre portefeuilles dépendants sont ensuite expliqués par les six coefficients : *β*, s, h, o, iv et d, comme suit :

$$R_{pt} - R_{ft} = \delta_0 + \delta_{MKT}\,\beta_P + \delta_{SMB} s_p + \delta_{HML}\,h_p + \delta_{RMW}\,o_p + \delta_{CMA}\,iv_p + \delta_{UMD}\,d_p + \varepsilon \quad (36)$$

t ⊂ {Juillet 2011, ……, Juin 2020}

1.5. Méthodologie d'estimation des rendements ajustés des titres

La méthodologie de base de Fama et MacBeth (1973) peut s'avérer problématique lorsque les coefficients des facteurs de risque sont mesurés avec des erreurs (Chordia *et al.*, 2009). Pour contourner ces problèmes, nous utilisons les rendements ajustés (R_d) comme variables dépendantes conformément à Brennan *et al.* (1989). L'ajustement au risque est effectué de trois manières différentes en utilisant les modèles FF3F (1993), FF5F (2015) et FF6F (2018). Pour chaque mois, les rendements R_d sont calculés comme la somme de la constante et des résidus. Par souci de robustesse et conformément à Chordia *et al.* (2009), nous obtenons des estimations glissantes des coefficients des facteurs (β, s, h, o, iv, d) pour chaque mois et pour tous les titres en utilisant les séries temporelles des 36 mois précédents[33] dans les équations (31), (33) et (35). En tenant compte des données du mois en cours, issues des modèles FF3F, FF5F et FF6F, ainsi que les coefficients des facteurs générées pour tous les titres, nous pouvons calculer le rendement R_d comme suit :

Conformément à l'équation (31), le rendement R_d issu du modèle FF3F s'écrit :

$$\begin{aligned} R_d &= (R_{pt} - R_{ft}) - (\beta_i MKT + s_i SMB + h_i HML) \\ &= \alpha_i + \varepsilon \end{aligned} \tag{37}$$

Conformément à l'équation (33), le rendement R_d issu du modèle FF5F s'écrit :

$$\begin{aligned} R_d &= (R_{pt} - R_{ft}) - (\beta_i\, MKT + s_i\, SMB + h_i\, HML + o_p\, RMW + iv_p\, CMA) \\ &= \alpha_i + \varepsilon \end{aligned} \tag{38}$$

Conformément à l'équation (35), le rendement R_d issu du modèle FF6F s'écrit :

$$\begin{aligned} R_d &= (R_{pt} - R_{ft}) - (\beta_i\, MKT + s_i\, SMB + h_i\, HML + o_p\, RMW + iv_p\, CMA + d_p\, UMD) \\ &= \alpha_i + \varepsilon \end{aligned} \tag{39}$$

Par la suite, nous effectuons les régressions de Fama et MacBeth (1973) de ces rendements R_d sur, premièrement, la CB et le B/M ; deuxièmement, la CB, le B/M, OP et Inv ; et troisièmement, la CB, le B/M, OP, Inv et Mom, ces variables ayant été identifiées comme possédant un pouvoir prédictif pour les rendements. La période de test s'étend de juillet 2008 à juin 2020, dont les trois premières

[33] En raison de la période d'étude plus longue (324 mois), Chordia *et al.* (2009) ont utilisé une période glissante de soixante mois passés (au moins vingt-quatre mois). Ce n'est pas le cas de l'étude actuelle car la période de l'échantillon est de 144 mois. Ainsi, nous choisissons une période glissante de 36 mois afin de respecter les considérations de nos tests précédents (Heaney *et al.*, 2016).

années sont exclues pour permettre le décalage nécessaire à l'estimation du rendement R_d.

Brennan *et al.* (1998) ont souligné le risque de biais dans les estimations des coefficients des caractéristiques selon la méthodologie de Fama et MacBeth (1973), en cas de corrélation entre les caractéristiques et l'erreur des sensibilités aux facteurs. Lorsqu'une telle dépendance existe, Brennan *et al.* (1998) notent que les facteurs (utilisés pour l'ajustement du risque) deviennent corrélés avec les séries temporelles des coefficients estimés. Ce biais pourrait être significatif, particulièrement sur le marché marocain, compte tenu de la probabilité que les sensibilités estimées pour les petites capitalisations soient affectées par des problèmes d'illiquidité (Basiewicz & Auret, 2010).

Par conséquent, Brennan *et al.* (1998) recommandent une méthode qui ajuste ce biais à travers l'équation suivante :

$$\delta_j = \theta_j + \gamma f \qquad (40)$$

En substance, l'équation (40) représente une régression en série temporelle des coefficients de caractéristiques, calculés dans chaque régression en coupe transversale, sur les facteurs (f) du modèle spécifié (FF3F, FF5F ou FF6F). L'estimation non biaisée du coefficient de caractéristique correspond au terme constant (θ_j) dans la régression mentionnée ci-dessus et nous nous concentrons sur sa statistique t pour l'interprétation. Nous utilisons la technique de Newey et West (1987) dans la régression en série temporelle.

2. Résultats des régressions transversales

Notre analyse comparative repose sur trois méthodologies distinctes dont nous présentons ici les résultats de régression en coupe transversale. L'examen des résultats de chaque méthodologie fera ressortir les coefficients de régression principaux et leur seuil de significativité statistique, dans le but d'évaluer la capacité explicative de chaque modèle dans son cadre spécifique.

2.1. La relation entre la rentabilité des titres et leurs caractéristiques

La régression transversale des titres individuels est réalisée sur une base mensuelle de juillet 2014 à juin 2020 (72 mois). Les rendements excédentaires mensuels des titres sont régressés transversalement sur leurs β post-estimés et sur leurs variables calculées à partir du modèle. Outre les combinaisons initiales de FF3F, FF5F et FF6F que nous comparons, d'autres régressions avec un, deux, trois ou quatre facteurs sont effectuées. L'objectif est d'examiner le rôle de chaque caractéristique dans l'explication des rendements boursiers et d'évaluer sa robustesse en présence ou en absence d'autres variables concurrentes potentielles. Une « bonne » variable explicative devrait maintenir un niveau de signification constant dans tous les cas. Cela devrait nous permettre de mettre en lumière le véritable pouvoir explicatif associé à chaque variable dans le contexte marocain.

Les coefficients de régression de Fama et MacBeth (1973) spécifiques aux variables étudiées forment, in fine, des séries temporelles. La moyenne de ces coefficients fournit une mesure du rôle de la variable dans la formation des rendements. En d'autres termes, les moyennes des coefficients de régression en coupe transversale aident à identifier les facteurs de risque explicatifs capables d'expliquer les rendements des actions marocaines.

La significativité statistique des coefficients moyens des variables est évaluée en utilisant la statistique t (la pente moyenne divisée par son erreur standard de série temporelle) telle que définie par FF (1992).

Le tableau 14 présente les résultats obtenus à partir des régressions monofactorielles (Panel A) et des différentes combinaisons de régressions multifactorielles (Panel B).

Nos résultats des modèles à facteur unique révèlent que la variable Mom possède le pouvoir explicatif le plus significatif pour les rendements boursiers à 1%. Bien que la variable Inv présente

également un coefficient statistiquement significatif au seuil de 10%, son effet sur le rendement est incohérent avec la littérature, comme en témoigne son coefficient de régression positif. Les autres variables, quant à elles, ne présentent aucune significativité statistique.

Les résultats des régressions transversales de modélisation à deux facteurs montrent que la variable Inv maintient le même seuil de significativité sauf lorsqu'elle est testée conjointement avec OP ou Mom. En considérant des combinaisons avec plus de deux variables, Inv perd son pouvoir explicatif. Ce résultat est confirmé par Guo *et al.* (2017), qui constatent que la variable Inv, mesurée de diverses manières, présente des résultats mitigés sur le marché chinois.

Il est à noter que l'OP a significativement amélioré, au seuil de 5 %, sa capacité à expliquer les rendements boursiers en présence de la CB dans la combinaison testée. Bien que n'étant significatif qu'au seuil de 10 %, le facteur OP améliore constamment sa capacité explicative des rendements dans différentes combinaisons multifactorielles, en particulier lorsque B/M est omis (Nichol & Dowling, 2014 ; de Carvalho *et al.*, 2021). Néanmoins, les coefficients de régression de ce dernier ne montrent aucune amélioration significative, indiquant que la capacité descriptive de la variable OP disparaît sans raison apparente. Malgré les faibles valeurs de la statistique t de Fama et MacBeth (1973), Guo *et al.* (2017) concluent que le facteur OP améliore significativement la description des rendements moyens chinois, tandis que le facteur Inv n'apporte que des contributions marginales. Pour leur part, le ROE s'avère être la mesure la plus indicative du facteur de *profitability* (Ali *et al.*, 2019).

La relation négative observée entre la variable CB et les rendements de titres, bien que conforme aux attentes théoriques, n'est étayée par aucune preuve statistique solide, le coefficient demeurant non significatif dans toutes les combinaisons testées. À l'inverse, le signe du coefficient du facteur B/M se révèle, pour l'essentiel, en contradiction avec la littérature existante. De plus, ce facteur ne présente aucune capacité explicative des rendements boursiers. Ces résultats contredisent ceux de Guo *et al.* (2017) qui ont trouvé des statistiques t de Fama et MacBeth (1973) élevées pour la CB et le B/M.

Le facteur Mom émerge comme le grand vainqueur. Il surpasse ses concurrents de plusieurs égards. Premièrement, la variable Mom affiche un coefficient constamment significatif à travers diverses spécifications et combinaisons de modèles. Ce seuil de significativité se situe généralement entre 1 % et 5 %, indiquant un pouvoir explicatif fort et fiable des rendements boursiers. En d'autres termes, la variable du Mom n'est pas simplement une influence aléatoire ; elle entretient une relation statistiquement robuste avec la performance des actions. Deuxièmement, le coefficient Mom présente le signe positif attendu. Ceci correspond au concept établi de l'effet Mom : les actions avec de fortes tendances haussières passées tendent à bien performer continuellement, tandis que celles en tendance baissière pourraient continuer à décliner. Ces résultats suggèrent que le Mom conserve une information pertinente pour prédire les rendements futurs. Il semble capter une tendance persistante qui aide à anticiper la performance future.

Tableau 14 : Pentes moyennes des régressions, mois par mois, des rentabilités des titres individuels sur leurs caractéristiques (juillet 2014 - juin 2020)

δ_β	δ_{CB}	$\delta_{B/M}$	δ_{OP}	δ_{Inv}	δ_{Mom}	t(δ_β)	t(δ_{CB})	t($\delta_{B/M}$)	t(δ_{OP})	t(δ_{Inv})	t(δ_{Mom})
					Panel A : régressions monofactorielles						
-0.00020						-0.03					
	-0.0003						-0.34				
		-0.0002						-0.08			
			0.0154						-1.41		
				0.0216***						1.82	
					0.0223*						2.65
					Panel B : régressions multifactorielles						
0.0009	-0.0003					-0.16	-0.25				
0.0009		-0.0005				-0.17		-0.18			
0.0011			0.0152			-0.17			-1.35		
0.0001				0.0206***		-0.02				-1.72	
-0.0004					0.0216**	-0.06					2.51
	-0.0012	-0.0027					-0.74	-0.64			
	-0.0016		0.0255**				-1.45		-2		
	-0.0004			0.0204***			-0.39			-1.71	
	-0.0003				0.0238*		-0.31				2.84
		0.0021	0.0202					-0.67	-1.54		
		-0.0001		0.0209***				-0.04		-1.74	
		-0.0006			0.0236*			-0.21			2.81
			0.0151	0.0101					1.37	0.76	
			0.0118		0.0189**				1.09		2.14
				0.0159	0.0202**					1.38	2.34
0.0009	-0.0012	-0.0030				0.16	-0.74	-0.7			
0.0015	-0.0015		0.0251***			0.24	-1.41		1.9		
0.0009	-0.0003			0.0196***		0.15	-0.32			1.66	
0.0010	-0.0002				0.0230*	0.17	-0.18				2.69
0.0022		0.0015	0.0184			0.36		0.48	1.37		
0.0010		-0.0004		0.0199		0.17		-0.14		1.62	
0.0008		-0.0009			0.0231*	0.14		-0.35			2.69
0.0014			0.0149	0.0090		0.22			1.3	0.67	
0.0005			0.0124		0.0184**	0.09			1.11		2.08
-0.0002				0.0151	0.0196**	-0.04				1.33	2.23
	-0.0019	-0.0016	0.0200				-1.23	-0.36	1.53		
	-0.0011	-0.0024		0.0195***			-0.71	-0.57		1.66	
	-0.0011	-0.0028			0.0235*		-0.75	-0.72			2.85
	-0.0014		0.0244***	0.0081			-1.36		1.93	0.62	
	-0.0012		0.0188		0.0196**		-1.08		1.48		2.21
	-0.0004			0.0142	0.0219**		-0.36			1.26	2.58
		0.0016	0.0190	0.0081				0.52	1.45	0.61	
		0.0001	0.0110		0.0199**			0.03	0.82		2.21
	-0.0006			0.0145	0.0218**		-0.22			1.25	2.55
			0.0128	0.0066	0.0182**				1.15	0.52	2.07
0.0025	-0.0020	-0.0023	0.0185			0.43	-1.33	-0.54	1.37		
0.0009	-0.0011	-0.0027		0.0188		0.16	-0.73	-0.65		1.6	
0.0008	-0.0011	-0.0031			0.0228*	0.14	-0.73	-0.8			2.7
0.0016	-0.0014		0.0242***	0.0074		0.26	-1.33		1.83	0.56	
0.0014	-0.0011		0.0190		0.0191**	0.22	-1.01		1.45		2.13
0.0007	-0.0003			0.0139	0.0212**	0.13	-0.24			1.26	2.45
0.0024		0.0010	0.0174	0.0069		0.4		0.31	1.29	0.51	
0.0023		-0.0006	0.0093		0.0198**	0.39		-0.2	0.67		2.19
0.0006		-0.0009		0.0138	0.0213**	0.11		-0.36		1.22	2.45
0.0008			0.0132	0.0055	0.0178**	0.14			1.16	0.43	2.03
	-0.0018	-0.0019	0.0192	0.0061			-1.23	-0.43	1.47	0.48	
	-0.0019	-0.0034	0.0117		0.0195**		-1.32	-0.83	0.88		2.2
	-0.0012	-0.0028		0.0129	0.0219*		-0.77	-0.71		1.14	2.6
	-0.0012		0.0193	0.0048	0.0191**		-1.06		1.49	0.39	2.16
		-0.0001	0.0116	0.0046	0.0196**			-0.03	0.85	0.37	2.19

Tableau 14 : (suite)

0.0027	-0.0020	-0.0027	0.0180	0.0049		0.45	-1.33	-0.62	1.33	0.38	
0.0027	-0.0020	-0.0042	0.0103		0.0191**	0.47	-1.4	-1.06	0.75		2.14
0.0005	-0.0011	-0.0031		0.0126	0.0211**	0.1	-0.77	-0.8		1.13	2.46
0.0014	-0.0011		0.0194	0.0042	0.0186**	0.23	-1		1.45	0.34	2.09
0.0025		-0.0009	0.0098	0.0035	0.0195**	0.42		-0.27	0.69	0.28	2.17
	-0.0019	-0.0034	0.0126	0.0025	0.0192**		-1.31	-0.85	0.93	0.21	2.17
0.0028	-0.0020	-0.0043	0.0113	0.0015	0.0188**	0.48	-1.4	-1.07	0.8	0.12	2.11

(*), (**) et (***) correspondent respectivement à des seuils de significativité de 1 %, 5 % et 10 %.

Nos résultats présentés dans le tableau 14 révèlent une divergence surprenante par rapport aux résultats établis du cadre FF (1992, 1993, 2006, 2015, 2018). Les trois modèles étudiés ne soutiennent pas l'idée que les caractéristiques traditionnelles, à savoir la CB, le B/M, l'OP et l'Inv, expliquent de manière significative les variations des rendements boursiers dans le contexte marocain. Ce constat s'oppose aux observations générales documentées par ces auteurs, où ces facteurs jouent souvent un rôle prépondérant. Notre analyse des différentes combinaisons de facteurs dans le tableau 14, y compris les modèles FF3F et FF5F traditionnels ainsi que la combinaison FF6F, renforce ce point. Aucun des facteurs, à l'exception du Mom, ne présente un pouvoir explicatif statistiquement significatif de la variation des rendements boursiers sur le marché marocain. La seule exception à cette tendance est le facteur Mom, qui émerge constamment comme une force particulièrement importante dans l'explication des rendements boursiers dans notre analyse.

2.2. La relation entre la rentabilité des portefeuilles de titres et les coefficients des variables explicatives

Les résultats des coefficients de régression en coupe de la deuxième étape fournissent, pour chaque modèle, les coefficients moyens des facteurs de risque. Les statistiques t pour ces coefficients sont calculées de la même manière que FF (1992). Leur significativité permet d'évaluer les variables explicatives incluses dans chaque modèle étudié.

2.2.1. Modèle FF3F (1993)

Le tableau 15 présente les résultats des régressions transversales pour le modèle FF3F.

Tableau 15 : Pentes moyennes des régressions, mois par mois, des rentabilités des portefeuilles sur les coefficients de risque des variables explicatives du modèle FF3F (juillet 2011 - juin 2020)

	δ_{Mkt}	δ_{SMB}	δ_{HML}
	Panel A: Portefeuilles taille-B/M		
Coefficient	-0.004	0.010**	0.003
t-statistique	-0.352	2.172	0.624
	Panel B : Portefeuilles taille -OP		
Coefficient	0.003	0.005	-0.004
t-statistique	0.222	1.163	-0.811
	Panel C : Portefeuilles taille -Inv		
Coefficient	0.000	0.007	-0.009
t-statistique	-0.006	1.458	-0.822
	Panel D : Portefeuilles taille -Mom		
Coefficient	-0.007	0.007	0.012
t-statistique	-0.750	1.330	1.660

(*), (**) et (***) correspondent respectivement à des seuils de significativité de 1 %, 5 % et 10 %.

En ce qui concerne les portefeuilles taille-B/M, les estimations moyennes des primes de risque ne sont pas significatives, à l'exception du facteur SMB. Le panel A montre que la statistique t est supérieure à 2 écarts-types. Cependant, le coefficient affiche un signe positif qui est contraire à la littérature. Les 108 régressions transversales aboutissent à des estimations moyennes non significatives lorsque les portefeuilles taille-OP, taille-Inv ou taille-Mom sont utilisés comme variables dépendantes, et ce pour toutes les primes de risque. L'ajout des variables CB et B/M à β n'améliore pas son estimateur de risque, et les résultats des trois facteurs combinés dans le modèle d'évaluation des actifs s'avèrent globalement peu satisfaisants. Contrairement à ces résultats, Carvalho *et al.* (2021) constatent que tous les coefficients moyens des régressions mois par mois des rendements des portefeuilles LHS sur les coefficients des variables explicatives FF3F étaient très significatifs sur cinq marchés latino-américains.

2.2.2. Modèle FF5F (2015)

Le tableau 16 présente les résultats de la régression transversale pour le modèle FF5F.

Tableau 16 : Pentes moyennes des régressions, mois par mois, des rentabilités des portefeuilles sur les coefficients de risque des variables explicatives du modèle FF5F (juillet 2011 - juin 2020)

	δ_{Mkt}	δ_{SMB}	δ_{HML}	δ_{RMW}	δ_{CMA}
Panel A : Portefeuilles taille-B/M					
Coefficient	0.047	0.029	0.014	0.204	0.076
t-statistique	0.462	1.544	0.615	1.061	0.979
Panel B : Portefeuilles taille-OP					
Coefficient	-0.079	0.018**	-0.034	0.011	0.006
t-statistique	-0.371	2.428	-1.242	0.610	0.111
Panel C : Portefeuilles taille-Inv					
Coefficient	0.128	0.017	-0.002	0.157	0.004
t-statistique	0.844	0.220	-0.007	0.979	0.180
Panel D : Portefeuilles taille-mom					
Coefficient	-0.053	-0.096	0.121	-0.077	0.054
t-statistique	-0.220	-0.810	0.960	-0.370	0.550

(*), (**) et (***) correspondent respectivement à des seuils de significativité de 1 %, 5 % et 10 %.

Les estimations moyennes des primes de risque sont généralement statistiquement non significatives (Ali *et al.*, 2019). L'ajout des variables OP et Inv au modèle FF3F n'améliore pas le pouvoir explicatif des variables β, CB et B/M. Au contraire, leurs rôles disparaissent, à l'exception de CB, dans le cas des portefeuilles formés sur taille-OP. Cependant, le coefficient du facteur CB affiche un signe positif contrairement aux résultats attendus dans la littérature. Ce signe positif est également documenté par Chakroun et Hmaied (2019) sur le marché français. Les auteurs constatent que pour l'ensemble des trois ensembles de portefeuilles considérés (taille-B/M, taille-OP et taille-Inv), les estimations moyennes de SMB sont positives mais statistiquement non significatives. En effectuant des régressions transversales mensuelles des titres individuels cotés à la Bourse de Dhaka, Hossain (2022) conclut que toutes les estimations moyennes étaient significatives sauf celles liées aux variables OP et Inv.

2.2.3. Modèle FF6F (2018)

D'après le tableau 17, les résultats des régressions transversales pour le modèle FF6F présentent des tendances similaires à celles du modèle FF5F dans le tableau 16.

Tableau 17 : Pentes moyennes des régressions, mois par mois, des rentabilités des portefeuilles sur les coefficients de risque des variables explicatives du modèle FF6F (juillet 2011 - juin 2020)

	δ_{Mkt}	δ_{SMB}	δ_{HML}	δ_{RMW}	δ_{CMA}	δ_{UMD}
Panel A : Portefeuilles taille-B/M						
Coefficient	-0.016	0.007	-0.001	-0.006	-0.009	-0.012
t-statistique	-0.900	1.540	-0.180	-0.009	-0.890	-0.650
Panel B : Portefeuilles taille-OP						
Coefficient	0.001	0.012**	-0.011	0.000	-0.013	0.024
t-statistique	0.030	2.330	-0.760	0.030	-1.130	1.330
Panel C : Portefeuilles taille-Inv						
Coefficient	0.012	0.012	-0.023	-0.013	0.003	0.002
t-statistique	0.630	1.340	-0.930	-0.400	0.620	0.070
Panel D : Portefeuilles taille-mom						
Coefficient	0.042	0.015	0.034	0.011	-0.026	0.034**
t-statistique	1.060	1.420	0.860	0.350	-1.550	2.390

(*), (**) et (***) correspondent respectivement à des seuils de significativité de 1 %, 5 % et 10 %.

L'estimation moyenne de l'ensemble des primes de risque est généralement non significative statistiquement, à l'exception de la prime de risque SMB dans les portefeuilles formés sur taille-OP. L'ajout de la variable Mom au modèle FF5F n'a généralement pas amélioré le pouvoir explicatif des variables existantes. Le panel D renforce l'importance du Mom. Ici, l'estimation moyenne liée à la variable Mom est statistiquement significative au seuil de 5 %. De plus, le signe positif du coefficient s'aligne avec la littérature, indiquant que les titres affichant de fortes performances passées tendent à poursuivre leur surperformance dans le contexte marocain.

Le problème des erreurs dans les variables semble persister dans la modélisation à trois, cinq et six facteurs. Les variables explicatives utilisées dans les tests en coupe transversale sont le résultat d'estimations de séries temporelles précédentes qui sont affectées par des erreurs. Le résultat final est inévitablement impacté.

2.3. La relation entre les rendements ajustés des titres et leurs caractéristiques

Notre troisième analyse emploie la méthodologie de Brennan *et al.* (1998), en adressant spécifiquement le problème des erreurs de mesure dans les variables. Pour ce faire, nous calculons les R_d qui sont intégrés aux régressions en coupe transversale en tant que variable dépendante. Comme mentionné précédemment, nous avons ajusté les rendements des actions à l'aide des modèles FF3F, FF5F et FF6F, ces modèles ayant démontré, dans la littérature académique, un pouvoir prédictif pour les rendements boursiers. Pour s'assurer que le modèle utilisé pour l'ajustement du risque est complet, les coefficients ajustés des caractéristiques ne devraient pas être significatifs. S'ils sont significativement différents de zéro, cela suggère que ces caractéristiques conservent un pouvoir explicatif, rejetant par conséquent le modèle testé.

Le tableau 18 montre les résultats des régressions en coupe transversale des erreurs de *pricing* (la somme de la constante et des résidus) des titres individuels sur les caractéristiques de chaque modèle inclus. La capacité du modèle à « expliquer » les caractéristiques – c'est-à-dire à ce qu'elles ne soient plus significatives – atteste directement de sa validité.

Dans le panel A, après ajustement avec le modèle FF3F, la régression univariée montre que le coefficient ajusté pour la CB est proche de zéro, ce qui suggère que le modèle neutralise cette caractéristique, contrairement au B/M. Cependant, le signe positif de son coefficient est en contradiction avec la littérature. Lorsqu'elle est testée conjointement avec le B/M, le coefficient ajusté de la variable CB affiche le signe correct, mais il n'est plus statistiquement différent de zéro. Bien que l'effet B/M diminue quelque peu après un test conjoint avec la CB, il reste robuste. Même après le contrôle des sensibilités aux facteurs du modèle FF3F, les caractéristiques d'entreprise conservent leur pouvoir prédictif sur les rendements. De même, Basiewicz et Auret (2010) ont constaté que, lors d'un test conjoint, le coefficient ajusté de la CB reste significativement négatif sur la Bourse de Johannesburg. En revanche, l'effet du B/M s'estompe après l'ajustement au risque par le FF3F.

Avec l'ajustement par le modèle FF5F (Panel B), le coefficient CB reste non significatif dans la régression univariée, mais cette fois son signe négatif est conforme à la littérature. Des résultats similaires sont observés pour la variable Inv. La régression univariée montre que son coefficient est proche de zéro, ce qui implique que le modèle neutralise cette caractéristique d'entreprise. Cependant, il conserve son signe positif observé dans les tests précédents. Pour sa part, le coefficient du B/M conserve sa significativité avec un signe négatif. Le modèle démontre une performance relativement améliorée pour capter l'effet OP, avec un coefficient plus faible mais toujours significatif. Les coefficients moyens des régressions transversales utilisant conjointement et directement les caractéristiques, incluant le modèle FF5F, ne sont généralement pas satisfaisants. Concernant la variable CB, les résultats sont similaires à ceux du Panel A. Bien que conservant son signe négatif, le coefficient devient significatif. Cependant, dans le cas de la variable B/M, son coefficient conserve un signe négatif non significatif.

Aucune amélioration n'est observée pour le coefficient ajusté de la variable OP. Un test conjoint avec d'autres variables ne modifie pas la significativité du coefficient de l'OP trouvée dans la régression univariée. La variable Inv mérite une attention particulière : On observe une amélioration notable du signe de son coefficient, qui est désormais négatif et non significatif.

Dans le panel C, après ajustement avec le modèle FF6F, le coefficient pour CB reste statistiquement non significatif dans la régression univariée, avec le signe négatif attendu. Le coefficient du B/M maintient également sa significativité, conservant un signe négatif. De même, la variable OP reste statistiquement significative. La variable Inv présente un coefficient non significatif, indiquant que le modèle neutralise cette caractéristique d'entreprise. Néanmoins, son signe positif observé dans les tests précédents persiste. La régression univariée montre que le coefficient ajusté pour Mom est proche de zéro. De plus, le signe positif de son coefficient est conforme à la littérature.

Tableau 18 : Résultats de la régression en coupe transversale mensuelle des R_d sur les caractéristiques des entreprises (juillet 2011 - juin 2020)

θ_{CB}	$\theta_{B/M}$	θ_{OP}	θ_{Inv}	θ_{Mom}	t(θ_{CB})	t($\theta_{B/M}$)	t(θ_{OP})	t(θ_{Inv})	t(θ_{Mom})
Panel A : Ajustement par FF3F									
0.018					0.95				
	-0.234*					-9.14			
-0.099*	-0.432*				-2.92	-5.98			
Panel B : Ajustement par FF5F									
-0.020					-0.89				
	-0.066**					-2.20			
		0.767*					3.57		
			0.099					0.37	
-0.083*	-0.069	1.047*	-0.069		-2.92	-0.73	3.69	-0.73	
Panel C : Ajustement par FF6F									
-0.021					-0.90				
	-0.070*					-2.61			
		0.762*					3.69		
			0.082					0.34	
				0.123					1.06
-0.084*	-0.068	1.030*	-0.022	0.123	-2.73	-0.69	3.68	-0.09	1.06

(*), (**) et (***) correspondent respectivement à des seuils de significativité de 1 %, 5 % et 10 %.

Les coefficients moyens des régressions transversales utilisant conjointement et directement l'ensemble des variables, incluant le modèle FF6F, ne sont généralement pas satisfaisants. Concernant la variable CB, les résultats sont cohérents avec les Panels A et B :

malgré un signe négatif maintenu, le coefficient devient significatif. Cependant, pour la variable B/M, son coefficient reste négatif et non significatif. Aucune amélioration n'est observée pour le coefficient ajusté de la variable OP, même lors d'un test conjoint avec d'autres variables, ce qui indique la persistance de sa significativité observée en régression univariée. L'amélioration du signe du coefficient de la variable Inv, observée depuis le Panel B, reste évidente. La variable Mom conserve son coefficient positif et non significatif, suggérant que le modèle pourrait « absorber » l'effet Mom.

À travers tous les modèles considérés, la méthodologie de Brennan *et al.* (1998) révèle que, même après ajustement pour le risque lié au modèle, certains effets persistent. Cela suggère que les coefficients ajustés des régressions transversales, estimés en utilisant conjointement et directement les variables incluses dans chaque modèle, ne sont pas satisfaisants. En d'autres termes, l'ajustement au risque utilisant les erreurs de *pricing* de l'ensemble des modèles concurrents semble incomplet, conduisant au rejet des modèles.

Conclusion

Ce chapitre a évalué les modèles de FF à trois, cinq et six facteurs (1993, 2015, 2018) sur le marché marocain, en appliquant la méthodologie des auteurs et en scindant l'analyse entre les séries chronologiques et les données en coupe transversale.

Synthèse des résultats en séries chronologiques

Notre investigation, basée sur des régressions en séries temporelles de portefeuilles construits par double tri, a produit plusieurs enseignements clés. Premièrement, les tests de *factor spanning* confirment le rôle central et indéniable du facteur Mkt, dont la constante reste significative au seuil de 1%. Si l'exclusion du facteur UMD préserve la significativité du facteur HML, un résultat qui diverge de FF (2015), son inclusion rend les facteurs HML et RMW redondants. Ceci suggère qu'UMD joue un rôle prépondérant aux côtés de Mkt. Les facteurs CMA et SMB apparaissent, quant à eux, systématiquement redondants.

Conformément à la littérature, le test GRS rejette globalement tous les modèles. Le MEDAF se classe comme le moins performant. Les comparaisons entre les modèles FF3F, FF5F et le modèle 3F (Mkt, HML, RMW) livrent des résultats mitigés, sans vainqueur clair selon les métriques statistiques. En revanche, le modèle de FF6F surpasse systématiquement ses concurrents en termes de R^2 ajusté moyen, avec des valeurs comprises entre 61 % et 68 %.

Synthèse des résultats en coupe transversale

Les tests de régression transversale menés dans ce chapitre apportent des informations supplémentaires sur le pouvoir explicatif du facteur β, des caractéristiques (CB, B/M, OP, Inv) et de la variable Mom. Nous avons analysé le rôle de chaque variable explicative à travers trois méthodologies différentes. En premier lieu, suivant les travaux de Fama et MacBeth (1973) et de FF (1992), nous avons régressé les rendements excédentaires mensuels des titres sur leurs *post-β* et sur leurs attributs calculés dans les modèles FF3F, FF5F et FF6F. Ensuite, nous avons remplacé les valeurs calculées des variables explicatives par leurs coefficients estimés, en utilisant des portefeuilles au lieu des titres individuels pour réduire les éventuelles erreurs d'estimation. Enfin, pour traiter « les erreurs dans les variables », nous avons opté pour la méthodologie de Brennan *et al.* (1998), qui consiste à calculer les rendements ajustés au risque (R_d) des titres, utilisés comme variables dépendantes dans les régressions transversales.

Les résultats obtenus avec les deux premières méthodologies suggèrent que le facteur n'explique pas de manière significative les rendements en coupe transversale sur le marché marocain, puisque son coefficient est non significatif. Ce constat adhère aux résultats de plusieurs études dans la littérature financière. L'absence du pouvoir explicatif du β pourrait être attribuée au problème d'« erreurs dans les variables » souvent associé à la méthodologie en deux étapes de Fama et MacBeth (1973). Ces erreurs persistantes à travers les régressions empêchent le facteur β de jouer correctement son rôle dans les différents modèles de rendement testés.

Le facteur Mom émerge comme la variable explicative la plus robuste, affichant une significativité constante, notamment dans les première et troisième méthodologies. À l'inverse, les caractéristiques traditionnelles (CB, B/M, OP et Inv) dans les trois modèles, FF3F, FF5F et FF6F, ne démontrent pas de pouvoir explicatif significatif et stable à travers les différentes approches méthodologiques.

Dans leur ensemble, ces résultats soulignent les limites des modèles factoriels standards à capturer pleinement la dynamique des rendements sur le marché marocain. Nos conclusions rejoignent celles d'études similaires menées sur d'autres marchés émergents, comme la Jordanie (Alrabadi & Alrabadi, 2018), l'Égypte (Ragab *et al.*, 2020) ou l'Indonésie (Foye & Valentinčič, 2020). Les spécificités de ces marchés (à savoir : asymétrie informationnelle, réglementation changeante, faible liquidité, volatilité élevée...) semblent restreindre la portée des modèles traditionnels.

Par conséquent, ce chapitre établit la nécessité impérieuse d'explorer au-delà des facteurs conventionnels. L'incapacité des modèles existants à expliquer de manière adéquate les rendements marocains appelle à l'identification de facteurs de risque plus pertinents et adaptés au contexte local. C'est précisément l'objectif du chapitre suivant, qui s'engage dans cette voie en proposant et testant de nouveaux facteurs afin de construire un modèle de valorisation d'actifs plus performant pour le marché marocain et, potentiellement, pour les marchés émergents en général.

Chapitre 4

Au-delà de Fama et French : exploration de nouveaux facteurs explicatifs

Bien que les modèles de FF (1993, 2015, 2018) puissent expliquer les rendements des titres sur différents marchés, leur vérification sur les marchés émergents présente encore un défi important. Les caractéristiques propres à ces marchés peuvent limiter le pouvoir explicatif de ces modèles. Il est donc essentiel d'identifier les variables les plus pertinentes susceptibles d'expliquer les rendements boursiers sur les marchés émergents. Pour ce faire, il serait judicieux d'explorer les anomalies boursières présentes sur ces marchés. Ce travail d'exploration peut révéler des informations significatives sur les facteurs explicatifs potentiels.

À la lumière de ces considérations et compte tenu des lacunes observées dans le MEDAF et les modèles de FF lors de nos tests précédents, il est donc pertinent de se demander quels facteurs de risque pourraient mieux expliquer les rendements boursiers sur le marché marocain. Ce chapitre a un double objectif. Premièrement, nous explorons les anomalies boursières qui sauraient nous éclairer sur les facteurs de risque impactant les rendements des titres marocains. En considérant le cadre de FF, nous nous focalisons sur les anomalies fondamentales. Nous ne testons pas l'anomalie Mom compte tenu de son rôle significatif dans l'explication de la rentabilité démontré dans nos tests précédents. Deuxièmement, en fonction des facteurs significatifs identifiés dans l'ensemble de nos analyses préalables, nous élaborons et comparons diverses combinaisons de facteurs pour déterminer celle qui explique le mieux les rendements boursiers marocains. L'objectif est d'approfondir notre compréhension des déterminants des rendements boursiers sur le marché marocain et de proposer un modèle offrant une meilleure capacité explicative de la rentabilité que les modèles conventionnels.

Section 1 : Analyse empirique des anomalies fondamentales

Cette section répond au premier objectif de ce chapitre : explorer les anomalies fondamentales susceptibles d'éclairer les facteurs de risque influençant les rendements des titres marocains. Son articulation se décline en trois temps : (1) la présentation des données et de la méthodologie empirique ; (2) une analyse univariée des rentabilités ; et (3) l'interprétation des résultats des régressions.

1. Données et méthodologie

Notre étude utilise des données de panel non équilibrées (*unbalanced panel data*) portant sur des entreprises marocaines non financières, sur la période allant de juillet 2001 à juin 2020. Les données ont été collectées à partir de la base Refinitiv ainsi que du site officiel de la Bourse de Casablanca. Après avoir exclu les sociétés présentant des données manquantes, l'échantillon final comprend 50 entreprises. Le nombre de firmes prises en compte dans l'échantillon s'accroît d'année en année, justifiant le recours à un échantillon en panel non équilibré. Ce choix méthodologique est motivé à la fois par le faible nombre d'actions cotées sur la Bourse marocaine et par la disponibilité des informations financières sur la période étudiée.

Selon FF (2008), à l'exception de la taille, nous respectons le décalage de 6 mois pour les variables. Les anomalies fondamentales utilisées dans les tests, de juillet t à juin de t+1, sont : effet taille, mesuré par le logarithme naturel de la CB en juin t ; effet B/M, mesuré par le logarithme naturel du ratio du B/M pour décembre t-1 divisé par la valeur de marché en décembre de t-1 ; effet P/E, mesuré par le ratio cours/bénéfice pour décembre t-1 ; effet P/CF, mesuré par le ratio cours/*cash flow* pour décembre t-1 ; effet P/S, mesuré par le ratio cours/ventes pour décembre t-1 ; effet D/E, mesuré par le ratio dette/capitaux propres pour décembre t-1. En suivant la méthodologie d'Akhtar (2021), nous définissons le rendement sur la période de détention (HPR, ci-après) comme le taux de rendement réalisé sur douze mois[34] par les investisseurs détenant une action à long terme. Le tableau 19 présente les statistiques descriptives de l'ensemble des variables étudiées.

Tableau 19 : Statistiques descriptives des variables dépendantes et indépendantes

Variables	Moyenne	Ecart-type
HPR	0.063	0.440
CB (millions DH)	5 980	17 500
B/M	0.636	0.477
P/E	18.673	29.754
P/CF	11.052	25.257
P/S	2.506	8.840
D/E	0.469	0.604

Conformément à Akhtar (2021), la relation entre les variables fondamentales et le HPR est spécifiée selon l'équation suivante :

$$HPR = \alpha + \beta_1 * CB + \beta_2 * B/M + \beta_3 * P/E + \beta_4 * P/CF + \beta_5 * P/S + \beta_6 * D/E + \varepsilon \quad (41)$$

avec,

α, la constante de l'équation,

$\beta_1, \beta_2, \beta_3, \beta_4, \beta_5, \beta_6$, les coefficients des six variables fondamentales (CB, B/M, P/E, P/CF, P/S et D/E, respectivement),

ε , le terme d'erreur de l'équation.

Comme le soulignent Jaffe *et al.* (1989), les études appliquant l'approche ANOVA ne fournissent pas d'estimations ponctuelles des relations statistiques, des analyses plus approfondies sont nécessaires. L'analyse de régression est couramment utilisée pour valider les résultats obtenus par l'approche par portefeuille et pour

[34] De nombreuses études privilégient l'utilisation d'une stratégie *long-short* (Lakonishok *et al.* 1994 ; Bird & Casavecchia, 2007 ; Akhtar, 2021). Cependant, la durée de détention n'est pas spécifiée.

appréhender une relation complexe que cette dernière ne permet pas de révéler (Cakici *et al.*, 2017). Par conséquent, nous mettons en œuvre une analyse de régression visant à estimer les coefficients des indicateurs fondamentaux affectant les rendements marocains. Notre approche repose sur trois méthodologies complémentaires.

Nous appliquons d'abord la procédure de Fama et MacBeth (1973), méthode de référence dans la littérature financière. À l'instar d'Akhtar (2021), nous adoptons ensuite deux approches : le modèle à effets fixes et la méthodologie des moments généralisés en système (SGMM) de Blundell et Bond (1998)[35] pour les panels dynamiques. Cette dernière méthode permet de pallier les limitations des MCO tout en traitant efficacement les données de panel non équilibrées. Pour contrôler la prolifération des instruments, nous utilisons la commande Stata « *xtabond2* » de Roodman (2009).

2. Analyse univariée des rentabilités

Le tableau 20 présente les rendements mensuels moyens pour les quatre groupes de titres classés selon les six variables fondamentales. Lors de la construction du portefeuille, les entreprises sont classées dans l'un des quatre groupes à partir des six indicateurs, et ce, indépendamment, à la fin de juin de chaque année. Le groupe 1 comprend les actions ayant les valeurs d'indicateur les plus faibles, tandis que le groupe 4 comprend celles ayant la valeur d'indicateur la plus élevée.

Dans le panel A, les petites actions réalisent des rendements plus élevés que les grandes actions avec une différence négative de 14,25 % par mois entre les premiers et derniers quartiles. Ce résultat confirme la relation négative entre les rendements boursiers et la taille. Cependant, la valeur n'est pas statistiquement significative. Nos résultats sont cohérents avec ceux rapportés par Kyriazis et

[35] La méthodologie SGMM, développée par Arellano et Bond (1991), constitue une approche efficace pour prendre en compte les problèmes d'endogénéité et d'hétérogénéité.

Diacogiannis (2007), Abrokwa et Nkansah (2015), ainsi qu'Abd-Alla et Sobh (2020).

À partir des portefeuilles constitués sur la base du ratio B/M, les résultats montrent que les titres à haut ratio surperforment considérablement ceux à faible ratio, avec un écart de 12,63 % par mois entre les deux groupes extrêmes. La relation positive entre les rendements et le ratio B/M est confirmée, la différence de rendements étant statistiquement significative. Ce résultat est cohérent avec les conclusions du chapitre 3, section 1. Par ailleurs, l'effet B/M est un phénomène persistant et largement documenté sur les marchés développés et émergents (FF, 1993, 2015, 2017 ; Novy-Marx, 2013 ; Cox & Britten, 2019).

Dans le panel C, les entreprises à faible P/E gagnent une prime de 23,14 % par rapport aux entreprises à haut P/E, ce qui souligne la relation négative entre cet indicateur et le rendement boursier. De plus, la différence entre les rendements des deux portefeuilles extrêmes est statistiquement significative.

En ce qui concerne les portefeuilles classés selon le ratio P/CF dans le panel D, la relation négative entre les rendements des actions et ce ratio est confirmée : les entreprises à faible P/CF surperforment celles ayant un ratio élevé, avec une différence statistiquement significative de 18,33 % par mois.

Contrairement à Cakici *et al.* (2017), l'effet P/E occupe la première position puisque l'écart de rendement le plus important entre les quartiles supérieur et inférieur est observé lorsque les actions sont classées selon leur ratio P/E, suivi du ratio P/CF, puis du ratio B/M.

Tableau 20 : Rendements moyens des portefeuilles de titres classées en quartiles selon les six caractéristiques : CB, B/M, P/E, P/CF, P/S et D/E

Panel A : Classement par la CB

Portefeuilles	1	2	3	4	4-1
Rendement moyen	0.224*	0.168*	0.178*	0.082	-0.143
t-statistique	2.213	2.274	3.108	1.750	-1.720

Panel B : Classement par le ratio B/M

Portefeuilles	1	2	3	4	4-1
Rendement moyen	0.068	0.094	0.179*	0.195*	0.126*
t-statistique	1.531	1.488	2.342	2.831	2.156

Panel C : Classement par le ratio P/E

Portefeuilles	1	2	3	4	4-1
Rendement moyen	0.223*	0.103	0.103	-0.009	-0.231*
t-statistique	2.884	1.636	1.886	-0.151	-3.155

Panel D : Classement par le ratio P/CF

Portefeuilles	1	2	3	4	4-1
Rendement moyen	0.196*	0.161*	0.151*	0.012	-0.183*
t-statistique	3.826	2.508	2.211	0.199	-2.714

Panel E : Classement par le ratio P/S

Portefeuilles	1	2	3	4	4-1
Rendement moyen	0.264*	0.147*	0.014	0.091	-0.173*
t-statistique	4.151	2.211	0.221	1.857	-3.687

Panel F : Classement par le ratio D/E

Portefeuilles	1	2	3	4	4-1
Rendement moyen	0.094*	0.115*	0.126*	0.026	-0.067
t-statistique	2.074	2.238	2.450	0.402	-1.295

*$p < 0.05$

Les résultats du panel E révèlent la relation significativement négative entre le ratio P/S et les rendements boursiers. Conformément à Öztürk et Karabulut (2020), les entreprises affichant un faible ratio P/S génèrent des rendements supérieurs à ceux des entreprises avec un ratio élevé. De plus, l'écart de rendement entre le premier et le dernier quartile présente une valeur statistiquement significative de 17,28 % par mois.

Enfin, la différence de rendements anormaux entre les deux groupes extrêmes pour la variable d'endettement (D/E) est surprenante. Sa valeur montre un signe négatif inattendu, impliquant une association inverse entre le ratio de levier et les rendements boursiers. De plus, cette valeur n'est pas statistiquement significative. Ces résultats sont en accord avec ceux rapportés sur le marché boursier de Karachi (Shabib-ul-Hasan *et al.*, 2015 ; Mustafa *et al.*, 2017).

3. Résultats de régressions

Dans la continuité des enseignements tirés de l'analyse de portefeuille univariée présentée précédemment, nous présentons désormais les résultats obtenus à l'aide de trois méthodologies de régression distinctes. Chaque méthodologie offre une perspective unique sur le pouvoir explicatif des facteurs fondamentaux dans la variation des rendements boursiers. En comparant et en confrontant les résultats issus de ces approches, nous visons à obtenir une compréhension plus robuste et approfondie des éventuelles anomalies sur le marché marocain.

3.1. Régression de Fama et MacBeth (1973)

Nous effectuons des régressions transversales pour les titres individuels sur une base mensuelle de juillet 2001 à juin 2020. Dans ces régressions, les rendements excédentaires mensuels des titres sont expliqués par rapport à diverses caractéristiques fondamentales des entreprises. Nous réalisons des régressions qui considèrent un facteur à la fois (régressions monofactorielles), ainsi que des régressions combinant deux, trois, quatre, cinq et six facteurs (régressions multifactorielles). Les résultats des régressions monofactorielles (Panel A) et des diverses combinaisons multifactorielles (Panel B) sont présentés dans le tableau 21.

En analysant la significativité statistique des coefficients de chaque caractéristique fondamentale dans le tableau 21, nous pouvons évaluer la présence d'un effet potentiel dans le contexte marocain. Par la suite, nous pouvons identifier les variables qui jouent le rôle le plus prépondérant dans l'explication des rendements boursiers sur ce marché. Sur la base des résultats du tableau 21, nous pouvons classer les effets fondamentaux selon leur présence, allant d'une très faible présence à une présence prononcée :

- Très faible présence : les variables CB et P/CF affichent le plus faible pouvoir explicatif des rendements des actions. Bien que les signes négatifs des coefficients de la CB, dans la plupart des cas, soient cohérents avec l'effet taille attendu (les petites entreprises surperforment les grandes), la CB ne génère qu'un seul coefficient statistiquement significatif (au seuil de 10 %). De même, le facteur P/CF présente également un seul coefficient significatif, mais avec un signe positif inattendu, en contradiction avec la littérature existante. La faible significativité globale suggère que ces fondamentaux pourraient ne pas être aussi influents pour expliquer les rendements dans le contexte marocain.
- Présence modérée : les ratios B/M et D/E montrent une influence légèrement plus forte que CB et P/CF. Le ratio B/M présente quatre coefficients significatifs, dont deux au seuil de 5 % et les deux autres au seuil de 10 %. Les signes positifs de ces coefficients suggèrent la présence d'un effet B/M faible. En revanche, le ratio D/E montre quatre coefficients significatifs uniquement au seuil de 10 %, tout en affichant le signe positif attendu.

Tableau 21 : Résultats des régressions de Fama et Macbeth (1973)

β_{lnCB}	$\beta_{lnB/M}$	$\beta_{P/E}$	$\beta_{P/CF}$	$\beta_{P/S}$	$\beta_{D/E}$	$t(\beta_{lnCB})$	$t(\beta_{lnB/M})$	$t(\beta_{P/E})$	$t(\beta_{P/CF})$	$t(\beta_{P/S})$	$t(\beta_{D/E})$
Panel A : régressions monofactorielles											
-0.0018						-1.85					
	0.0055						2.22				
		-0.0002***						-1.84			
			0.0000						0.06		
				-0.0011						-1.57	
					0.0011						0.32
Panel B : régressions multifactorielles											
-0.0015	0.0037					-1.15	1.05				
-0.0015		-0.0002***				-1.54		-1.76			
-0.0012			0.0000			-1.19			-0.1		
-0.001				-0.0017**		-0.95				-2.12	
-0.0011					0.001	-1.05					0.28
	0.0052***	-0.0002					1.95	-1.13			
	0.0036		-0.0001				1.43		-0.27		
	0.0057**			-0.0009			2.1			-1.17	
	0.0041				0.0006		1.61				0.18
		-0.0002	0.0000					-1.47	-0.03		
		-0.0002		-0.0007				-1.51		-0.98	
		-0.0003**			0.0059			-2.16			1.29
			0.0002	-0.0015**					0.51	-2.14	
			0.0003		0.0027				1.12		0.8
				-0.0008	0.0004					-1.15	0.12
-0.0017	0.0026	-0.0002				-1.19	0.67	-1.21			
-0.0012	0.0018		-0.0001			-0.9	0.5		-0.3		
-0.0008	0.0041			-0.0014		-0.55	1.08			-1.55	
-0.0013	0.0022				0.0005	-0.89	0.59				0.12
-0.0008		-0.0002	-0.0001			-0.83		-1.3	-0.31		
-0.0009		-0.0002		-0.0015		-0.84		-1.2		-1.63	
-0.0001		-0.0003**			0.0068	-0.09		-2.16			1.25
-0.0005			0.0001	-0.0022*		-0.44			0.3	-2.59	
-0.0005			0.0002		0.0033	-0.4			0.6		0.89
-0.0003				-0.0015***	0.0011	-0.26				-1.89	0.3
	0.0027	-0.0001	-0.0002				1.02	-0.73	-0.57		
	0.0056***	-0.0002		-0.0004			1.93	-1.11		-0.5	
	0.0036	-0.0002			0.0063		1.31	-1.53			1.34
	0.0036		0.0001	-0.0015***			1.2		0.29	-1.89	
	0.0022		0.0002		0.0024		0.88		0.65		0.69
	0.0033			-0.0007	0.0006		1.16			-0.9	0.16
		-0.0002	0.0002	-0.0013***				-1.03	0.49	-1.7	
		-0.0003**	0.0004		0.0094***			-2.14	1.6		1.92
		-0.0003**		-0.0001	0.0073			-2.07		-0.16	1.58
			0.0004	-0.0012***	0.0015				1.36	-1.7	0.44
-0.0013	0.0003	-0.0001	-0.0002			-0.92	0.08	-0.82	-0.67		
-0.001	0.0032	-0.0002		-0.001		-0.71	0.79	-0.97		-0.97	
-0.0002	0.0026	-0.0002			0.0069	-0.13	0.67	-1.62			1.25
-0.0006	0.0019		0.0000	-0.0020**		-0.39	0.47		0.08	-2.26	
-0.001	0.0003		0.0001		0.0018	-0.63	0.09		0.53		0.44
-0.0006	0.0019			-0.0011	0.0004	-0.37	0.47			-1.22	0.1
-0.0002		-0.0001	0.0000	-0.0021**		-0.16		-0.65	0.13	-2.27	
0.0005		-0.0003**	0.0002		0.0103***	0.4		-1.99	0.73		1.83
0.0005		-0.0003***		-0.001	0.0084	0.43		-1.85		-1.07	1.55
0.0001			0.0003	-0.0020**	0.0026	0.11			0.91	-2.37	0.7
	0.0031	-0.0001	0.0000	-0.0011			1.03	-0.57	0.08	-1.29	
	0.0019	-0.0002	0.0002		0.0097**		0.68	-1.44	0.94		1.97
	0.003	-0.0003***		0.0002	0.008		0.99	-1.65		0.16	1.63
	0.0013		0.0003	-0.0014***	0.0013		0.42		0.85	-1.85	0.37
		-0.0003	0.0005***	-0.0005	0.0081			-1.58	1.73	-0.65	1.63
-0.0007	0.0007	-0.0001	-0.0001	-0.0018***		-0.46	0.16	-0.45	-0.23	-1.76	
0.0001	0.0011	-0.0002	0.0002		0.0105***	0.09	0.26	-1.49	0.64		1.82
0.0004	0.0028	-0.0003		-0.0004	0.0088	0.22	0.66	-1.55		-0.4	1.59
-0.0004	0.0000		0.0003	-0.0019**	0.0014	-0.23	0		0.79	-2.12	0.35
0.0009		-0.0002	0.0003	-0.0015	0.0089	0.71		-1.25	1.01	-1.62	1.64
	0.0011	-0.0002	0.0003	-0.0007	0.0082		0.37	-1.07	1.04	-0.75	1.62
0.0005	0.0007	-0.0002	0.0003	-0.0013	0.009	0.27	0.15	-0.95	0.8	-1.36	1.63

(*), (**) et (***) correspondent respectivement à des seuils de significativité de 1 %, 5 % et 10 %.

- Présence : le ratio P/E démontre un pouvoir explicatif supérieur. Il présente huit coefficients significatifs, dont cinq au seuil de 5 % et les trois autres au seuil de 10 %. Les signes négatifs de tous les coefficients indiquent que les actions à faible P/E ont tendance à surperformer.
- Présence prononcée : le ratio P/S se révèle être le facteur le plus déterminant parmi ceux analysés. Il affiche treize coefficients significatifs, dont sept au seuil de 5 % et les six autres au seuil de 10 %. Il est important de noter que tous les coefficients du P/S présentent un signe négatif, confirmant ainsi son effet sur le marché marocain (les actions avec un faible ratio P/S tendent à surperformer).

Ces résultats suggèrent que les fondamentaux traditionnels, à savoir CB et le ratio B/M, pourraient ne pas être aussi efficaces pour expliquer les rendements boursiers dans le contexte marocain, comparativement à d'autres fondamentaux. Le ratio P/E montre une influence plus modérée, tandis que le ratio P/S s'impose comme le facteur le plus dominant pour expliquer les variations de rendement des titres.

Cette analyse constitue une première étape dans la compréhension des facteurs affectant les rendements boursiers sur le marché marocain, mais elle ne saurait permettre de tirer des conclusions définitives. L'utilisation de diverses méthodes statistiques lors de nos prochaines étapes d'analyse nous permet d'examiner l'intensité et les tendances des liens entre les attributs fondamentaux et les rendements boursiers.

3.2. Régression de panel à effets fixes

Les résultats du tableau 22 se basent sur une analyse de régression de panel à effets fixes, où le HPR des titres est la variable dépendante avec des erreurs types robustes [36]. Comme l'ont indiqué FF (2008),

[36] Nous utilisons l'estimateur de White pour la variance des erreurs afin d'ajuster le modèle à l'hétéroscédasticité.

l'analyse de régression a le pouvoir d'identifier les effets des anomalies sur les rendements boursiers. En effectuant une régression de panel à effets fixes, nous nous concentrons particulièrement sur les coefficients de régression des variables fondamentales. Conformément aux travaux d'Akhtar (2021), nous prenons en compte les problèmes de cycle économique en incluant des effets fixes annuels dans le modèle.

Les résultats de régression dans le tableau 22 montrent que la statistique F est significative. Ce résultat souligne la stabilité et la fiabilité de notre modèle.

Tableau 22 : Résultats du modèle à effets fixes

	Coefficient	t-statistique	Nombre des Groupes	50
CB	-0.0631	-1.25	Observations	675
B/M	0.1397*	2.93	F-statistique	10.84
P/E	-0.0016*	-3.38	Significativité F	0
P/CF	-0.0005***	-1.86	R^2	0.2875
P/S	0.0051*	3.62	Effet fixe année	Oui
D/E	-0.0011	-0.02	Nombre des Groupes	50
α	1.2453	1.25		

(*), (**) et (***) correspondent respectivement à des seuils de significativité de 1 %, 5 % et 10 %.

En ce qui concerne l'effet taille, le coefficient de la variable CB présente le signe négatif attendu, impliquant que les petites actions surperforment les grandes actions. Cependant, elle n'est pas statistiquement significative. L'absence d'effet taille est également documentée sur différents marchés émergents tels qu'Athènes (Kyriazis & Diacogiannis, 2007), le Ghana (Acheampong *et al.*, 2014 ; Abrokwa & Nkansah, 2015) et l'Egypte (Abd-Alla & Sobh, 2020)

Le ratio B/M montre une relation significativement positive avec les rendements boursiers, impliquant que les actions à haut B/M ont des rendements supérieurs à celles à bas B/M. Comme le soulignent plusieurs chercheurs, la dominance de l'effet B/M sur l'effet taille est évidente sur les marchés émergents (FF, 2012 ; Barry *et al.*, 2002 ; Eraslan, 2013).

Concernant le ratio P/E, son coefficient indique la relation significativement négative avec les rendements boursiers. Les entreprises à faible P/E surperforment les entreprises à haut P/E, ce qui est cohérent avec la littérature. Liu *et al.* (2019) concluent que l'effet E/P est économiquement et statistiquement significatif, et qu'il est le meilleur indicateur capturant l'effet *value* en Chine.

La variable P/CF présente le signe négatif attendu et est significative au seuil de 10 %. Ces résultats suggèrent que les entreprises avec un faible ratio P/CF enregistrent généralement des rendements plus élevés. Des conclusions similaires sont rapportées par Akhtar et Rashid (2015), qui mettent en évidence une relation négative et significative entre le ratio P/CF et les rendements des actions sur le marché boursier pakistanais.

Concernant le ratio P/S, les résultats sont surprenants. Le coefficient associé au ratio P/S est significatif, mais affiche un signe positif inattendu, ce qui suggère que les actions avec un ratio P/S élevé surperforment celles avec un ratio faible. Cette observation est cohérente avec les résultats de l'étude d'Akhtar (2021). Sur le marché boursier iranien, Rahmani *et al.* (2006) examinent séparément l'effet du ratio S/P au fil des ans et mettent en évidence une relation négative, indiquant ainsi un effet inverse, pendant quatre années consécutives. Comme le notent Konijn *et al.* (2011) dans leur étude, les divergences dans la relation entre les rendements boursiers et les fondamentaux selon les marchés peuvent être influencées par les caractéristiques institutionnelles et régionales propres à ces marchés financiers.

Le coefficient de la variable D/E présente un signe négatif inattendu, ce qui est en contradiction avec l'effet D/E présenté par Bhandari (1988). Nos résultats sont en harmonie avec les conclusions de Harris et Raviv (1991) et de Penman *et al.* (2007). Cependant, dans notre cas, le coefficient reste statistiquement non significatif.

3.3. Résultats du modèle de panel dynamique

Les résultats d'estimation par la méthode SGMM des rendements boursiers marocains sont présentés dans le tableau 23. Dans la spécification SGMM, le HPR décalé est traité comme une variable endogène. Ainsi, notre modèle de base est estimé à l'aide de l'équation 41, qui inclut le HPR décalé comme terme supplémentaire. Conformément à la littérature, la robustesse des résultats est avérée sous réserve de deux conditions : l'absence d'autocorrélation du second ordre dans les résidus et la validité des instruments utilisés.

Tableau 23 : Résultats du modèle dynamique

	Coefficient	t-statistique
HPR_{t-1}	0.0445	1.15
CB	-0.0080	-0.44
B/M	0.1113*	2.65
P/E	-0.0010*	-2.66
P/CF	-0.0009*	-3.09
P/S	0.0015***	1.94
D/E	0.0242	0.4
α	0.3041	0.82

Nombre des Groupes	50
Observations	625
Hansen test	0.179
AR (2)	0.112
F-statistique	8.75
Significativité F	0

(*), (**) et (***) correspondent respectivement à des seuils de significativité de 1 %, 5 % et 10 %.

Le tableau 23 indique une absence notable d'autocorrélation du second ordre puisque la p-valeur de AR (2) est élevée, 0,112. De plus, le test de Hansen de restriction de sur-identification présente une *p-value* élevée (0,179), indiquant que l'hypothèse nulle de « validité des instruments » ne peut être rejetée. En outre, en ce qui concerne la significativité de la statistique F, notre modèle de panel dynamique est fiable et stable.

Dans l'ensemble, les résultats du tableau 23 confirment ceux de l'analyse précédente concernant la régression à effets fixes. Le coefficient de la variable de taille reste non significatif. Par ailleurs, les résultats du modèle dynamique confirment la présence de l'effet B/M avec un coefficient significativement positif. Concernant le

P/E, son effet reste prononcé puisque le coefficient conserve le signe négatif significatif attendu. La variable P/CF maintient également le signe négatif attendu et s'avère significative au seuil de 5 %. Comme souligné précédemment dans la régression à effets fixes, l'effet inverse du P/S reste marqué par un signe positif significatif du coefficient. Quant à l'effet D/E, le signe du coefficient devient positif, mais sa valeur reste statistiquement non significative.

Section 2 : Facteurs pertinents : construction d'un modèle multifactoriel alternatif

S'appuyant sur les facteurs significatifs identifiés dans les analyses préalables, cette section vise à atteindre le deuxième objectif de ce chapitre : approfondir la compréhension des déterminants des rendements boursiers sur le marché marocain. L'ambition finale est de proposer un modèle surpassant en performance les modèles standards d'évaluation des actifs financiers. Pour ce faire, nous présentons dans un premier temps les données et la méthodologie employée. Dans un second temps, nous exposons les résultats empiriques, en commençant par les statistiques descriptives pour poursuivre avec les tests de *factor spanning* et conclure par une analyse comparative.

1. Positionnement méthodologique

Les analyses empiriques menées au Chapitre 3 ayant mis en évidence la difficulté d'appliquer les modèles de FF au marché marocain, il est apparu essentiel d'identifier des facteurs plus pertinents. Les combinaisons classiques des facteurs FF laissent une part importante de la variation des rendements des actions inexpliquée. Il est donc essentiel d'identifier des facteurs plus pertinents capables de capturer la variation des rendements des actions marocaines.

Comme présenté dans la section précédente, notre démarche a débuté par une exploration systématique des effets potentiels sur le marché marocain, permettant d'identifier un ensemble de facteurs prometteurs. Cette première phase étant achevée, nous nous concentrons désormais dans cette section sur les facteurs ayant démontré un pouvoir explicatif constant lors de nos tests empiriques.

Plus précisément, nous retenons uniquement les facteurs les plus pertinents pour la suite de notre analyse. Conformément aux résultats du chapitre 3, nous excluons les facteurs SMB et CMA en raison de leur redondance avérée. De même, l'effet D/E n'est pas retenu, son absence statistique dans les rendements marocains ayant été établie.

Outre le facteur Mkt, nous examinons les facteurs HML, RMW et UMD, ainsi que les primes de risque associées aux effets P/E, P/CF et P/S. La construction de ces facteurs s'apparente à celle des facteurs HML, RMW et UMD. Les portefeuilles sont définis indépendamment selon la taille et chacune des trois caractéristiques fondamentales (P/E, P/CF ou P/S) sur la base de tris 2x2. Le facteur de risque lié aux ratios P/E, P/CF ou P/S, respectivement désigné LMH_{PE}, LMH_{PCF} et LMH_{PS}, est estimé mensuellement comme la moyenne des rendements des portefeuilles SL et BL (ratio faible - *Low*) moins la moyenne des rendements des portefeuilles SH et BH (ratio élevé-*High*).

2. Quels facteurs expliquent la variation des rentabilités des titres marocains ?

La réponse à cette question repose sur une analyse comparative, dont les résultats sont détaillés successivement.

2.1. Statistiques descriptives

Le tableau 24 présente les statistiques descriptives des rendements des facteurs. Le panel A fournit les statistiques descriptives des facteurs étudiés, tandis que le panel B regroupe la matrice de corrélation entre l'ensemble des facteurs considérés.

Comme mentionné précédemment au chapitre 3, les primes mensuelles moyennes des facteurs HML et UMD sont économiquement et statistiquement significatives. En outre, nous avons constaté que les primes mensuelles moyennes des trois facteurs potentiels (LMH_{PE}, LMH_{PCF} et LMH_{PS}) sont également significatives sur les plans économique et statistique pour la période 2002-2020. Parmi les sept facteurs analysés, UMD génère le rendement moyen le plus élevé, suivi des facteurs LMH_{PS}, LMH_{PCF}, LMH_{PE} et HML.

Tableau 24 : Quelques statistiques descriptives des variables explicatives

Panel A : Statistiques descriptives

Facteurs	Moyenne (%)	Ecart-type (%)	t-statistique
Mkt	-1.7725	4.94413	-5.2688
HML	0.7978**	5.88671	1.9919
RMW	0.4095	6.24408	0.9639
UMD	1.4162*	5.65349	3.6816
LMH_{PE}	0.9589**	5.7949	2.4319
LMH_{PCF}	0.9614*	5.3041	2.6638
LMH_{PS}	1.1106*	5.6617	2.8828

(*), (**) et (***) correspondent respectivement à des seuils de significativité de 1 %, 5 % et 10 %.

Panel B : Matrice de corrélation

	Mkt	HML	RMW	UMD	LMH_{PE}	LMH_{PCF}	LMH_{PS}
Mkt	1						
HML	-0.0574	1					
RMW	0.0971	-0.1591*	1				
UMD	0.0344	0.1371*	0.4788*	1			
LMH_{PE}	0.0555	0.1475*	0.4729*	0.4641*	1		
LMH_{PCF}	-0.0682	0.38*	0.3088*	0.234*	0.4227*	1	
LMH_{PS}	0.0434	0.5267*	0.3229*	0.3428*	0.5423*	0.633*	1

*p<0.05

Le facteur LMH_{PS} présente des corrélations positives plus fortes avec les facteurs LMH_{PCF}, LMH_{PE}. Le facteur HML affiche la corrélation la plus élevée, à savoir 0,53, avec le LMH_{PS}, par rapport aux autres facteurs. Par ailleurs, le facteur UMD montre une corrélation élevée de 0,48 avec RMW et de 0,46 avec LMH_{PE}.

2.2. Tests de *factor spanning*

Nous utilisons des tests de *factor spanning* comme étape initiale pour détecter d'éventuels facteurs redondants. Ces tests consistent en des régressions de chaque facteur sur les autres facteurs. La constante de la régression représente la prime moyenne non expliquée par l'exposition aux autres facteurs. Comme le soulignent FF (2015) et Barillas et Shanken (2017), un facteur dont la constante est non significative est redondant et peut être exclu des variables explicatives (RHS), puisque sa prime est capturée par les autres facteurs du modèle.

Conformément à la méthodologie d'Ali et Ülkü (2021), notre approche est itérative. Tout d'abord, nous analysons individuellement tous les facteurs pris en compte dans les tableaux 25 et 26. Après avoir éliminé les facteurs redondants, nous entamons une recherche systématique des combinaisons les plus parcimonieuses, en commençant par celles composées de deux facteurs (Tableau 27), puis de trois facteurs (Tableau 28). L'objectif est d'identifier une liste restreinte de modèles candidats comprenant des facteurs qui ne sont pas *spanned.* Bien que nous ayons exploré toutes les combinaisons possibles, qui sont nombreuses, nos tableaux omettent les combinaisons clairement dominées et se concentrent sur les plus prometteuses.

Le tableau 25 présente les régressions pour chaque facteur individuel sur les autres facteurs. Dans la régression du facteur Mkt, la constante, c'est-à-dire le rendement moyen non expliqué par son exposition aux facteurs HML, RMW, UMD, LMH_{PE}, LMH_{PCF} et LMH_{PS}, est statistiquement significative au seuil de 1 %. De même, dans la régression pour expliquer UMD, la constante est économiquement importante et statistiquement significative (2,57 écarts-types au-dessus de zéro). Cependant, les résultats montrent que les facteurs HML, RMW, LMH_{PE}, LMH_{PCF} et LMH_{PS} sont individuellement capturés par leur exposition aux facteurs explicatifs. Des tests supplémentaires excluant le facteur UMD des variables explicatives produisent des constantes statistiquement significatives pour les facteurs LMH_{PE} et LMH_{PS} (Tableau 26), indiquant que les primes associées aux ratios P/E et P/S sont expliquées par leur exposition au facteur UMD. Néanmoins, dans les deux régressions, le R^2 ajusté reste remarquablement faible, indiquant que les facteurs LMHPE et LMHPS contiennent des informations uniques.

La forte corrélation significative entre LMH_{PS} et chacun des facteurs HML et LMH_{PCF} est susceptible d'affecter le pouvoir explicatif de ces deux facteurs. L'exclusion de HML ou de LMH_{PCF}

de la régression LMH_{PS} n'affecte pas la significativité de la constante de LMH_{PS}. De plus, étant donné que RMW est fortement et significativement corrélé avec UMD, LMH_{PE}, LMH_{PCF} et LMH_{PS}, son pouvoir explicatif pourrait être absorbé. La présence ou l'absence de RMW n'affecte en aucun cas la significativité de la constante de ces facteurs.

Tableau 25 : Tests de factor spanning

Dépendants↓	Constante	Mkt	HML	RMW	UMD	LMH_{PE}	LMH_{PCF}	LMH_{PS}	R^2 Ajusté
Mkt	-0.017*		-0.044	0.076	-0.021	0.02	-0.163***	0.128	0.003
	(-4.82)		(-0.59)	-1.05	(-0.3)	-0.26	(-1.93)	-1.35	
HML	0	-0.038		-0.397*	0.161**	-0.101	0.173**	0.600*	0.513
	-0.07	(-0.59)		(-6.47)	-2.4	(-1.4)	-2.21	-7.63	
RMW	-0.003	0.07	-0.421*		0.368*	0.203*	0.212*	0.224*	0.464
	(-0.74)	-1.05	(-6.47)		-5.65	-2.78	-2.64	-2.49	
UMD	0.012**	-0.019	0.167**	0.361*		0.266*	-0.1	0.033	0.531
	-2.57	(-0.3)	-2.4	-5.65		-3.73	(-1.24)	-0.37	
LMH_{PE}	0.005	0.016	-0.093	0.176**	0.235*		0.112	0.397*	0.23
	-0.35	-0.26	(-1.4)	-2.78	-3.73		-1.48	-4.91	
LMH_{PCF}	0.001	-0.108***	0.132**	0.152*	-0.073	0.093		0.443*	0.6
	-0.39	(-1.93)	-2.21	-2.64	(-1.24)	-1.48		-6.21	
LMH_{PS}	0.009	0.067	0.363*	0.128**	0.019	0.261*	0.352*		0.19
	-0.88	-1.35	-7.63	-2.49	-0.37	-4.91	-6.21		

(*), (**) et (***) correspondent respectivement à des seuils de significativité de 1 %, 5 % et 10 %.

En effet, les résultats des tests de *factor spanning* suggèrent que les facteurs Mkt, UMD, LMH_{PE} et LMH_{PS} sont des facteurs prometteurs apportant une information unique sur les rendements moyens.

Par la suite, nous testons si les modèles parcimonieux à deux facteurs - composés du facteur Mkt et de l'un des facteurs UMD, LMH_{PE} ou LMH_{PS} - suffisent à expliquer les rendements moyens des cinq autres facteurs.

Tableau 26 : Tests de factor spanning en excluant le facteur UMD

Dépendants ↓	Constante	Mkt	HML	RMW	LMH_{PE}	LMH_{PCF}	LMH_{PS}	R^2 Ajusté
Mkt	-0.017*		-0.047	0.068	0.015	-0.161***	0.127	0.008
	(-4.98)		(-0.65)	(1.02)	(0.2)	(-1.92)	(1.34)	
HML	0.002	-0.042		-0.348*	-0.060	0.162**	0.622*	0.480
	(0.5)	(-0.65)		(-5.95)	(-0.85)	(2.05)	(7.87)	
RMW	0.001	0.072	-0.414*		0.347*	0.202**	0.273*	0.459
	(0.2)	(1.02)	(-5.95)		(4.73)	(2.35)	(2.83)	
LMH_{PE}	0.013***	0.012	-0.057	0.278*		0.095	0.431*	0.200
	(1.74)	(0.2)	(-0.85)	(4.73)		(1.22)	(5.22)	
LMH_{PCF}	0.001	-0.107***	0.121**	0.127**	0.074		0.443*	0.552
	(0.18)	(-1.92)	(2.05)	(2.35)	(1.22)		(6.21)	
LMH_{PS}	0.023**	0.067	0.367*	0.135*	0.266*	0.350*		0.150
	(1.98)	(1.34)	(7.87)	(2.83)	(5.22)	(6.21)		

(*), (**) et (***) correspondent respectivement à des seuils de significativité de 1 %, 5 % et 10 %.

Le panel A du tableau 27 présente les résultats des régressions de séries temporelles de chaque facteur sur les facteurs Mkt et LMH_{PE}. Les facteurs UMD, LMH_{PCF} et LMH_{PS} conservent des constantes statistiquement significatives, indiquant que le facteur LMH_{PE} contribue peu à capturer la prime de ces facteurs. Lorsque les facteurs sont régressés sur Mkt et LMH_{PS} (panel B), nous obtenons des constantes non significatives pour l'ensemble des facteurs considérés, à l'exception du facteur UMD. Il est à noter que, dans les deux cas (Panel A et Panel B), la constante liée à la régression du facteur UMD reste significative, confirmant l'information importante capturée par le facteur. Les deux modèles à deux facteurs, qui ajoutent soit le facteur LMH_{PS}, soit le facteur UMD (Panel C) au facteur Mkt, performent de manière identique en termes de nombre de constantes restant significatives. Inversement, le facteur UMD contribue peu à capter la prime du facteur LMH_{PS}. Les résultats des tests de *factor spanning* indiquent donc que le modèle optimal devrait être recherché parmi les combinaisons de trois facteurs parmi Mkt, UMD, LMH_{PS} et LMH_{PE}.

Tableau 27 : Régressions d'un modèle à deux facteurs pour expliquer les rendements mensuels des cinq autres facteurs

Panel A :

	HML	RMW	UMD	LMH_{PCF}	LMH_{PS}
Constante	0.006	0.001	0.010*	0.004**	0.006***
	(1.39)	(0.2)	(2.72)	(1.78)	(1.8)
Mkt	-0.080	0.090	0.010	-0.099	0.015
	(-0.97)	(1.18)	(0.14)	(-1.49)	(0.23)
LMH_{PE}	0.157*	0.505*	0.452*	0.392*	0.529*
	(2.23)	(7.78)	(7.63)	(6.91)	(9.39)
R^2	0.017	0.221	0.208	0.179	0.288

Panel B :

	HML	RMW	UMD	LMH_{PCF}	LMH_{PE}
Constante	0.001	0.002	0.011*	0.001	0.004
	(0.26)	(0.46)	(2.74)	(0.4)	(1.14)
Mkt	-0.098	0.105	0.022	-0.103***	0.038
	(-1.39)	(1.29)	(0.3)	(-1.82)	(0.56)
LMH_{PS}	0.563*	0.352*	0.341*	0.597*	0.554*
	(9.14)	(4.94)	(5.31)	(12.09)	(9.39)
R^2	0.277	0.103	0.110	0.404	0.289

Panel C :

	HML	RMW	LMH_{PS}	LMH_{PCF}	LMH_{PE}
Constante	0.006	-0.002	0.007***	0.005	0.004
	(1.25)	(-0.39)	(1.74)	(1.32)	(0.96)
Mkt	-0.075	0.102	0.036	-0.082	0.046
	(-0.92)	(1.35)	(0.49)	(-1.15)	(0.65)
UMD	0.148*	0.526*	0.342*	0.222*	0.474*
	(2.05)	(7.94)	(5.31)	(3.56)	(7.63)
R^2	0.014	0.229	0.110	0.052	0.210

(*), (**) et (***) correspondent respectivement à des seuils de significativité de 1 %, 5 % et 10 %.

Le tableau 28 présente les performances des modèles à trois facteurs les plus prometteurs. Le panel A montre qu'une combinaison linéaire des facteurs Mkt, LMH_{PS} et LMH_{PE} capture la prime associée à tous les facteurs, à l'exception du facteur UMD. Dans le panel B, les résultats sont encore plus convaincants : les constantes de tous les facteurs deviennent statistiquement non significatives. La régression en séries temporelles du modèle à trois facteurs, composé des facteurs Mkt, LMH_{PS} et UMD explique la prime de l'ensemble des facteurs. Bien que le facteur LMH_{PE} semble contenir une information unique, lorsqu'il est remplacé par UMD, le modèle à trois facteurs du panel B affiche une amélioration significative en termes de R^2 ajusté. À la lumière de ces résultats, un modèle à trois facteurs intégrant les facteurs du Mkt, LMH_{PS} et UMD se distingue nettement. Afin de confirmer le choix définitif du modèle, une analyse comparative supplémentaire sera conduite dans la phase suivante de notre étude.

Tableau 28 : Régressions d'un modèle à trois facteurs pour expliquer les rendements mensuels des quatre autres facteurs

Panel A				
	HML	RMW	UMD	LMH_{PCF}
Constante	0.002	0.000	0.009**	0.001
	(0.49)	(0.04)	(2.49)	(0.26)
Mkt	-0.090	0.088	0.008	-0.107***
	(-1.3)	(1.16)	(0.12)	(-1.9)
LMH_{PS}	0.673*	0.102	0.129***	0.538*
	(9.34)	(1.3)	(1.79)	(9.21)
LMH_{PE}	-0.199*	0.451*	0.384*	0.107***
	(-2.83)	(5.85)	(5.48)	(1.88)
R^2	0.270	0.224	0.216	0.411
Panel B				
	HML	RMW	LMH_{PE}	LMH_{PCF}
Constante	0.002	-0.003	0.001	0.001
	(0.4)	(-0.73)	(0.18)	(0.32)
Mkt	-0.096	0.095	0.030	-0.103***
	(-1.37)	(1.27)	(0.48)	(-1.82)
LMH_{PS}	0.580*	0.195*	0.443*	0.590*
	(8.84)	(2.82)	(7.54)	(11.21)
UMD	-0.050	0.459*	0.323*	0.020
	(-0.77)	(6.62)	(5.48)	(0.38)
R^2	0.306	0.333	0.374	0.452

(*), (**) et (***) correspondent respectivement à des seuils de significativité de 1 %, 5 % et 10 %.

2.3. Analyse comparative des combinaisons de facteurs explicatifs

Pour poursuivre notre analyse, nous combinons deux approches méthodologiques complémentaires : celle du côté gauche de l'équation (LHS), suivant FF (2015, 2016, 2018), et celle du côté droit (RHS), suivant Barillas et Shanken (2017). Les modèles retenus pour l'analyse sont listés dans le Panel A du Tableau 29.

Conformément à la méthodologie de FF (2015), nous examinons la capacité des modèles à expliquer les rendements d'un éventail de portefeuilles d'anomalies. Pour éviter de limiter l'analyse à des portefeuilles construits à partir des mêmes caractéristiques utilisées pour la construction des variables explicatives, nous considérons des ensembles de portefeuilles pondérés par la CB, construits selon les doubles tris suivants : taille-B/M, taille-OP, taille-Inv, taille-Mom, taille-P/S, taille-P/E, taille-P/CF. Nous incluons également des portefeuilles à stratégie unidimensionnelle basés sur la taille, B/M, P/E, P/S, P/CF et D/E. Si un modèle d'évaluation des actifs explique correctement les rendements attendus, la constante de la régression en séries temporelles devrait être nulle. Par conséquent, nous évaluons les modèles en analysant la significativité des constantes à l'aide des métriques suivantes : le test GRS, la valeur absolue moyenne des constantes, $A|\alpha i|$, l'erreur type moyenne estimée des constantes, $SE|\alpha i|$ et le nombre de portefeuilles avec des constantes significatives au seuil de 5 %, NPSI.

Les résultats sont synthétisés dans le panel B du tableau 29, avec une ventilation détaillée par anomalie présentée dans le tableau 30. Comme rapporté par FF (2015, 2018) ainsi que Ali et Ülkü (2021), le test GRS rejette tous les modèles, ce qui est un résultat courant. Les sept modèles testés sont imparfaits. Le modèle 5 génère le plus faible NPSI et une statistique du test GRS basse, ce qui est souhaitable et indique une bonne adéquation du modèle. Les résultats montrent que, parmi les trois variantes du modèle à trois facteurs (4, 5, 6), le modèle 5 présente le AR^2 le plus élevé, ce qui implique qu'il offre le meilleur pouvoir explicatif.

Tableau 29 : Analyse des combinaisons des facteurs explicatifs

Panel A : Composition des sept modèles testés. Le modèle 7 correspond au modèle FF6F étant donné sa prééminence dans l'explication des rentabilités des titres documentée dans le chapitre 3

Modèle	Facteurs du modèle
1	Mkt LMH_{PE}
2	Mkt LMH_{PS}
3	Mkt UMD
4	Mkt LMH_{PE} UMD
5	Mkt LMH_{PS} UMD
6	Mkt LMH_{PE} LMH_{PS}
7	Mkt SMB HML RMW CMA UMD

Panel B : Résultats des tests sur les portefeuilles dépendants

Modèles	GRS	p(GRS)	A αi	A|αi|	SE|αi|	Moyenne AR^2	NPSI
1	2.499*	0.00	-0.0014	0.0048	0.0041	0.413088	15
2	2.424*	0.00	-0.0025	0.0045	0.0040	0.427582	12
3	2.506*	0.00	-0.0011	0.0047	0.0042	0.390793	13
4	2.482*	0.00	-0.0015	0.0049	0.0041	0.400231	15
5	2.115*	0.00	-0.0024	0.0050	0.0040	0.500875	9
6	2.434*	0.00	-0.0025	0.0048	0.0039	0.459850	15
7	2.522*	0.00	-0.0014	0.0046	0.0034	0.583485	17

Panel C : Résultats des tests suivant la procédure de Barillas et Shanken (2017)

RHS	LHS	GRS	p(GRS)
Modèle 2	UMD	7.4928	0.007
Modèle 2	SMB HML	0.8478	0.42
Modèle 5	SMB HML	0.3047	0.738
Modèle 2	SMB HML RMW CMA	0.7701	0.546
Modèle 5	SMB HML RMW CMA	0.7306	0.572

*$p<0.05$

Pour comparer plus finement les modèles 2, 5 et 7, nous appliquons l'approche RHS de Barillas et Shanken (2017). Les auteurs attestent que les tests se concentrant seulement sur les portefeuilles de LHS (portefeuilles à expliquer) ne sont pas pertinents. Leur démonstration établit que la capacité d'un modèle à valoriser les facteurs des autres modèles (c'est-à-dire les facteurs exclus) détermine fondamentalement les métriques d'amélioration du ratio de Sharpe au carré maximum. Supposons que f_1 et f_2 soient des vecteurs de facteurs explicatifs de deux modèles respectifs. Le degré auquel f_2 échoue à valoriser à la fois f_1 et les rendements des portefeuilles dépendants (R) est estimé par l'augmentation du ratio de Sharpe au carré : Sh^2 (f_2, f_1, R) - $Sh^2(f_2)$. De même, le degré de mauvaise spécification du modèle avec les facteurs f1 est mesuré par : Sh^2 (f_1, f_2, R) - $Sh^2(f_1)$. Comme les termes liés à R s'annulent, $Sh^2(f_1)$ - $Sh^2(f_2)$ indique que le modèle avec le ratio de Sharpe au carré le plus élevé présente moins d'erreurs d'évaluation.

Pour les modèles imbriqués, la procédure consiste à placer directement un facteur exclu du côté gauche de l'équation et à tester une restriction d'alpha nul (évaluée par le test GRS, ou de manière équivalente par le ratio de Sharpe au carré maximum) dans une régression sur le modèle des facteurs restants. Si sa constante reste significative, cela signifie que l'ajout du facteur améliorerait la performance du modèle imbriqué.

Dans un premier temps, étant donné que le Modèle 2 est imbriqué dans le Modèle 5, nous procédons à une comparaison directe entre les deux, comme illustré dans la première ligne du Panel C du tableau 29. Celle-ci montre que la régression du facteur UMD sur le modèle 2 rejette l'hypothèse nulle « $\alpha = 0$ » avec une valeur p de 0,007, ce qui implique que l'ajout du facteur UMD au modèle 2 améliorerait significativement sa performance. Ensuite, nous considérons à la fois le modèle 2 et le modèle 3 comme étant imbriqués dans un modèle plus large comprenant les autres facteurs FF (trois, cinq et six facteurs). Ainsi, les deuxième et troisième lignes, ou les quatrième et cinquième lignes, comparent le modèle 2 et le modèle 5 par rapport à un même ensemble de facteurs placés sur le côté gauche. Les tests GRS acceptent les deux modèles avec des *p-values* > 0,05, ce qui implique que les facteurs restants de FF sont redondants. De plus, ces résultats favorisent le modèle 5 car il fournit une valeur p plus élevée (c'est-à-dire une différence plus faible par rapport au ratio de Sharpe maximal au carré). L'analyse du Panel C nous amène à conclure que le facteur UMD est essentiel et qu'un modèle composé de Mkt, LMH_{PS} et Mom offre de meilleures performances que toutes les alternatives, y compris le modèle FF6F.

Tableau 30 : Les détails du test GRS

Modèles	GRS	p(GRS)	A αi	A|αi|	SE|αi|	AR²	NPSI
Portefeuilles taille-B/M							
1	2.6095	0.0185	-0.0043	0.0045	0.0046	0.2960	1
2	2.2975	0.0361	-0.0055	0.0055	0.0045	0.3194	1
3	2.4968	0.0236	-0.0042	0.0042	0.0047	0.2927	1
4	2.5077	0.0230	-0.0047	0.0047	0.0046	0.2842	1
5	2.3718	0.0308	-0.0057	0.0057	0.0046	0.4384	1
6	2.4121	0.0283	-0.0056	0.0056	0.0045	0.3207	1
7	2.6954	0.0154	-0.0047	0.0047	0.0036	0.5635	1
Portefeuilles taille-OP							
1	1.2690*	0.2730	-0.0015	0.0041	0.0047	0.3337	1
2	1.4472*	0.1981	-0.0025	0.0040	0.0046	0.3388	1
3	1.2603*	0.2772	-0.0017	0.0042	0.0048	0.3217	1
4	1.3309*	0.2447	-0.0020	0.0049	0.0047	0.3443	1
5	1.4982*	0.1802	-0.0029	0.0054	0.0046	0.3597	1
6	1.3815*	0.2234	-0.0026	0.0046	0.0045	0.3639	1
7	1.6184*	0.1435	-0.0013	0.0039	0.0034	0.6202	1
Portefeuilles taille-Inv							
1	2.5704	0.0201	-0.0002	0.0060	0.0047	0.3364	1
2	1.9939*	0.0680	-0.0013	0.0058	0.0046	0.3509	2
3	1.7892*	0.1027	-0.0004	0.0052	0.0048	0.3206	1
4	2.0568	0.0497	-0.0008	0.0057	0.0047	0.3036	1
5	1.8912*	0.0838	-0.0018	0.0062	0.0047	0.3736	1
6	2.2928	0.0365	-0.0014	0.0061	0.0046	0.3665	2
7	2.3512	0.0323	-0.0008	0.0051	0.0034	0.6152	2
Portefeuilles taille-Mom							
1	2.0765*	0.0573	-0.0023	0.0045	0.0043	0.3904	2
2	2.2185	0.0426	-0.0029	0.0046	0.0043	0.3908	1
3	2.0395*	0.0619	-0.0014	0.0046	0.0041	0.4566	1
4	1.9568	0.0433	-0.0019	0.0048	0.0041	0.4300	1
5	1.9911*	0.0684	-0.0026	0.0053	0.0040	0.5090	0
6	2.0464*	0.0610	-0.0031	0.0043	0.0043	0.4047	1
7	2.3663	0.0313	-0.0010	0.0043	0.0035	0.6066	2
Portefeuilles taille-P/E							
1	4.1249	0.0006	-0.0012	0.0069	0.0038	0.4529	2
2	3.9539	0.0009	-0.0022	0.0062	0.0040	0.3946	1
3	4.0336	0.0008	-0.0006	0.0061	0.0042	0.3559	2
4	3.8745	0.0011	-0.0009	0.0061	0.0038	0.3960	2
5	3.5981	0.0021	-0.0017	0.0060	0.0040	0.4825	1
6	3.7133	0.0016	-0.0022	0.0063	0.0037	0.4722	2
7	5.7925	0.0000	-0.0005	0.0065	0.0035	0.5410	2
Portefeuilles taille-P/S							
1	2.5965	0.0190	-0.0033	0.0047	0.0040	0.3574	1
2	3.0656	0.0068	-0.0042	0.0043	0.0037	0.4320	1
3	2.5898	0.0193	-0.0032	0.0056	0.0042	0.3392	2
4	2.4313	0.0272	-0.0036	0.0051	0.0041	0.3642	2
5	2.4953	0.0237	-0.0044	0.0045	0.0037	0.5235	1
6	2.8652	0.0106	-0.0043	0.0044	0.0037	0.4370	1
7	2.5289	0.0221	-0.0031	0.0048	0.0032	0.5697	2
Portefeuilles taille-P/CF							
1	0.3430*	0.9134	-0.0018	0.0023	0.0045	0.3440	0
2	0.6689*	0.6749	-0.0023	0.0024	0.0044	0.3754	0
3	0.3182*	0.9270	-0.0010	0.0023	0.0047	0.3104	0
4	0.2979*	0.9374	-0.0017	0.0023	0.0046	0.3419	0
5	0.4253*	0.8616	-0.0024	0.0024	0.0045	0.4579	0
6	0.6430*	0.6957	-0.0027	0.0027	0.0044	0.3885	0
7	0.4556*	0.8404	-0.0011	0.0024	0.0038	0.5362	0

Tableau 30 : (suite)

Portefeuilles de stratégie B/M (Quartile)							
1	8.6870	0.0000	0.0005	0.0075	0.0039	0.3606	2
2	7.4512	0.0000	-0.0008	0.0065	0.0038	0.4121	2
3	8.4689	0.0000	0.0002	0.0071	0.0039	0.4634	1
4	8.4790	0.0000	0.0002	0.0074	0.0039	0.3654	2
5	7.8643	0.0000	-0.0006	0.0069	0.0038	0.5627	1
6	7.8800	0.0000	-0.0005	0.0070	0.0038	0.4977	2
7	8.0131	0.0000	-0.0019	0.0058	0.0034	0.6022	1
Portefeuilles de stratégie taille (Quartile)							
1	2.6388	0.0350	-0.0008	0.0015	0.0033	0.4402	1
2	2.1032*	0.0816	-0.0020	0.0020	0.0032	0.4725	0
3	2.9740	0.0204	-0.0010	0.0010	0.0035	0.4149	1
4	2.8437	0.0252	-0.0015	0.0015	0.0034	0.4449	0
5	2.5887*	0.0579	-0.0026	0.0026	0.0033	0.5042	0
6	2.2138*	0.0687	-0.0022	0.0022	0.0032	0.4833	0
7	2.6801	0.0328	-0.0015	0.0017	0.0024	0.6893	0
Portefeuilles de stratégie D/E (Quartile)							
1	2.6482	0.0344	0.0021	0.0073	0.0039	0.4775	2
2	1.5599*	0.1863	0.0003	0.0051	0.0038	0.4956	0
3	2.7434	0.0296	0.0019	0.0075	0.0039	0.3860	2
4	2.9086	0.0226	0.0019	0.0077	0.0039	0.4070	2
5	2.3035*	0.0596	0.0007	0.0064	0.0038	0.5014	2
6	2.0321*	0.0911	0.0008	0.0059	0.0037	0.5135	2
7	3.4415	0.0095	0.0017	0.0074	0.0036	0.5428	2
Portefeuilles de stratégie P/CF (Quartile)							
1	0.9619*	0.4294	-0.0005	0.0027	0.0034	0.5448	0
2	0.9019*	0.4637	-0.0017	0.0017	0.0032	0.5847	0
3	1.0434*	0.3858	0.0001	0.0032	0.0036	0.5012	0
4	1.1193*	0.3484	-0.0004	0.0031	0.0035	0.4765	1
5	1.0975*	0.3588	-0.0015	0.0028	0.0033	0.6632	0
6	1.1123*	0.3517	-0.0018	0.0025	0.0032	0.6044	0
7	1.3725*	0.2447	-0.0005	0.0031	0.0031	0.6223	1
Portefeuilles de stratégie P/E (Quartile)							
1	4.7254	0.0011	0.0007	0.0069	0.0035	0.5536	2
2	3.0154	0.0190	-0.0008	0.0050	0.0037	0.5094	1
3	2.3371*	0.0565	0.0015	0.0063	0.0039	0.4674	0
4	3.7078	0.0061	0.0014	0.0067	0.0036	0.5576	2
5	2.5331	0.0414	0.0004	0.0057	0.0038	0.5160	0
6	4.3890	0.0020	-0.0004	0.0059	0.0034	0.5856	2
7	2.6402	0.0349	0.0010	0.0062	0.0037	0.5272	1
Portefeuilles de stratégie P/S (Quartile)							
1	2.1783*	0.0726	-0.0028	0.0036	0.0032	0.4825	0
2	2.5097	0.0430	-0.0043	0.0050	0.0031	0.4824	2
3	2.3473*	0.0556	-0.0026	0.0044	0.0034	0.4505	1
4	2.1345	0.0477	-0.0028	0.0037	0.0033	0.4875	1
5	2.3148*	0.0586	-0.0040	0.0045	0.0031	0.6196	1
6	2.2781*	0.0621	-0.0041	0.0046	0.0030	0.5401	1
7	3.1983	0.0142	-0.0039	0.0043	0.0031	0.5492	2

*$p<0.05$

Conclusion

Ce chapitre a exploré les anomalies fondamentales présentes sur le marché boursier marocain. En utilisant diverses méthodes statistiques, nous nous sommes intéressés aux anomalies les plus documentées dans la littérature sur une période allant de juillet 2001 à juin 2020. Notre approche repose sur une analyse de tri univarié, suivie d'une étude plus approfondie grâce à trois modèles de régression : le modèle en deux étapes de Fama et MacBeth (1973) ainsi que le modèle à effets fixes et la méthode SGMM.

Les résultats mettent en lumière plusieurs observations importantes que nous présentons ici :

- Sur la base de nos tests, l'effet B/M a produit des résultats mitigés. L'analyse par tri univarié, ainsi que le modèle à effets fixes et la méthodologie SGMM, ont montré une relation significativement positive entre le ratio B/M et les rendements. Cependant, les régressions de Fama et MacBeth (1973) n'ont révélé qu'un effet modérément positif. Ce résultat est en accord avec celui du chapitre 3-section 2, où le coefficient du B/M s'est avéré généralement non significatif. En conséquence, il reste difficile de confirmer de manière définitive la présence de cet effet sur le marché marocain.

- Le P/CF et le P/E ont tous deux montré une relation négative significative avec les rendements à travers l'ensemble des méthodologies, sauf pour l'analyse de Fama et MacBeth (1973) concernant le P/CF. En effet, cette dernière a révélé une incohérence, avec un seul coefficient significatif et un signe positif inattendu, suggérant que ce ratio pourrait être moins fiable dans le contexte marocain. En revanche, l'effet P/E s'est révélé plus constant et marqué, indiquant une relation plus stable avec les rendements par rapport au P/CF.

- Aucun effet significatif de taille ou du levier financier n'a été observé, leurs coefficients étant généralement non significatifs dans l'ensemble des tests. Ces résultats corroborent les conclusions du chapitre 3-section 2, où le facteur de taille n'avait également pas montré de pouvoir explicatif notable.

- Les tests concernant l'effet P/S, quant à eux, ont produit des résultats contrastés. L'analyse univariée et les régressions de Fama et MacBeth (1973) ont indiqué une relation significativement négative entre le P/S et les rendements, tandis que les modèles à effets fixes et la méthode SGMM ont montré une relation significativement positive. Le recours à des méthodes plus approfondies, telles que les régressions à effets fixes et la méthodologie SGMM, révèle leur supériorité analytique face aux approches univariées. Dans le cas spécifique du marché marocain, la convergence de ces deux méthodes robustes, qui s'opposent aux résultats de la régression de Fama et MacBeth (1973), nous amène à conclure à la possible existence d'un effet P/S inverse. Malgré cette divergence de signe, le ratio P/S conserve un intérêt potentiel pour expliquer les variations des rendements et mérite d'être exploré davantage.

Notre analyse s'est étendue au-delà de la simple identification d'anomalies fondamentales. Nous avons cherché à répondre à la question de savoir quels facteurs influencent les rendements boursiers marocains afin de proposer un modèle de la rentabilité plus pertinent et mieux adapté.

En nous appuyant sur les variables significatives mises en évidence lors de nos tests, nous avons comparé diverses combinaisons de facteurs explicatifs à l'aide de plusieurs méthodes statistiques. Ce travail de comparaison nous a permis d'aboutir à une modélisation plus performante qui intègre au facteur Mkt deux autres facteurs de risque liés au ratio P/S et au Mom. Le modèle à trois facteurs proposé surperforme toutes les combinaisons de variables alternatives, y compris le célèbre modèle FF6F (2018).

Conclusion générale

Le MEDAF a été remis en cause pour ses insuffisances dans l'explication des rendements des actifs financiers. Le faible pouvoir explicatif du seul facteur de marché et l'observation des anomalies boursières ont donné naissance à de nouveaux modèles multifactoriels de la rentabilité. Parmi ces modèles, le modèle FF3F (1993) représente une avancée significative. Ce modèle a considérablement amélioré le pouvoir explicatif des rendements boursiers par rapport au MEDAF. De nombreuses études empiriques corroborent ce constat sur différents marchés financiers. Toutefois, l'importance du facteur de marché reste indéniable.

S'appuyant sur les théories de Merton (1973) et de Ross (1976), la validation empirique du modèle FF3F a consolidé sa position en tant que modèle largement reconnu pour l'évaluation des actifs financiers. Dans leur quête d'amélioration de leurs travaux, les auteurs ont introduit un modèle à cinq facteurs en 2015, suivi d'un modèle à six facteurs trois ans plus tard. Cependant, à l'heure actuelle, il n'existe toujours pas de modèle unique universellement accepté qui capture parfaitement l'interaction complexe des facteurs influençant les marchés financiers et l'évaluation des titres (Tsaurai, 2018). Ce débat actuel souligne la nature dynamique des marchés financiers et la quête permanente des chercheurs pour développer des modèles plus sophistiqués pouvant refléter avec précision la relation rentabilité-risque.

L'objet de cet ouvrage est d'étudier la relation complexe entre les rendements boursiers et le risque sur le marché émergent marocain. Il vise d'abord à rappeler les fondements théoriques de la finance, en retraçant l'évolution de la théorie financière classique vers les modèles multifactoriels. En se référant ensuite à la logique de FF, ce travail a pour finalité de mettre en lumière les facteurs de risque qui déterminent les rendements boursiers sur le marché en question.

Les premiers tests empiriques menés dans le cadre de ce travail ont montré des résultats qui remettent en question les modèles de FF corroborant ainsi leur vérification sur les marchés émergents (Bekaert & Harvey, 2003; Alrabadi & Alrabadi, 2018; Ragab *et al.*, 2020; Foye & Valentinčič, 2020). Suite à ces résultats, nous avons cherché à identifier les variables explicatives à combiner dans une modélisation plus appropriée de la relation rentabilité-risque. Cette combinaison de facteurs, soigneusement sélectionnés en fonction de leur pertinence empirique, vise à fournir une explication suffisante des rendements boursiers sur le marché marocain. Le modèle proposé, un modèle à trois facteurs, incorporant le facteur Mkt et les deux facteurs liés au ratio P/S et à la variable Mom, a surperformé toutes les combinaisons alternatives, y compris le célèbre modèle FF6F.

Trois principales contributions ressortent de ce travail de recherche :

1. La vérification des modèles existants : Les tests empiriques réalisés, sur le marché marocain, ont concerné à la fois le MEDAF et les trois modèles de FF.
2. L'exploration et l'identification de variables explicatives alternatives : Suite à l'analyse comparative des modèles testés, nous avons cherché à approfondir la compréhension de la relation rentabilité-risque, sur le marché marocain, en explorant d'abord les anomalies fondamentales, puis en identifiant les facteurs explicatifs les plus pertinents.
3. La proposition d'un modèle alternatif : Les résultats des études précédentes nous ont permis de proposer un modèle alternatif qui surperforme le MEDAF et les modèles de FF dans l'explication des rendements boursiers marocains.

Dans les deux premiers chapitres de l'ouvrage, nous avons exposé le cadre théorique du travail. Un aperçu détaillé de la théorie moderne des marchés financiers est présenté dans le premier chapitre. Nous avons tracé la trajectoire historique des modèles d'évaluation des actifs financiers depuis le travail fondateur de Markowitz (1952). En effet, nous sommes revenus sur la théorie moderne du portefeuille avant d'introduire le MEDAF développé par Sharpe (1964), ainsi que ses extensions théoriques ultérieures. Ce chapitre met également en évidence les insuffisances du MEDAF notamment les anomalies boursières qui révèlent le pouvoir prédictif des variables fondamentales au-delà du facteur de marché, contredisant ainsi les hypothèses de base du modèle. Ces observations conduisent à l'exploration des différentes anomalies du marché boursier et au développement de modèles plus performants.

Dans le deuxième chapitre, nous avons présenté le MEDAF intertemporel et l'APT en tant qu'alternatives au MEDAF ayant un soubassement théorique conçu pour incorporer plusieurs facteurs. Dans ce cadre, l'approche fondamentale reste la plus répandue en matière de modélisation multifactorielle. Cette approche propose de décrire les rendements boursiers à l'aide de variables spécifiques propres à l'entreprise qui jouent le rôle de facteurs de risque systématique. Elle apporte ainsi une vision plus générale et pragmatique des marchés financiers et s'adapte bien aux problèmes du MEDAF classique. Ce passage vers une approche à plusieurs facteurs a permis la construction de modèles multifactoriels plus robustes qui expliquent les rendements en juxtaposant au facteur de marché un certain nombre de variables. Dans ce sens, les travaux de FF restent les plus célèbres. Nous les avons présentés et ce à partir de leur article fondateur (1992) en passant par les différentes extensions ultérieures ayant conduit à leur dernier modèle à six facteurs. Une importante revue de la littérature a été ainsi effectuée aussi bien pour les marchés développés que pour les marchés émergents. Admettant l'impact des caractéristiques des entreprises sur les rendements boursiers, plusieurs études ont vu le jour, s'appuyant sur le cadre de FF (Carhart, 1997 ; Pástor & Stambaugh, 2003 ; Asness & Frazzini, 2013 ; Hou *et al.*, 2015a, 2015b ; Stambaugh & Yuan, 2017 ; Barillas & Shanken, 2018). Ces études ont conduit au développement de nouveaux modèles multifactoriels, en tant qu'extensions des modèles originels de FF et qui semblent bien capturer la variation des rendements boursiers.

Dans les deux derniers chapitres de l'ouvrage, nous avons essayé de répondre aux deux interrogations subsidiaires soulevées précédemment. Ces chapitres suivent une progression logique : premièrement, examiner les modèles les plus répandus en utilisant à la fois l'analyse en séries temporelles et en coupe transversale ; deuxièmement, explorer les anomalies fondamentales sur le marché boursier marocain ; et enfin, retenir le modèle explicatif le plus performant parmi les combinaisons de facteurs testés. Ces trois essais constituent une contribution importante à la compréhension de la relation rentabilité-risque dans le contexte marocain.

En effet, le troisième chapitre a constitué une analyse comparative des modèles de FF (1993, 2015, 2018) à laquelle nous avons ajouté le MEDAF, appliqués au marché boursier marocain. En combinant des tests en séries temporelles et en coupe transversale, réalisés sur un échantillon maximal de 52 entreprises marocaines non financières, couvrant la période de juillet 2002 à juin 2020 et répondant aux critères de sélection admis dans la littérature, nous avons évalué leur performance. Il convient toutefois de préciser que, selon la méthodologie mobilisée et les contraintes liées à la disponibilité des données, la taille effective de l'échantillon ainsi que la période d'étude ont parfois été légèrement réduites

Les tests en séries temporelles, menés sur des portefeuilles construits par tri double (taille et B/M, OP, Inv ou Mom), ont révélé plusieurs résultats notables :

- Les résultats des tests de *factor spanning* montrent que la constante dans les régressions du facteur Mkt est clairement significative au seuil de 1%, que le facteur UMD soit pris en compte ou non dans la liste des facteurs étudiés. Ceci confirme le rôle explicatif indéniable du facteur Mkt. Lorsque nous excluons le facteur UMD, les résultats indiquent que la constante du facteur HML reste significative même en présence des facteurs RMW et CMA, contredisant ainsi FF (2015). Le facteur RMW semble avoir un certain rôle explicatif, tandis que les facteurs CMA et SMB apparaissent comme redondants. L'introduction du facteur UMD dans les tests de *factor spanning* a rendu les facteurs HML et RMW redondants, suggérant que le facteur UMD joue un rôle plus important aux côtés du facteur Mkt.

- Nos tests GRS, similaires à ceux effectués par FF (2015), ont généralement rejeté tous les modèles testés. De manière générale, le MEDAF reste le modèle le moins performant. La comparaison entre les autres modèles testés (FF3F, FF5F et 3F) est relativement ambiguë puisqu'aucun de ces modèles n'affiche de résultats concluants. En revanche, le modèle FF6F se distingue par des R^2 moyens compris entre 61 % et 68 %, ce qui en fait le modèle le plus performant, même si sa supériorité demeure relative.

- Le facteur Mkt est le principal facteur explicatif des rendements dans tous les modèles testés. Ce constat est appuyé par le t-statistique largement significatif des coefficients β dans tous les tests réalisés. Le rôle explicatif des autres facteurs paraît moins évident. En effet, le facteur SMB, en vue de ses coefficients, ne semble pas expliquer la rentabilité à la différence du facteur HML qui montre un certain pouvoir explicatif. Soulignant par ailleurs que l'ajout du facteur UMD au modèle FF5F a réduit le rôle des facteurs RMW et CMA. Cela suggère que UMD capture des informations précédemment expliquées par RMW et CMA. Le facteur UMD joue un certain rôle dans l'explication des rendements.

L'analyse en coupe transversale a fourni des informations supplémentaires sur la capacité des modèles FF (1993, 2015, 2018) à expliquer les rendements attendus des titres sur le marché marocain. L'étude a examiné le rôle du facteur β, de plusieurs caractéristiques de l'entreprise (CB, B/M, OP, Inv) ainsi que de la variable Mom dans l'explication des rendements, en mobilisant trois méthodologies distinctes afin d'apprécier la contribution de chaque variable explicative :

- Régressions des titres individuels : S'appuyant sur les travaux de Fama et MacBeth (1973) et FF (1992), la première méthodologie consiste à régresser les rendements excédentaires mensuels des titres sur leurs coefficients estimés (*post-β*), leurs caractéristiques fondamentales et le Mom.

- Régressions de portefeuilles : Afin de réduire les éventuelles erreurs d'estimation, la deuxième méthodologie utilise les portefeuilles au lieu des titres. Elle remplace également les valeurs calculées des variables explicatives par leurs coefficients estimés.
- Ajustement des « erreurs dans les variables » : La troisième méthodologie aborde le problème des « erreurs dans les variables » selon Brennan *et al.* (1998). Il s'agit notamment d'utiliser des rendements des titres ajustés en tant que variable dépendante dans les régressions transversales.

Les principales conclusions de cette analyse peuvent être résumées comme suit :

- Rôle limité des caractéristiques de l'entreprise proposées par FF : les résultats des trois modèles testés (FF3F, FF5F, FF6F) ne permettent pas de confirmer de manière significative que les caractéristiques de l'entreprise – telles que CB, B/M, OP et Inv – expliquent les variations des rendements boursiers marocains.

- Absence du pouvoir explicatif du *β* : Le rôle du *β* dans l'explication en coupe transversale des rendements des titres est non signifiant. Son coefficient est systématiquement non significatif dans les deux premières méthodologies, s'alignant avec les résultats d'autres études empiriques. Ce manque de pouvoir explicatif pourrait être attribué au problème des « erreurs dans les variables » couramment rencontré dans la méthodologie en deux étapes de Fama et MacBeth (1973).

- Supériorité du facteur Mom : Le facteur Mom se présente comme la variable explicative la plus pertinente, malgré les résultats quelque peu mitigés de la deuxième méthodologie. À l'inverse, dans la première méthodologie, la variable Mom affiche un coefficient constamment significatif dans différentes modélisations. La prise en compte des biais potentiels en utilisant le modèle FF6F (troisième méthodologie) ne semble pas affecter le facteur Mom qui conservait son coefficient positif et significatif. Cela suggère que le modèle « absorbe » l'effet Mom.

De façon générale, ce chapitre a mis en évidence les défis persistants auxquels sont confrontés les modèles d'évaluation des actifs financiers lorsqu'ils sont testés à des marchés émergents comme le Maroc. En dépit de l'utilisation d'une panoplie de méthodologies statistiques, aucun des modèles traditionnels étudiés ne permet d'expliquer adéquatement les variations des rendements boursiers marocains, que ce soit le MEDAF ou les variantes de FF, et n'est en mesure d'expliquer suffisamment les variations des rendements boursiers marocains. Les résultats sont en contradiction avec ceux de FF (1993, 2015, 2018) et soulignent par conséquent les limites de leurs modèles sur les marchés émergents comme le Maroc (Bekaert & Harvey, 2003; Alrabadi & Alrabadi, 2018; Ragab *et al.*, 2020; Foye & Valentinčič, 2020).

Nos essais empiriques précédents nous incitent à approfondir la recherche en explorant les anomalies fondamentales au sein du marché boursier marocain. Ainsi, le quatrième chapitre a pour objet d'étudier l'existence de ces anomalies en utilisant diverses techniques statistiques sur la période allant de juillet 2001 à juin 2020. Cette étude pionnière sur le marché marocain utilise une approche à deux volets :

- Analyse de tri univarié : Cette approche initiale consiste à trier les titres en fonction de caractéristiques spécifiques, puis à comparer leurs rendements moyens.
- Modèles de régression : Trois modèles de régression sont utilisés pour étudier la relation entre les différents facteurs explicatifs et les rendements des titres : modèle à deux étapes de Fama et MacBeth (1973), modèle à effets fixes et méthode SGMM.

Cette troisième étude a montré des résultats significatifs pour plusieurs facteurs fondamentaux :

- Basé sur nos tests, l'effet B/M montre des résultats relativement mitigés. Une relation significativement positive se dégage entre le B/M et la rentabilité dans le cadre de l'analyse de tris univarié, du modèle à effets fixes et de la méthodologie SGMM. À l'inverse, l'analyse de Fama et MacBeth (1973) conclut à un effet modérément positif. Ce constat corrobore les résultats du facteur B/M rapporté dans le chapitre 3 - section 2. Par conséquent, il est difficile d'avancer l'existence d'un effet B/M sur le marché marocain.

- Une relation significativement négative est observée entre les ratios P/CF et P/E, et les rendements dans l'ensemble des méthodologies. Cependant, le ratio P/CF montre une incohérence dans la régression de Fama et MacBeth suggérant son rôle peu fiable sur le marché marocain.

- Concernant la taille ou le levier financier, aucun effet significatif n'est observé. L'absence de l'effet taille confirme les résultats du chapitre 3 - section 2.

- Pour ce qui est de l'effet P/S, les résultats sont significatifs mais mitigés. En effet, l'analyse univariée et les régressions de Fama et MacBeth ont suggéré une relation significativement négative entre le ratio P/S et les rendements, tandis que le modèle à effets fixes et la méthodologie SGMM montrent une relation significativement positive. La question de l'existence d'un effet positif ou négatif du ratio P/S sur la période étudiée reste inconclusive, les analyses univariées et de régression ayant produit des résultats contradictoires. Le recours à des méthodes plus approfondies, telles que les régressions à effets fixes et la méthodologie SGMM, révèle leur supériorité analytique par rapport aux approches univariées (Jaffe *et al.*, 1989). Dans le cas spécifique du marché marocain, la convergence de ces deux méthodes robustes, qui s'opposent aux résultats de la régression de Fama et MacBeth (1973), nous amène à conclure à la possible existence d'un effet P/S inverse.

Cet effet P/S inverse pourrait s'expliquer par plusieurs facteurs, dont deux déterminants principaux : la composition sectorielle du marché boursier et le comportement des investisseurs. Au-delà du secteur financier, les télécommunications, les biens de consommation et les services dominent le marché. Les entreprises de ces secteurs affichent souvent des ratios P/S élevés, bénéficiant de flux de revenus stables soutenus par des modèles économiques robustes et une réglementation favorable qui minimise le risque opérationnel. Par conséquent, ces entreprises tendent à attirer des investisseurs averses au risque qui valorisent leur stabilité et leur prévisibilité, nourrissant ainsi des attentes de performance constante. Cette dynamique, en retour, stimule des valorisations plus élevées et pourrait conduire à des rendements futurs plus importants.

Les effets boursiers étant explorés, notre analyse vise, ensuite, à identifier les facteurs de risque qui expliquent le plus efficacement les rendements boursiers marocains. Notre objectif est de construire un modèle alternatif apte à mieux décrire la variation des rendements des titres marocains.

Sur la base des variables significatives identifiées tout au long de cette recherche, nous avons utilisé des méthodes statistiques pour comparer diverses combinaisons de facteurs explicatifs. Cette analyse comparative a conduit à la proposition d'un modèle alternatif incorporant le facteur Mkt et les deux facteurs liés au ratio P/S et à la variable Mom. Parmi les tests conduits, nous avons appliqué la procédure de Barillas et Shanken (2017) selon laquelle un modèle doit expliquer à la fois les portefeuilles dépendants et les facteurs explicatifs des modèles concurrents. De ce fait, notre combinaison à trois facteurs montre des performances supérieures à celles des autres modèles concurrents testés, y compris le célèbre modèle FF6F.

Le présent ouvrage contribue de manière notable au débat sur l'analyse des rendements des actifs financiers et leur relation avec diverses primes de risque. Il apporte un éclairage important sur la relation rentabilité-risque sur le marché boursier marocain, enrichissant ainsi la littérature relative aux marchés émergents, en particulier ceux d'Afrique. La recherche confirme l'écart de résultats concernant l'impact des fondamentaux sur les rendements boursiers entre marchés développés et marchés émergents. Cet écart pourrait s'expliquer par les divergences en matière de normes comptables et d'environnements économiques et financiers qui peuvent influencer la manière dont les anomalies fondamentales se manifestent sur différents marchés boursiers. Les modèles traditionnels de la rentabilité supposent généralement des marchés bien fonctionnels, stables et efficients. Cependant, les marchés émergents s'écartent souvent de ces propriétés. Ils sont caractérisés par une asymétrie informationnelle, une ambiguïté réglementaire importante, des structures de propriété concentrées, une volatilité très forte, un volume d'échange très réduit, des coûts de transaction substantiels, un pool d'investisseurs plus petit et une capitalisation boursière globale inférieure par rapport aux marchés développés. Ces écarts par rapport aux conditions idéales du marché peuvent limiter le pouvoir explicatif des modèles traditionnels de la rentabilité lorsqu'ils sont testés sur des marchés émergents (Alrabadi & Alrabadi, 2018).

Ce travail constitue une avancée significative dans la compréhension de la dynamique complexe des rendements boursiers et des facteurs de risque sur les marchés émergents. Il offre des applications pratiques pour la gestion des investissements et la mesure de la performance. Le modèle *ad-hoc* proposé offre un outil intéressant pour la gestion de portefeuille et l'analyse d'investissement dans le contexte marocain. Il peut être utilisé par les investisseurs et les gestionnaires de portefeuille pour construire des stratégies d'investissement efficaces sur le marché marocain et permettre de façonner leurs décisions d'allocation d'actifs. Sa supériorité par rapport aux trois modèles de FF lui attribue un caractère attrayant, pouvant susciter des recherches futures sur d'autres marchés africains, en particulier, et marchés émergents en général.

Bibliographie

Abd-Alla, M. H., & Sobh, M. (2020). Empirical Test of Fama and French Three-Factor Model in the Egyptian Stock Exchange. *Financial Assets and Investing, 11*(2), 5–18. https://doi.org/10.5817/FAI2020-2-1

Abrokwa, J., & Nkansah, P. (2015). Predictors of stock returns: Some evidence from an emerging market. *Academy of Accounting and Financial Studies Journal*, *19*(3), 1–8.

Acharya, V. V., & Pedersen, L. H. (2005). Asset pricing with liquidity risk. *Journal of Financial Economics*, *77*(2), 375–410. https://doi.org/10.1016/j.jfineco.2004.06.007

Acheampong, P., Agalega, E., & Shibu, A. K. (2014). The Effect of Financial Leverage and Market Size on Stock Returns on the Ghana Stock Exchange: Evidence from Selected Stocks in the Manufacturing Sector. *International Journal of Financial Research*, *5*(1), Article 1. https://doi.org/10.5430/ijfr.v5n1p125

Achola, N. K., & Muriu, P. W. (2016). Testing the three factor model of Fama and French: Evidence from an emerging market: Nairobi Securities Exchange. *European Scientific Journal*, *12*(16), 211-236.

Adrianus, R., & Soekarno, S. (2018). Determinants of momentum strategy and return in short time horizon: Case in Indonesian stock market. *International Journal of Trade and Global Markets*, *11*(1–2), 50–56. https://doi.org/10.1504/IJTGM.2018.092493

Agmon, T. (1973). Country risk: The significance of the country factor for share-price movements in the United Kingdom, Germany, and Japan. *The Journal of Business : B*, *46*(1), 24-32.

Ahmad, Z., & Hussain, S. (2001). KLSE Long Run Overreaction and the Chinese New-Year Effect. *Journal of Business Finance & Accounting*, *28*(1–2), 63–105. https://doi.org/10.1111/1468-5957.00366

Ahmed, S., Bu, Z., Symeonidis, L., & Tsvetanov, D. (2023). Which factor model? A systematic return covariation perspective. *Journal of International Money and Finance*, *136,* 1-21. https://doi.org/10.1016/j.jimonfin.2023.102865

Ahmed, S., Bu, Z., & Tsvetanov, D. (2019). Best of the Best: A Comparison of Factor Models. *Journal of Financial & Quantitative Analysis*, *54*(4), 1713–1758. https://doi.org/10.1017/S0022109018000947

Ajlouni, M. M., & Khasawneh, M. (2017). Empirical Test of Fama and French Three-Factor Model in Amman Stock Exchange. *European Scientific Journal*, 78–106.

Akhtar, S., Ansari, S. A., & Ansari, V. A. (2017). Size, Value, Momentum, and Liquidity Effects in Indian Stock Returns. *Wealth: International Journal of Money, Banking & Finance*, *6*(1), 34–39.

Akhtar, T. (2021). Market multiples and stock returns among emerging and developed financial markets. *Borsa Istanbul Review*, *21*(1), 44–56. https://doi.org/10.1016/j.bir.2020.07.001

Akhtar, T., & Rashid, K. (2015). The Relationship between Portfolio Returns and Market Multiples: A Case Study of Pakistan. *Oeconomics of Knowledge*, *7*(3), 2–28.

Akhtaruzzaman, M., Docherty, P., & Shamsuddin, A. (2014). Interest rate, size and book-to-market effects in Australian financial firms. *Applied Economics*, *46*(25), 3005–3020. https://doi.org/10.1080/00036846.2014.920478

Alagidede, P., & Panagiotidis, T. (2009). Calendar Anomalies in the Ghana Stock Exchange. *Journal of Emerging Market Finance*, *8*(1), 1–23. https://doi.org/10.1177/097265270900800101

Alaoui Taïb, A. (2014). La relation entre rentabilité et risque des titres financiers. Presses Académiques Francophones.

Alaoui Taïb, A., & Benfeddoul, S. (2023a). The Empirical Explanatory Power of CAPM and the Fama and French Three-Five Factor Models in the Moroccan Stock Exchange. *International Journal of Financial Studies*, *11*(1), 1–19. https://doi.org/10.3390/ijfs11010047

Alaoui Taïb, A., & Benfeddoul, S. (2023b). Explaining the time series of stock returns: Comparative study on the Moroccan market. *Journal of Academic Finance*, *14*(2), 2-16. https://doi.org/10.59051/joaf.v14i2.634

Albu, L., Lupu, R., & Calin, A. C. (2014). A Nonlinear Model to Estimate the Long Term Correlation between Market Capitalization and GDP per capita in Eastern EU Countries. Institute for Economic Forecasting. https://econpapers.repec.org/paper/rjrwpiecf/141115.htm

Aldo Carlo, M. (2014). Pengaruh return on equity, dividend payout ratio, dan price to earnings ratio pada return saham. *E-Jurnal Akuntansi Universitas Udayana*, *7*, 151–164.

Al-Hajieh, H., Redhead, K., & Rodgers, T. (2011). Investor Sentiment and Calendar Anomaly Effects: A Case Study of the Impact of Ramadan on Islamic Middle Eastern Markets. *Research in International Business and Finance*, *25*, 345–356. https://doi.org/10.1016/j.ribaf.2011.03.004

Alhashel, B. S. (2021). Cross-Section of Returns in Frontier Markets: Evidence from the GCC Markets. *Emerging Markets Finance and Trade*, *57*(3), 798–823. https://doi.org/10.1080/1540496X.2019.1590195

Ali, F. (2022). Testing mispricing-augmented factor models in an emerging market: A quest for parsimony. *Borsa Istanbul Review*, *22*(2), 272–284. https://doi.org/10.1016/j.bir.2021.05.002

Ali, F., Khurram, M. U., & Jiang, Y. (2019). The Five-Factor Asset Pricing Model Tests and Profitability and Investment Premiums: Evidence from Pakistan. *Emerging Markets Finance and Trade*, *57*(9), 2651–2673. https://doi.org/10.1080/1540496X.2019.1650738

Ali, F., & Ülkü, N. (2021). Quest for a parsimonious factor model in the wake of quality-minus-junk, misvaluation and Fama-French-six factors. *Finance Research Letters*, *41*, 1-7. https://doi.org/10.1016/j.frl.2020.101847

Al-Khazali, O. (2014). Revisiting fast profit investor sentiment and stock returns during Ramadan. *International Review of Financial Analysis*, *33*, 158–170. https://doi.org/10.1016/j.irfa.2014.02.003

Al-Mwalla, M. (2012). Can Book-to-Market, Size and Momentum be Extra Risk Factors that Explain the Stocks Rate Of Return?: Evidence from Emerging Market. *Journal of Finance, Accounting & Management*, *3*(2), 42–57.

Alrabadi, D. W. H., & AL-Qudah, K. A. (2012). Calendar Anomalies: The Case of Amman Stock Exchange. *International Journal of Business and Management*, *7*(24), 120–127. https://doi.org/10.5539/ijbm.v7n24p120

Alrabadi, D. W. H., & Alrabadi, H. W. H. (2018). The Fama and French Five Factor Model: Evidence from an Emerging Market. *Arab Journal of Administration*, *38*(3), 295–304. https://doi.org/10.21608/aja.2018.17439

Antoniou, A., Lam, H. Y. T., & Paudyal, K. (2007). Profitability of momentum strategies in international markets: The role of business cycle variables and behavioural biases. *Journal of Banking & Finance*, *31*(3), 955–972. https://doi.org/10.1016/j.jbankfin.2006.08.001

Anusakumar, S. V., Ali, R., & Hooy, C.-W. (2013). *Momentum and Contrarian Strategies on ASEAN Markets*. Palgrave Macmillan Books, in: Chee-Wooi Hooy & Ruhani Ali & S. Ghon Rhee (ed.), Emerging Markets and Financial Resilience, chapter 9, pages 147-168. https://doi.org/10.1057/9781137266613_9

Anwar, M., & Kumar, S. (2018). Three-Factor Model of Asset Pricing: Empirical Evidence from the Indian Stock Market. *The IUP Journal of Applied Finance*, *24*(3), 16–34.

Arellano, M., & Bond, S. (1991). Some Tests of Specification for Panel Data: Monte Carlo Evidence and an Application to Employment Equations.

The Review of Economic Studies, *58*(2), 277–297. https://doi.org/10.2307/2297968

Aretz, K., Bartram, S. M., & Pope, P. F. (2010). Macroeconomic risks and characteristic-based factor models. *Journal of Banking and Finance*, *34*(6), 1383–1399. https://doi.org/10.1016/j.jbankfin.2009.12.006

Ariel, R. A. (1987). A monthly effect in stock returns. *Journal of Financial Economics*, *18*(1), 161–174. https://doi.org/10.1016/0304-405X(87)90066-3

Ariel, R. A. (1990). High Stock Returns before Holidays: Existence and Evidence on Possible Causes. *The Journal of Finance*, *45*(5), 1611–1626. https://doi.org/10.1111/j.1540-6261.1990.tb03731.x

Ariss, R. T., Rezvanian, R., & Mehdian, S. M. (2011). Calendar anomalies in the Gulf Cooperation Council stock markets. *Emerging Markets Review*, *12*(3), 293–307. https://doi.org/10.1016/j.ememar.2011.04.002

Asness, C., & Frazzini, A. (2013). The Devil in HML's Details. *The Journal of Portfolio Management*, *39*(4), 49–68. https://doi.org/10.3905/jpm.2013.39.4.049

Asness, C. S., Moskowitz, T. J., & Pedersen, L. H. (2013). Value and Momentum. *The Journal of Finance*, *68*(3), 929–985. https://doi.org/10.1111/jofi.12021

Atilgan, Y., Demirtas, K. O., Gunaydin, A., & Kirli, I. (2022). Momentum and Downside Risk in Emerging Markets. *The Journal of Portfolio Management*, *48*, 1-26. https://doi.org/10.3905/jpm.2022.1.369

Bacmann, J.-F., Dubois, M., & Isakov, D. (2001). *Industries, Business Cycle and Profitability of Momentum Strategies: An International Perspective*. SSRN Scholarly Paper 264657. https://doi.org/10.2139/ssrn.264657

Ball, R. (1978). Anomalies in relationships between securities' yields and yield-surrogates. *Journal of Financial Economics*, *6*(2–3), 103–126.

Banz, R. W. (1981). The relationship between return and market value of common stocks. *Journal of Financial Economics*, *9*(1), 3–18. https://doi.org/10.1016/0304-405X(81)90018-0

Barbee Jr., W. C., Mukherji, S., & Raines, G. A. (1996). Do Sales–Price and Debt–Equity Explain Stock Returns Better than Book–Market and Firm Size?. *Financial Analysts Journal*, *52*(2), 56-60. https://doi.org/10.2469/faj.v52.n2.1980

Barbee, W. C., Jeong, J.-G., & Mukherji, S. (2008). Relations between portfolio returns and market multiples. *Global Finance Journal*, *19*(1), 1–10. https://doi.org/10.1016/j.gfj.2008.02.001

Barberis, N., Shleifer, A., & Vishny, R. (1998). A model of investor sentiment1. *Journal of Financial Economics*, *49*(3), 307–343. https://doi.org/10.1016/S0304-405X(98)00027-0

Barillas, F., Kan, R., Robotti, C., & Shanken, J. (2020). Model Comparison with Sharpe Ratios. *Journal of Financial and Quantitative Analysis*, *55*(6), 1840–1874. https://doi.org/10.1017/S0022109019000589

Barillas, F., & Shanken, J. (2017). Which Alpha? *The Review of Financial Studies*, *30*(4), 1316–1338. https://doi.org/10.1093/rfs/hhw101

Barillas, F., & Shanken, J. (2018). Comparing Asset Pricing Models. *Journal of Finance*, *73*(2), 715–754. https://doi.org/10.1111/jofi.12607

Barry, C. B., Goldreyer, E., Lockwood, L., & Rodriguez, M. (2002). Robustness of size and value effects in emerging equity markets, 1985–2000. *Emerging Markets Review*, *3*(1), 1–30. https://doi.org/10.1016/S1566-0141(01)00028-0

Bartholdy, J., & Peare, P. (2003). Unbiased estimation of expected return using CAPM. *International Review of Financial Analysis*, *12*(1), 69–81. https://doi.org/10.1016/S1057-5219(02)00122-9

Basiewicz, P. G., & Auret, C. J. (2010). Feasibility of the fama and french three factor model in explaining returns on the JSE. *Investment Analysts Journal*, *71*(1), 13–25. https://doi.org/10.1080/10293523.2010.11082516

Basu, S. (1977). Investment Performance Of Common Stocks In Relation To Their Price-Earnings Ratios: A Test Of The Efficient Market Hypothesis. *The Journal of Finance*, 32(3), 663-682. https://doi.org/10.1111/j.1540-6261.1977.tb01979.x

Basu, S. (1983). The relationship between earnings' yield, market value and return for NYSE common stocks: Further evidence. *Journal of Financial Economics*, *12*(1), 129–156. https://doi.org/10.1016/0304-405X(83)90031-4

Bedoui, R. & BenMabrouk, H. (2017). CAPM with various utility functions: Theoretical developments and application to international data. *Cogent Economics & Finance*, *5*(1), 1-21. https://doi.org/10.1080/23322039.2017.1343230

Benfeddoul, S., and Taïb, A. A. (2024a). Cross-Sectionnal Patterns in Moroccan Sock Returns: A Fama-French Perspective. *International Journal of Economics and Financial Issues,* 14(6), 182-194. https://doi.org/10.32479/ijefi.17032

Benfeddoul, S., and Alaoui Taïb, A. (2024b). Exploring fundamental anomalies: Evidence from the Moroccan stock market. *Modern Finance*, 2(2), 120-135. https://doi.org/10.61351/mf.v2i2.192

Bekaert, G., & Harvey, C. R. (2003). Emerging markets finance. *Journal of Empirical Finance*, *10*(1), 3–55. https://doi.org/10.1016/S0927-5398(02)00054-3

Bhandari, L.C. (1988). Debt/Equity Ratio and Expected Common Stock Returns: Empirical Evidence. *The Journal of Finance*, *43*(2), 507–528.

Bhatnagar, C.S., & Ramlogan, R. (2012). The capital asset pricing model versus the three factor model: A United Kingdom Perspective. *International Journal of Business & Social Research*, *2*(1), 51–65.

Białkowski, J., Etebari, A., & Wisniewski, T. P. (2012). Fast profits: Investor sentiment and stock returns during Ramadan. *Journal of Banking & Finance*, *36*(3), 835–845. https://doi.org/10.1016/j.jbankfin.2011.09.014

Bildik, R., & Gülay, G. (2007). Profitability of Contrarian Strategies: Evidence from the Istanbul Stock Exchange. *International Review of Finance*, *7*(1–2), 61–87. https://doi.org/10.1111/j.1468-2443.2007.00068.x

Bird, R., & Casavecchia, L. (2007). Sentiment and Financial Health Indicators for Value and Growth Stocks: The European Experience. *The European Journal of Finance*, *13*(8), 769–793. https://doi.org/10.1080/13518470701705777

Birru, J. (2018). Day of the week and the cross-section of returns. *Journal of Financial Economics*, *130*(1), 182–214. https://doi.org/10.1016/j.jfineco.2018.06.008

Black, F., & Litterman, R. (1992). Global Portfolio Optimization. *Financial Analysts Journal*, *48*(5), 28–43. https://doi.org/10.2469/faj.v48.n5.28

Black, F., Scholes, M., & Merton, M. C. (1972). *The Capital Asset Pricing Model: Some Empirical Tests*. Studies in the Theory of Capital Markets, M.C. Jensen, New York. https://papers.ssrn.com/sol3/papers.cfm?abstract_id=908569

Blackburn, D. W., & Cakici, N. (2017). Overreaction and the cross-section of returns: International evidence. *Journal of Empirical Finance*, *42*, 1–14. https://doi.org/10.1016/j.jempfin.2017.02.001

Blundell, R., & Bond, S. (1998). Initial conditions and moment restrictions in dynamic panel data models. *Journal of Econometrics*, *87*(1), 115–143. https://doi.org/10.1016/S0304-4076(98)00009-8

Boamah, N. A., Watts, E., & Loudon, G. (2017). Regionally integrated asset pricing on the African stock markets: Evidence from the Fama French and Carhart models. *Journal of Economics and Business*, *92*, 29–44. https://doi.org/10.1016/j.jeconbus.2017.04.002

Bouchaddekh, T. (2013). MEDAF avec liquidité: Application au marché boursier tunisien. *Journal of Academic Finance*, *3*, 27-42. http://www.scientifics.fr/journal/index.php/AF/article/view/22

Brailsford, T. (1992). A test for the winner-loser anomaly in the Australian equity market: 1958-87. *Journal of Business Finance & Accounting*, *19*(2), 225 -241. https://doi.org/10.1111/j.1468-5957.1992.tb00621.x

Breeden, D. T. (1979). An intertemporal asset pricing model with stochastic consumption and investment opportunities. *Journal of Financial Economics*, *7*(3), 265–296. https://doi.org/10.1016/0304-405X(79)90016-3

Brennan, M. J. (1970). Taxes, Market Valuation and Corporate Financial Policy. *National Tax Journal*, *23*(4), 417–427.

Brennan, M. J., Chordia, T., & Subrahmanyam, A. (1998). Alternative factor specifications, security characteristics, and the cross-section of expected stock returns. *Journal of Financial Economics*, *49*(3), 345–373. https://doi.org/10.1016/S0304-405X(98)00028-2

Brennan, M. J., & Zhang, Y. (2020). Capital Asset Pricing with a Stochastic Horizon. *Journal of Financial & Quantitative Analysis*, *55*(3), 783–827. https://doi.org/10.1017/S0022109018001412

Bundoo, S. K. (2008). An augmented Fama and French three-factor model: New evidence from an emerging stock market. *Applied Economics Letters*, *15*(15), 1213–1218. https://doi.org/10.1080/13504850601018049

Butt, H. A., Kolari, J. W., & Sadaqat, M. (2021). Revisiting momentum profits in emerging markets. *Pacific-Basin Finance Journal*, *65*, 1-20. https://doi.org/10.1016/j.pacfin.2020.101486

Cakici, N., Chan, K., & Topyan, K. (2017). Cross-sectional stock return predictability in China. *The European Journal of Finance*, *23*(7–9), 581–605. https://doi.org/10.1080/1351847X.2014.997369

Cakici, N., Fabozzi, F. J., & Tan, S. (2013). Size, value, and momentum in emerging market stock returns. *Emerging Markets Review*, *16*, 46–65. https://doi.org/10.1016/j.ememar.2013.03.001

Campbell, kevin, & limmack, R. J. (1997). Long-term over-reaction in the UK stock market and size adjustments. *Applied Financial Economics*, *7*(5), 537–548. https://doi.org/10.1080/096031097333402

Campbell, J. (1996). Understanding Risk and Return. *Journal of Political Economy*, *104*(2), 298–345.

Caporale, M.G., & Zakirova, V. (2017). Calendar anomalies in the Russian stock market. *Russian Journal of Economics*, *3*(1), 101–108. https://doi.org/10.1016/j.ruje.2017.02.007

Carhart, M. M. (1997). On Persistence in Mutual Fund Performance. *The Journal of Finance*, *52*(1), 57–82.

Carmichael, B., Coën, A. & L'Her, J.F. (2007). *Erreurs sur les variables et modèles d'évaluation des actifs financiers canadiens*. Université du Québec. https://www.researchgate.net/publication/228882399_Erreurs_sur_les_variables_et_modeles_d%27evaluation_des_actifs_financiers_canadiens

Cass, D., & Stiglitz, J. E. (1970). The structure of investor preferences and asset returns, and separability in portfolio allocation: A contribution to the pure theory of mutual funds. *Journal of Economic Theory*, *2*(2), 122–160. https://doi.org/10.1016/0022-0531(70)90002-5

Chai, D., Chiah, M., & Gharghori, P. (2019). Which model best explains the returns of large Australian stocks? *Pacific-Basin Finance Journal*, *55*, 182–191. https://doi.org/10.1016/j.pacfin.2019.04.002

Chakroun, A. Z., & Hmaied, D. M. (2019). Detecting Profitability and Investment Risk Premiums in the French Stock Market. *Research in Finance, 35*, 71–104. https://doi.org/10.1108/S0196-382120190000035004

Chan, H. W., & Faff, R. W. (2005). Asset Pricing and the Illiquidity Premium. *Financial Review*, *40*(4), 429–458. https://doi.org/10.1111/j.1540-6288.2005.00118.x

Chan, K. C., Chen, N., & Hsieh, D. A. (1985). An exploratory investigation of the firm size effect. *Journal of Financial Economics*, *14*(3), 451–471.

Chan, K., Hameed, A., & Tong, W. (2000). Profitability of Momentum Strategies in the International Equity Markets. *The Journal of Financial and Quantitative Analysis*, *35*(2), 153–172. https://doi.org/10.2307/2676188

Chan, L. K. C., Hamao, Y., & Lakonishok, J. (1991). Fundamentals and Stock Returns in Japan. *The Journal of Finance*, *46*(5), 1739–1764. https://doi.org/10.1111/j.1540-6261.1991.tb04642.x

Chan, L. K. C., Jegadeesh, N., & Lakonishok, J. (1996). Momentum Strategies. *Journal of Finance*, *51*(5), 1681–1713.

Chan, L. K. C., Karceski, J., & Lakonishok, J. (1998). The Risk and Return from Factors. *Journal of Financial and Quantitative Analysis*, *33*(2), 159–188. https://doi.org/10.2307/2331306

Chaouachi, O., & Ben Mrad, F. W. (2020). The momentum effect: anomaly or illusion. *Indian Journal of Finance and Banking*, *4*, 20–29. https://doi.org/10.46281/ijfb.v4i4.900

Chaouachi, O., & Douagi, F. W. B. M. (2014). Overreaction Effect in the Tunisian Stock Market. *Journal of Asian Business Strategy*, *4*(11), Article 11.

Chaudhary, R., Misra, D., & Bakhshi, P. (2020). Conditional relation between return and co-moments – an empirical study for emerging Indian stock market. *Business perspectives*, *17*(2), 308–319.

Chen, J., Frijns, B., Indriawan, I., & Ren, H. (2019). Turn of the Month effect in the New Zealand stock market. *New Zealand Economic Papers*, *53*(3), 288–306.

Chen, L., Novy-Marx, R., & Zhang, L. (2011). *An Alternative Three-Factor Model.* SSRN Scholarly Paper 1418117. https://doi.org/10.2139/ssrn.1418117

Chen, N.-F. (1983). Some Empirical Tests of the Theory of Arbitrage Pricing. *The Journal of Finance*, *38*(5), 1393–1414. https://doi.org/10.1111/j.1540-6261.1983.tb03831.x

Chen, N.-F., Roll, R., & Ross, S. A. (1986). Economic Forces and the Stock Market. *The Journal of Business*, *59*(3), 383–403.

Chen, Z., Schmidt, A., & Wang, J. (2021). Retail investor risk-seeking, attention, and the January effect. *Journal of Behavioral and Experimental Finance*, *30*, 1-15. https://doi.org/10.1016/j.jbef.2021.100511

Chiah, M., Chai, D., Zhong, A., & Li, S. (2016). A Better Model? An Empirical Investigation of the Fama–French Five-factor Model in Australia. *International Review of Finance*, *16*(4), 595–638. https://doi.org/10.1111/irfi.12099

Chiah, M., & Zhong, A. (2019). Day-of-the-week effect in anomaly returns: International evidence. *Economics Letters*, *189*, 90–92.

Chordia, T., Huh, S.-W., & Subrahmanyam, A. (2009). Theory-Based Illiquidity and Asset Pricing. *The Review of Financial Studies*, *22*(9), 3629–3668.

Chou, P.-H., Wei, K. C. J., & Chung, H. (2007). Sources of contrarian profits in the Japanese stock market. *Journal of Empirical Finance*, *14*(3), 261–286. https://doi.org/10.1016/j.jempfin.2006.07.003

Chui, A. C. W., Titman, S., & Wei, K. C. J. (2010). Individualism and Momentum around the World. *The Journal of Finance*, *65*(1), 361–392.

Cleassens, S. Dasgupta, S., & Glen, J. (1995). Return Behavior in Emerging Stock Markets. *The World Bank Economic Review*, *9*(1), 131–151.

Cleassens, S, Dasgupta, S., & Glen, J. (1998). The Cross-Section of Stock Returns: Evidence from Emerging Markets. *Emerging Markets Quarterly*, *2*, 4–13.

Cochrane, J. H. (2005). *Asset Pricing: Revised Edition.* Princeton University Press.

Cochrane, J. H. (2011). Presidential Address: Discount Rates. *The Journal of Finance*, *66*(4), 1047–1108.

Condoyanni, L., O'Hanlon, J., & Ward, C. W. R. (1987). Day of the week effects on stock returns: international evidence. *Journal of Business Finance & Accounting*, *14*(2), 159-174. https://doi.org/10.1111/j.1468-5957.1987.tb00536.x

Connolly, R. A. (1991). A posterior odds analysis of the weekend effect. *Journal of Econometrics*, *49*(1), 51–104. https://doi.org/10.1016/0304-4076(91)90010-B

Connor, G. (1995). The Three Types of Factor Models: A Comparison of Their Explanatory Power. *Financial Analysts Journal*, *51*(3), 42–46. https://doi.org/10.2469/faj.v51.n3.1904

Cooper, I., & Kaplanis, E. (1994). The Implications of the Home Bias in Equity Portfolios. *Business Strategy Review*, *5*(2), 41–53. https://doi.org/10.1111/j.1467-8616.1994.tb00075.x

Cooper, I., Mitrache, A., & Priestley, R. (2022). A Global Macroeconomic Risk Model for Value, Momentum, and Other Asset Classes. *Journal of Financial and Quantitative Analysis*, *57*(1), 1–30. https://doi.org/10.1017/S0022109020000824

Costas, S., & Layal, Y. (2019). The January barometer in emerging markets: New evidence from the Gulf Cooperation Council stock exchanges. *Investment Management and Financial Innovations*, *16*(4), 61–71. https://doi.org/10.21511/imfi.16(4).2019.06

Coutts, J.A., & Hayes, P. A. (1999). The weekend effect, the Stock Exchange Account and the Financial Times Industrial Ordinary Shares Index: 1987-1994. *Applied Financial Economics*, *9*(1), 67–71. https://doi.org/10.1080/096031099332537

Cox, S., & Britten, J. (2019). The Fama-French five-factor model: Evidence from the Johannesburg Stock Exchange. *Investment Analysts Journal*, *48*(3), 240–261. https://doi.org/10.1080/10293523.2019.1647982

Cross, Frank. (1973). The Behavior of Stock Prices on Fridays and Mondays. *Financial Analysts Journal*, *29*(6), 67–69. https://doi.org/10.2469/faj.v29.n6.67

da Costa, N. C. A. (1994). Overreaction in the Brazilian stock market. *Journal of Banking & Finance*, *18*(4), 633–642. https://doi.org/10.1016/0378-4266(94)00011-5

Daniel, K., Hirshleifer, D., & Subrahmanyam, A. (1998). Investor Psychology and Security Market Under- and Overreactions. *The Journal of Finance*, *53*(6), 1839–1885.

Dash, S. R. (2016). Does investor sentiment as conditioning information help to explain stock returns behaviour? A test of alternative asset pricing models. *Review of Behavioral Finance*, *8*(2), 174–198. https://doi.org/10.1108/RBF-03-2014-0022

De Bondt, W. F. M., & Thaler, R. (1985). Does the Stock Market Overreact? *The Journal of Finance*, *40*(3), 793–805. https://doi.org/10.1111/j.1540-6261.1985.tb05004.x

de Carvalho, G. A., Amaral, H. F., Pinheiro, J. L., & Correia, L. F. (2021). The pricing of anomalies using factor models: A test in Latin American markets*. *Revista Contabilidade e Financas*, *32*(87), 492–509. https://doi.org/10.1590/1808-057X202111640

Delikouras, S. (2017). Where's the kink? Disappointment events in consumption growth and equilibrium asset prices. *Review of Financial Studies*, *30*(8), 2851–2889. https://doi.org/10.1093/rfs/hhx012

Delikouras, S., & Kostakis, A. (2019). A Single-Factor Consumption-Based Asset Pricing Model. *Journal of Financial & Quantitative Analysis*, *54*(2), 789–827. https://doi.org/10.1017/S0022109018000819

Desban, M., & Lajili Jarjir, S. (2018). Corporate ownership structure, market anomalies and asset pricing. *Journal of Asset Management*, *19*(5), 316–340.

Detzel, A., Novy-Marx, R., & Velikov, M. (2023). Model Comparison with Transaction Costs. *Journal of Finance*, *78(3)*, 1743-1775. https://doi.org/10.1111/jofi.13225

Dhaoui, A., & Bensalah, N. (2016). Asset valuation impact of investor sentiment: A revised Fama-French five-factor model. *Journal of Asset Management*, *18*(1), 16–28. https://doi.org/10.1057/s41260-016-0027-2

Dhouib, F. H., & Abaoub, E. (2007). Does the Tunisian Stock Market Overreact? *Asian Academy of Management Journal of Accounting and Finance (AAMJAF)*, *3*(2), 83–107.

Dhrymes, P. J., Friend, I., Gultekin, M. N., & Gultekin, N. B. (1985). New Tests of the APT and Their Implications. *The Journal of Finance*, *40*(3), 659–674. https://doi.org/10.1111/j.1540-6261.1985.tb04988.x

Dhrymes, P. J., Friend, I., & Gultekin, N. B. (1984). A Critical Reexamination of the Empirical Evidence on the Arbitrage Pricing Theory. *The Journal of Finance*, *39*(2), 323–346. https://doi.org/10.1111/j.1540-6261.1984.tb02312.x

Dijk, M. A. van, & Huibers, F. (2002). European Price Momentum and Analyst Behavior. *Financial Analysts Journal*, *58*(2), 96–105. https://doi.org/10.2469/faj.v58.n2.2526

Dimson, E. (1979). Risk measurement when shares are subject to infrequent trading. *Journal of Financial Economics*, *7*(2), 197–226. https://doi.org/10.1016/0304-405X(79)90013-8

Djajadikerta, H. G., & Nartea, G. V. (2005). The Size and Book-to-Market Effects and the Fama-French Three-Factor Model in Small Markets: Preliminary Findings from New Zealand. Working Paper 0510, School of Accounting, Finance and Economics & FIMARC Working Paper Series Edith Cowan University.

Doğan, M., Kevser, M., & Leyli Demirel, B. (2022). Testing the Augmented Fama–French Six-Factor Asset Pricing Model with Momentum Factor for Borsa Istanbul. *Discrete Dynamics in Nature and Society*, *2022*(1), 1-9. https://doi.org/10.1155/2022/3392984

Dolinar, D., Loncarevic, S., & Orlovic, Z. (2020). Test of the Fama-French Five-Factor Model on the Croatian Stock Market. In J. Simurina, I. N. Braje, & I. Pavic (Eds.), *Proceedings of Feb Zagreb 11th International Odyssey Conference on Economics and Business* (Vol. 2, Issue 1, pp. 286–297). Univ Zagreb, Fac Economics & Business. http://www.webofscience.com/wos/woscc/summary/21b67b05-fd5c-4746-a00e-b4fbd1b1e01e-0fdad107/relevance/1

Dolinar, Denis. (2013). Test of the Fama-French Three-factor Model In Croatia. *Journal of Economics, 4(2)*, 101-112.

dos Santos, J. O., Famá, R., & Mussa, A. (2012). A Adição Do Fator De Risco Momento Ao Modelo De Precificação De Ativos Dos Três Fatores De Fama & French Aplicado Ao Mercado Acionário Brasileiro. *REGE, Revista de Gestão, 19*(3), 453–471. https://doi.org/10.5700/rege473

Douglas, G. (1968). Risk in the Equity Market: An Empirical Appraisal of Market Efficiency. Yale Economic Essays 9.

Dzhabarov, C., & Ziemba, W. T. (2010). Do Seasonal Anomalies Still Work?. *Journal of Portfolio Management*, *36*(3), 93-104,.

Elliot, B., Docherty, P., Easton, S., & Lee, D. (2018). Profitability and investment-based factor pricing models. *Accounting & Finance*, *58*(2), 397–421. https://doi.org/10.1111/acfi.12217

Elton, E. J., & Gruber, M. J. (1987). *Modern Portfolio Theory and Investment Analysis*. John Wiley and Sons.

Engerman, M. (1993). Using fundamental and economic factors to explain stock returns: A look at broad factors that affect many stocks. Barra Newsletter (Fall).

Eraslan, V. (2013). Fama and French Three-Factor Model: Evidence from Istanbul Stock Exchange. *Business & Economics Research Journal*, *4*(2), 11–22.

Erdinç, Y. (2018). Comparison of CAPM, Three-Factor Fama-French Model and Five-Factor Fama-French Model for the Turkish Stock Market. IntechOpen. In Financial Management from an Emerging Market Perspective (Licensee InTech, pp. 69–92). https://www.intechopen.com/books/financial-management-from-an-emerging-market-perspective/comparison-of-capm-three-factor-fama-french-model-and-five-factor-fama-french-model-for-the-turkish-

Ernstberger, J., Haupt, H., & Vogler, O. (2011). The role of sorting portfolios in asset-pricing models. *Applied Financial Economics*, *21*(18), 1381–1396. https://doi.org/10.1080/09603107.2011.572849

Errunza, V., & Losq, E. (1989). Capital Flow Controls, International Asset Pricing, and Investors' Welfare: A Multi-Country Framework. *The Journal of Finance*, *44*(4), 1025–1037. https://doi.org/10.1111/j.1540-6261.1989.tb02636.x

Estrada, J. (2003). *Mean-Semivariance Behavior (Ii): The D-Capm.* SSRN Scholarly Paper ID 307242, Social Science Research Network. https://papers.ssrn.com/abstract=307242

Fama, E. F. (1976). Efficient Capital Markets: Reply. *The Journal of Finance*, *31*(1), 143–145. https://doi.org/10.2307/2326404

Fama, E. F., & French, K. R. (1992). The Cross-Section of Expected Stock Returns. *The Journal of Finance*, *47*(2), 427–465. https://doi.org/10.2307/2329112

Fama, E. F., & French, K. R. (1993). Common risk factors in the returns on stocks and bonds. *Journal of Financial Economics*, *33*(1), 3–56. https://doi.org/10.1016/0304-405X(93)90023-5

Fama, E. F., & FrencH, K. R. (1996). Multifactor Explanations of Asset Pricing Anomalies. *The Journal of Finance*, *51*(1), 55–84. https://doi.org/10.2307/2329302

Fama, E. F., & French, K. R. (1998). Value versus Growth: The International Evidence. *The Journal of Finance*, *53*(6), 1975–1999. https://doi.org/10.1111/0022-1082.00080

Fama, E. F., & French, K. R. (2004). New lists: Fundamentals and survival rates. *Journal of Financial Economics*, *73*(2), 229–269. https://doi.org/10.1016/j.jfineco.2003.04.001

Fama, E. F., & French, K. R. (2008). Dissecting Anomalies. *The Journal of Finance*, *63*(4), 1653–1678. https://doi.org/10.1111/j.1540-6261.2008.01371.x

Fama, E. F., & French, K. R. (2015). A five-factor asset pricing model. *Journal of Financial Economics*, *116*(1), 1–22. https://doi.org/10.1016/j.jfineco.2014.10.010

Fama, E. F., & French, K. R. (2016). Dissecting Anomalies with a Five-Factor Model. *The Review of Financial Studies*, *29*(1), 69–103. https://doi.org/10.1093/rfs/hhv043

Fama, E. F., & French, K. R. (2017). International tests of a five-factor asset pricing model. *Journal of Financial Economics*, *123*(3), 441–463. https://doi.org/10.1016/j.jfineco.2016.11.004

Fama, E. F., & French, K. R. (2018). Choosing factors. *Journal of Financial Economics*, *128*(2), 234–252. https://doi.org/10.1016/j.jfineco.2018.02.012

Fama, E. F., & MacBeth, J. D. (1973). Risk, Return, and Equilibrium: Empirical Tests. *Journal of Political Economy*, *81*(3), 607–636.

Fang, H., & Lai, T.-Y. (1997). Co-Kurtosis and Capital Asset Pricing. *Financial Review*, *32*(2), 293–307. https://doi.org/10.1111/j.1540-6288.1997.tb00426.x

Farrar, D. E. (1962). *The Investment Decision Under Uncertainty* (First Edition). Prentice-Hall, Inc.

Ferrouhi, E. M., Kharbouch, O., Aguenaou, S., & Naeem, M. (2021). Calendar anomalies in African stock markets. *Cogent Economics and Finance*, *9*(1), 1-17. https://doi.org/10.1080/23322039.2021.1978639

Ferson, W. E. (2006). Note from the Editor, Wayne E. Ferson on Shanken, Jay and Mark I. Weinstein, Economic Forces and the Stock Market Revisited. *Journal of Empirical Finance*, *13*(3), 389–391.

Fisher, K.L. (1984). *Super Stocks*. Homewood, III: Dow Jones-Irwin. https://www.abebooks.fr/9780870945526/Super-Stocks-Fisher-Kenneth-L-0870945521/plp

Fletcher, J. (2019). Model comparison tests of linear factor models in U.K. stock returns. *Finance Research Letters*, *28*, 281–291. https://doi.org/10.1016/j.frl.2018.05.005

Foye, J. (2018). A comprehensive test of the Fama-French five-factor model in emerging markets. *Emerging Markets Review*, *37*, 199–222. https://doi.org/10.1016/j.ememar.2018.09.002

Foye, J., Mramor, D., & Pahor, M. (2013). A Respecified Fama French Three-Factor Model for the New European Union Member States. *Journal of International Financial Management & Accounting*, *24*(1), 3–25. https://doi.org/10.1111/jifm.12005

Foye, J., & Valentinčič, A. (2020). Testing factor models in Indonesia. *Emerging Markets Review*, *42*, 1-15. https://doi.org/10.1016/j.ememar.2019.100628

Frazzini, A., & Pedersen, L. H. (2014). Betting against beta. *Journal of Financial Economics*, *111*(1), 1–25. https://doi.org/10.1016/j.jfineco.2013.10.005

French, K. R. (1980). Stock returns and the weekend effect. *Journal of Financial Economics*, *8*(1), 55–69. https://doi.org/10.1016/0304-405X(80)90021-5

Friend, I., Landskroner, Y., & Losq, E. (1976). The Demand for Risky Assets under Uncertain Inflation. *Journal of Finance*, *31*(5), 1287–1297.

Fung, A. K.-W. (1999). Overreaction in the Hong Kong stock market. *Global Finance Journal*, *10*(2), 223–230. https://doi.org/10.1016/S1044-0283(99)00016-2

Galariotis, E. C. (2004). Sources of contrarian profits and return predictability in emerging markets. *Applied Financial Economics*, *14*(14), 1027–1034. https://doi.org/10.1080/0960310042000261802

Gaunt, C. (2004). Size and book to market effects and the Fama French three factor asset pricing model: Evidence from the Australian stockmarket. *Accounting & Finance*, *44*(1), 27–44. https://doi.org/10.1111/j.1467-629x.2004.00100.x

Geczy, C. C., & Samonov, M. (2016). Two Centuries of Price-Return Momentum. *Financial Analysts Journal*, *72*(5), 32–56. https://doi.org/10.2469/faj.v72.n5.1

George, T. J., & Hwang, C.-Y. (2010). A resolution of the distress risk and leverage puzzles in the cross section of stock returns—ScienceDirect. *Journal of Financial Economics*, , *96*(1), 56-79.

Gharaibeh, A. M. O., & Hammadi, F. I. (2013). The Day of the Week Anomaly in Bahrain's Stock Market. *International Management Review*, *9*(2), 60–69.

Gharaibeh, O. (2016). Evidence of the Momentum Effect in the Morocco Stock Market: 1995-2014. *International Review of Management and Business Research*, *5*(1), 204–213.

Gharaibeh, O. (2017). The January Effect: Evidence from Four Arabic Market Indices. *International Journal of Academic Research in Accounting, Finance and Management Sciences*, *7*(1), 144–150.

Gibbons, M. R., Ross, S. A., & Shanken, J. (1989). A Test of Effciency of a Given Portfolio. *Econometrica*, *57*, 1121–1152. https://doi.org/10.2307/1913625

Gilman, S. (1925). *Analyzing Financial Statements*. Ronald Press, New York.

Gonedes, N. J. (1976). The Capital Market, the Market for Information, and External Accounting. *Journal of Finance*, *31*(2), 611–630.

Griffin, J. M., Ji, X., & Martin, J. S. (2003). Momentum Investing and Business Cycle Risk: Evidence from Pole to Pole. *The Journal of Finance*, *58*(6), 2515–2547. https://doi.org/10.1046/j.1540-6261.2003.00614.x

Griffin, J. M., Kelly, P. J., & Nardari, F. (2010). Do Market Efficiency Measures Yield Correct Inferences? A Comparison of Developed and Emerging Markets. *The Review of Financial Studies*, *23*(8), 3225–3277. https://doi.org/10.1093/rfs/hhq044

Grinblatt, M., & Titman, S. (2002). *Financial Markets and Corporate Strategy*. McGraw-Hill Companies,Incorporated.

Gultekin, M. N., & Gultekin, N. B. (1983). Stock market seasonality: International Evidence. *Journal of Financial Economics*, *12*(4), 469–481. https://doi.org/10.1016/0304-405X(83)90044-2

Guo, B., Zhang, W., Zhang, Y., & Zhang, H. (2017). The five-factor asset pricing model tests for the Chinese stock market. *Pacific Basin Finance Journal*, *43*, 84–106. https://doi.org/10.1016/j.pacfin.2017.02.001

Han, Y., Zhou, G., & Zhu, Y. (2016). A trend factor: Any economic gains from using information over investment horizons? *Journal of Financial Economics*, *122*(2), 352–375. https://doi.org/10.1016/j.jfineco.2016.01.029

Hanauer, M. X., & Lauterbach, J. G. (2019). The cross-section of emerging market stock returns. *Emerging Markets Review*, *38*, 265–286. https://doi.org/10.1016/j.ememar.2018.11.009

Harris, M., & Raviv, A. (1991). The Theory of Capital Structure. *The Journal of Finance*, *46*(1), 297–355. https://doi.org/10.1111/j.1540-6261.1991.tb03753.x

Haugen, R. A., & Jorion, P. (1996). The January Effect: Still There after All These Years. *Financial Analysts Journal*, *52*(1), 27–31. https://doi.org/10.2469/faj.v52.n1.1963

Heaney, R., Koh, S., & Lan, Y. (2016). Australian firm characteristics and the cross-section variation in equity returns. *Pacific Basin Finance Journal*, *37*, 104–115. https://doi.org/10.1016/j.pacfin.2016.03.001

Hearn, B. (2011). Modelling size and liquidity in North African industrial sectors. *Emerging Markets Review*, *12*(1), 21–46. https://doi.org/10.1016/j.ememar.2010.08.004

Hearn, B., & Piesse, J. (2009). An augmented capital asset pricing model: Liquidity and stock size in African emerging financial markets. *African Finance Journal*, *2009*(si-1), 45–73. https://doi.org/10.10520/EJC33721

Hirshleifer, D., & Shumway, T. (2003). Good Day Sunshine: Stock Returns and the Weather. *The Journal of Finance*, *58*(3), 1009–1032. https://doi.org/10.1111/1540-6261.00556

Hong, H., & Stein, J. C. (1999). A Unified Theory of Underreaction, Momentum Trading, and Overreaction in Asset Markets. *The Journal of Finance*, *54*(6), 2143–2184. https://doi.org/10.1111/0022-1082.00184

Hossain, M. S. (2022). Asset Pricing Puzzle: New Evidence of Fama-French Five-Factors in Emerging Market Perspectives. *Real Estate Management and Valuation*, *30*(3), 73–85. https://doi.org/10.2478/remav-2022-0022

Hou, K., Karolyi, G. A., & Kho, B.-C. (2011). What Factors Drive Global Stock Returns? *The Review of Financial Studies*, *24*(8), 2527–2574.

Hou, K., Mo, H., Xue, C., & Zhang, L. (2019). Which factors? *Review of Finance*, *23*(1), 1–35. https://doi.org/10.1093/rof/rfy032

Hou, K., Xue, C., & Zhang, L. (2015). Digesting Anomalies: An Investment Approach. *Review of Financial Studies*, *28*(3), 650–705. https://doi.org/10.1093/rfs/hhu068

Hou, K., Xue, C., & Zhang, L. (2017). *A Comparison of New Factor Models* (SSRN Scholarly Paper 2520929). https://doi.org/10.2139/ssrn.2520929

Hou, T. C. T., & McKnight, P. J. (2004). An Explanation of Momentum in Canadian Stocks. *Canadian Journal of Administrative Sciences / Revue Canadienne Des Sciences de l'Administration*, *21*(4), 334–343. https://doi.org/10.1111/j.1936-4490.2004.tb00349.x

Hsu, C.-H., Lee, K.-C., Chang, Y.-P., & Fung, H.-G. (2015). Value versus growth: Taiwan evidence. *Managerial Finance*, *41*(8), 845–856. https://doi.org/10.1108/MF-07-2014-0202

Hu, O. (2007). Applicability of the Fama-French Three-Factor Model in Forecasting Portfolio Returns. *Journal of Financial Research*, *30*(1), 111–127. https://doi.org/10.1111/j.1475-6803.2007.00205.x

Jaffe, J. F., Westerfield, R., & Ma, C. (1989). A twist on the Monday effect in stock prices: Evidence from the U.S. and foreign stock markets. *Journal of Banking & Finance*, *13*(4), 641–650. https://doi.org/10.1016/0378-4266(89)90035-6

Jaffe, J., & Westerfield, R. (1985). The Week-End Effect in Common Stock Returns: The International Evidence. *The Journal of Finance*, *40*(2), 433–454. https://doi.org/10.1111/j.1540-6261.1985.tb04966.x

Jagannathan, R., & Wang, Y. (2007). Lazy investors, discretionary consumption, and the cross-section of stock returns. *Journal of Finance*, *62*(4), 1623–1661. https://doi.org/10.1111/j.1540-6261.2007.01253.x

Jakpar, S., Tinggi, M., Yu Qi, W., & Samsudin, N. (2019). The impact of firm leverage on stock return in manufacturing industry. *UNIMAS Review of Accounting and Finance*, *3*(1), 39-48.

Jegadeesh and Titman's. (1993). Returns to Buying Winners and Selling Losers: Implications for Stock Market Efficiency on JSTOR. *The Journal of Finance*.
https://www.jstor.org.eressources.imist.ma/stable/2328882#metadata_info_tab_contents

Jegadeesh, N., Noh, J., Pukthuanthong, K., Roll, R., & Wang, J. (2019). Empirical tests of asset pricing models with individual assets: Resolving the errors-in-variables bias in risk premium estimation. *Journal of Financial Economics*, *133*(2), 273–298. https://doi.org/10.1016/j.jfineco.2019.02.010

Kakinuma, Y. (2020). Empirical evidence of profitability anomaly in the thai stock market. *Journal of International Studies*, *13*(4), 89–100. https://doi.org/10.14254/2071-8330.2020/13-4/6

Kandel, S., & Stambaugh, R. F. (1987). On correlations and inferences about mean-variance efficiency. *Journal of Financial Economics*, *18*, 61–90.

Kavanagh, D. J., & Bower, G. H. (1985). Mood and self-efficacy: Impact of joy and sadness on perceived capabilities. *Cognitive Therapy and Research*, *9*(5), 507–525. https://doi.org/10.1007/BF01173005

Keim, D. B. (1983). Size-related anomalies and stock return seasonality. *Journal of Financial Economics*, *12*(1), 13–32. https://doi.org/10.1016/0304-405X(83)90025-9

Kelly, F. C. (1930). Why You Win or Lose: The Psychology of Speculation. Boston: Houghton Mifflin.

Khan, K., Nasir, M. A., & Rossi, M. (2017). The calendar anomalies on performance and volatility of stock market: The effects of Ramadan on Karachi Stock Exchange. *Global Business and Economics Review*, *19*(1), 54–69. https://doi.org/10.1504/GBER.2017.080775

Kheradyar, S., Ibrahim, I., & Mat Nor, F. (2011). Stock Return Predictability with Financial Ratios. *International Journal of Trade, Economics and Finance*, *2*(5), 391–396.

Khosroazad, N., & Chitsazan, H. (2016). Does Book-to-Market Ratio Matter in Profitability of Momentum Investment Strategy in Tehran Stock Exchange? *International Journal of Economy, Management and Social Sciences*, *5*(2), 23–27.

Kim, C.-W., & Park, J. (1994). Holiday Effects and Stock Returns: Further Evidence. *Journal of Financial and Quantitative Analysis*, *29*(1), 145–157. https://doi.org/10.2307/2331196

Kim, D. (1995). The Errors in the Variables Problem in the Cross-Section of Expected Stock Returns. *The Journal of Finance*, *50*(5), 1605–1634. https://doi.org/10.2307/2329328

Kim, S., & Skoulakis, G. (2018). Ex-post risk premia estimation and asset pricing tests using large cross sections: The regression-calibration approach. *Journal of Econometrics*, *204*(2), 159–188. https://doi.org/10.1016/j.jeconom.2018.01.007

King, B. F. (1966). Market and Industry Factors in Stock Price Behavior. *The Journal of Business*, *39*(S1), Article S1. https://doi.org/10.1086/294847

Konijn, S. J. J., Kräussl, R., & Lucas, A. (2011). Blockholder dispersion and firm value. *Journal of Corporate Finance*, *17*(5), 1330–1339. https://doi.org/10.1016/j.jcorpfin.2011.06.005

Koseoglu, B. (2014). Cross-Sectional Variation in Stock Returns due to Leverage in Exchange Istanbul. *International Business Research*, *7*(1), 34–41.

Kostin, K. B., Runge, P., & Charifzadeh, M. (2022). An Analysis and Comparison of Multi-Factor Asset Pricing Model Performance during Pandemic Situations in Developed and Emerging Markets. *Mathematics*, *10*(1), 1-16. https://doi.org/10.3390/math10010142

Kothari, S. P., Shanken, J., & Sloan, R. G. (1995). Another Look at the Cross-section of Expected Stock Returns. *The Journal of Finance*, *50*(1), 185–224. https://doi.org/10.1111/j.1540-6261.1995.tb05171.x

Kraus, A., & Litzenberger, R. H. (1976). Skewness Preference and the Valuation of Risk Assets. *The Journal of Finance*, *31*(4), 1085–1100. https://doi.org/10.2307/2326275

Kryzanowski, L., Lalancette, S., & To, M. C. (1997). Performance Attribution using an APT with Prespecified Macrofactors and Time-Varying Risk Premia and Betas. *Journal of Financial and Quantitative Analysis*, *32*(2), 205–224. https://doi.org/10.2307/2331173

Kryzanowski, L., & Zhang, H. (1992). The Contrarian Investment Strategy Does Not Work in Canadian Markets. *Journal of Financial and Quantitative Analysis*, *27*(3), 383–395. https://doi.org/10.2307/2331326

Kubota, K., & Takehara, H. (2018). Does the Fama and French Five-Factor Model Work Well in Japan? *International Review of Finance*, *18*(1), 137–146. https://doi.org/10.1111/irfi.12126

Kunkel, R. A., Compton, W. S., & Beyer, S. (2003). The turn-of-the-month effect still lives: The international evidence. *International Review of Financial Analysis*, *12*(2), 207–221. https://doi.org/10.1016/S1057-5219(03)00007-3

Kyriazis, D., & Diacogiannis, G. (2007). Testing the performance of value strategies in the Athens stock exchange. *Applied Financial Economics*, *17*(18), 1511–1528. https://doi.org/10.1080/09603100600949226

Lai, Y.-W., & Windawati, A. (2017). Risk, return, and liquidity during Ramadan: Evidence from Indonesian and Malaysian stock markets. *Research in International Business and Finance*, *42*, 233–241. https://doi.org/10.1016/j.ribaf.2017.04.054

Lajili Jarjir, S. (2002). The capital asset pricing model and the three factor model of Fama and French revisited in the case of France, CEREG University of Paris Working Paper, no. 2002-10.

Lakonishok, J., & Levi, M. (1982). Weekend Effects on Stock Returns: A Note. *The Journal of Finance*, *37*(3), 883–889. https://doi.org/10.1111/j.1540-6261.1982.tb02231.x

Lakonishok, J., & Maberly, E. (1990). The Weekend Effect: Trading Patterns of Individual and Institutional Investors. *The Journal of Finance*, *45*(1), 231–243. https://doi.org/10.1111/j.1540-6261.1990.tb05089.x

Lakonishok, J., Shleifer, A., & Vishny, R. W. (1994). Contrarian Investment, Extrapolation, and Risk. *The Journal of Finance*, *49*(5), 1541–1578. https://doi.org/10.1111/j.1540-6261.1994.tb04772.x

Lakonishok, J., & Smidt, S. (1988). Are Seasonal Anomalies Real? A Ninety-Year Perspective. *The Review of Financial Studies*, *1*(4), 403–425. https://doi.org/10.1093/rfs/1.4.403

Lambert, M., Fays, B., & Hübner, G. (2020). *Factoring Characteristics into Returns: A Clinical Study on the SMB and HML Portfolio Construction Methods*. SSRN Scholarly Paper 3179655. https://doi.org/10.2139/ssrn.3179655

Lau, S. T., Lee, C. T., & McInish, T. H. (2002). Stock returns and beta, firms size, E/P, CF/P, book-to-market, and sales growth: Evidence from Singapore and Malaysia. *Journal of Multinational Financial Management*, *12*(3), 207–222. https://doi.org/10.1016/S1042-444X(01)00051-2

Lee, C. F., Wu, C., & Wei, K. C. J. (1990). The Heterogeneous Investment Horizon and the Capital Asset Pricing Model: Theory and Implications. *The Journal of Financial and Quantitative Analysis*, *25*(3), 361–376. https://doi.org/10.2307/2330701

Lee, D. (1976). A Theory of Visual Control of Braking Based on Information about Time-to-Collision. *Perception*, *5*, 437–459. https://doi.org/10.1068/p050437

Lehmann, B. N., & Modest, D. M. (1988). The empirical foundations of the arbitrage pricing theory. *Journal of Financial Economics*, *21*(2), 213–254. https://doi.org/10.1016/0304-405X(88)90061-X

Leite, A. L., Klotzle, M. C., Pinto, A. C. F., & da Silva, A. F. (2018). Size, value, profitability, and investment: Evidence from emerging markets. *Emerging Markets Review*, *36*, 45–59. https://doi.org/10.1016/j.ememar.2018.04.006

Lessard, D. (1974). World, National, and Industry Factors in Equity Returns. *Journal of Finance*, *29*(2), 379–391.

Levhari, D., & Levy, H. (1977). The Capital Asset Pricing Model and the Investment Horizon. *The Review of Economics and Statistics*, *59*(1), 92–104.

Levy, S. J. (1978). Marketplace behavior—Its meaning for management. AMACOM, New York.

Li, Y., & Wang, L. (2014). Liquidity and asset pricing: An empirical investigation of Chinese Stock Market. *2014 International Conference on Management Science & Engineering 21th Annual Conference Proceedings*, 1408–1415. https://doi.org/10.1109/ICMSE.2014.6930396

Liang, X., Liu, Q., & Zebedee, A. A. (2022). One Country, Two Calendars: Lunar January Effect in China's A-Share Stock Market. *Asia-Pacific Journal of Financial Studies*, *51*(6), 859–895. https://doi.org/10.1111/ajfs.12404

Lin, Q. (2017). Noisy prices and the Fama–French five-factor asset pricing model in China. *Emerging Markets Review*, *31*, 141–163. https://doi.org/10.1016/j.ememar.2017.04.002

Lintner, J. (1965). The Valuation of Risk Assets and the Selection of Risky Investments in Stock Portfolios and Capital Budgets. *The Review of Economics and Statistics*, *47*(1), 13–37. https://doi.org/10.2307/1924119

Lintner, J. (1970). The Market Price of Risk, Size of Market and Investor's Risk Aversion. *The Review of Economics and Statistics*, *52*(1), 87–99. https://doi.org/10.2307/1927602

Litzenberger, R. H., & Ramaswamy, K. (1979). The effect of personal taxes and dividends on capital asset prices: Theory and empirical evidence. *Journal of Financial Economics*, *7*(2), 163–195. https://doi.org/10.1016/0304-405X(79)90012-6

Liu, J., Stambaugh, R. F., & Yuan, Y. (2019). Size and value in China. *Journal of Financial Economics*, *134*(1), 48–69. https://doi.org/10.1016/j.jfineco.2019.03.008

Liu, R. H. (2009). Analytical approximation method of option pricing under geometric mean-reverting process. *International Journal of Computer*

Mathematics, *86*(6), 1082–1092. https://doi.org/10.1080/00207160902818783

Lo, A. W., & MacKinlay, A. C. (1990). Data-Snooping Biases in Tests of Financial Asset Pricing Models. *The Review of Financial Studies*, *3*(3), 431–467. https://doi.org/10.1093/rfs/3.3.431

Lohrmann, C. (2015). *Comparison of the CAPM, the Fama-French Three Factor Model and Modifications*. Grin Publishing. https://www.grin.com/document/304738

Longstaff, F. A. (1989). Temporal Aggregation and the Continuous-Time Capital Asset Pricing Model. *The Journal of Finance*, *44*(4), 871–887. https://doi.org/10.1111/j.1540-6261.1989.tb02628.x

Low, C., & Nayak, S. (2009). The non-relevance of the elusive holy grail of asset pricing tests: The "true" market portfolio does not alter CAPM validity conclusions. *The Quarterly Review of Economics and Finance*, *49*(4), 1460–1475.

Lucas, R. E. (1978). Asset Prices in an Exchange Economy. *Econometrica*, *46*(6), 1429–1445. https://doi.org/10.2307/1913837

Lucey, B. M., & Pardo, A. (2005). Why investors should not be cautious about the academic approach to testing for stock market anomalies. *Applied Financial Economics*, *15*(3), 165–171. https://doi.org/10.1080/0960310042000313213

Madhavan, A., & Yang, J. (2003). Practical risk analysis for portfolio managers and traders. *The Journal of Portfolio Management*, *30*(1), 73–85.

Maghayereh, A. (2003). Seasonality and January effect anomalies in an emerging capital market. *The Arab Bank Review*, *5*(2), 25–32.

Maiti, M., & Balakrishnan, A. (2020). Can leverage effect coexist with value effect? *IIMB Management Review*, *32*(1), 7–23. https://doi.org/10.1016/j.iimb.2019.07.011

Mankiw, N. G., & Shapiro, M. (1986). Risk and Return: Consumption Beta versus Market Beta. *The Review of Economics and Statistics*, *68*(3), 452–459.

Markowitz, H. (1952). Portfolio Selection. *The Journal of Finance*, *7*(1), 77–91. https://doi.org/10.2307/2975974

Markowitz, H. M. (1987). Mean-Variance Analysis in Portfolio Choice and Capital Markets. Frank J. Fabozzi Associates.

Mayers, D. (1973). Nonmarketable Assets and the Determination of Capital Asset Prices in the Absence of a Riskless Asset. *The Journal of Business*, *46*(2), 258–267.

McConnell, J. J., & Xu, W. (2008). Equity Returns at the Turn of the Month. *Financial Analysts Journal, 64*(2), 49–64. https://doi.org/10.2469/faj.v64.n2.11

Mehdian, S., & Perry, M. J. (2002). Anomalies in US equity markets: A re-examination of the January effect. *Applied Financial Economics*, *12*(2), 141–145. https://doi.org/10.1080/09603100110088067

Mehra, R., & Prescott, E. C. (1985). The equity premium: A puzzle. *Journal of Monetary Economics*, *15*(2), 145–161. https://doi.org/10.1016/0304-3932(85)90061-3

Merton, R. C. (1973). An Intertemporal Capital Asset Pricing Model. *Econometrica*, *41*(5), 867–887. https://doi.org/10.2307/1913811

Miller, M. H., & Modigliani, F. (1961). Dividend Policy, Growth, and the Valuation of Shares. *The Journal of Business*, *34*(4), 411–433.

Miller, M. H., & Scholes, M. (1972). Rates of return in relation to risk: A re-examination of some recent findings. *Studies in the Theory of Capital Markets , Held at the University of Rochester*, 47–78.

Miloudi, A., & Lilti, J.-J. (2002). *Les modèles à facteurs: Des variables fondamentales aux facteurs statistiques*. Banque & Marchés n° 60. https://www.researchgate.net/publication/269971199_Les_modeles_a_facteurs_des_variables_fondamentales_aux_facteurs_statistiques

Mirza, N., Rahat, B., & Reddy, K. (2016). Financial leverage and stock returns: Evidence from an emerging economy. *Economic Research - Ekonomska Istraživanja*, *29*(1), 85–100. https://doi.org/10.1080/1331677X.2016.1160792

Mlambo, C., & Biekpe, N. (2006). Seasonal effects: Evidence from emerging African stock markets. *South African Journal of Business Management*, *37*(3), 41–52. https://doi.org/10.10520/EJC22314

Moller, N., & Zilca, S. (2008). The evolution of the January effect. *Journal of Banking & Finance*, *32*(3), 447–457. https://doi.org/10.1016/j.jbankfin.2007.06.009

Mosoeu, S., & Kodongo, O. (2020). The Fama-French five-factor model and emerging market equity returns. *Quarterly Review of Economics and Finance*, Pre-proof. https://doi.org/10.1016/j.qref.2020.10.023

Mossin, J. (1966). Equilibrium in a Capital Asset Market. *Econometrica*, *34*(4), 768–783. https://doi.org/10.2307/1910098

Muga, L., & Santamaría, R. (2007). The Momentum Effect in Latin American Emerging Markets. *Emerging Markets Finance and Trade*, *43*(4), 24–45. https://doi.org/10.2753/REE1540-496X430402

Mukherji, S., Dhatt, M. S., & Kim, Y. H. (1997). A Fundamental Analysis of Korean Stock Returns. *Financial Analysts Journal*, *53*(3), 75–80.

Munir, A. F., Shaharuddin, S. S., & Sukor, M. E. A. (2020). Long-Term, Short-Term and Time-Varying Profitability of Reversals: The Role of Market State and Volatility. *International Journal of Economics and Business Administration*, *VIII*(2), 501–520.

Muradoğlu, Y. G., & Sivaprasad, S. (2012). Using Firm-Level Leverage as an Investment Strategy. *Journal of Forecasting*, *31*(3), 260–279. https://doi.org/10.1002/for.1221

Mustafa, S., Saeed, A., & Zafar, A. (2017). The Effect of Financial Leverage and Market Size on Stock Returns on the Karachi Stock Exchange: Evidence from Selected Stocks in the Non-Financial Sector of Pakistan. SSRN Scholarly Paper 3063965. https://papers.ssrn.com/abstract=3063965

Nartea, G. V., Ward, B. D., & Djajadikerta, H. G. (2009). Size, BM, and momentum effects and the robustness of the Fama-French three-factor model: Evidence from New Zealand. *International Journal of Managerial Finance*, *5*(2), 179–200. https://doi.org/10.1108/17439130910947895

Nathan, S., Sivakumar, K., & Vijayakumar, J. (2001). Returns to Trading Strategies Based on Price-to-Earnings and Price-to-Sales Ratios. *The Journal of Investing*, *10*(2), 17–28. https://doi.org/10.3905/joi.2001.319458

Naughton, A., & Veeraraghavan, M. (2005). A multifactor model explanation of the cross-section of expected stock returns: Evidence from Indonesia, Singapore and Taiwan. *Finance India*, *X1X*(1), 135–157.

Nettayanun, S. (2023). Asset pricing in bull and bear markets. *Journal of International Financial Markets, Institutions and Money*, *83*, 101734. https://doi.org/10.1016/j.intfin.2023.101734

Newey, W. K., & West, K. D. (1987). A Simple, Positive Semi-Definite, Heteroskedasticity and Autocorrelation Consistent Covariance Matrix. *Econometrica*, *55*(3), 703–708. https://doi.org/10.2307/1913610

Nguyen, A., Faff, R., & Gharghori, P. (2009). Are the Fama–French factors proxying news related to GDP growth? The Australian evidence. *Review of Quantitative Finance & Accounting*, *33*(2), 141–158. https://doi.org/10.1007/s11156-009-0137-8

Nichol, E., & Dowling, M. (2014). Profitability and investment factors for UK asset pricing models. *Economics Letters*, *125*(3), 364–366. https://doi.org/10.1016/j.econlet.2014.10.013

Nishantha, J. M. (2018). Testing the Validity of Conditional Four Moment Capital Asset Pricing Model: Empirical Evidence from the Colombo Stock Exchange. *Staff Studies*, *48*(1), 99. https://doi.org/10.4038/SS.V48I1.4710

Nivoix, S., & Guo, Y. (2018). The PER and PBR in China Where do we stand? In *China's Global Political Economy: Managerial Perspectives,* 205–222. https://doi.org/10.4324/9781315102566-14

Nnadi, M., & Tanna, S. (2019). Accounting analyses of momentum and contrarian strategies in emerging markets . *Asia-Pacific Journal of Accounting & Economics*, *26*(4), 457–477. https://doi.org/10.1080/16081625.2017.1284596

Noda, R. F., Martelanc, R., & Kayo, E. K. (2016). The earnings/price risk factor in capital asset pricing models. *Revista Contabilidade e Financas*, *27*(70), 67–79. https://doi.org/10.1590/1808-057x201412060

Novy-Marx, R. (2013). The other side of value: The gross profitability premium. *Journal of Financial Economics*, *108*(1), 1–28. https://doi.org/10.1016/j.jfineco.2013.01.003

Nudrat, F., Waqas, M., Rameez, H., Fraz, A., & Arif, M. (2017). Cash to Price Ratio & Stock Returns: Evidence from Emerging Markets. *International Journal of Economics and Finance*, *9*(11), 153–162.

O'Connell, M. (2023). Model comparison in German stock returns. *Journal of Economic Studies*, *50*(6), 1245–1259. https://doi.org/10.1108/JES-05-2022-0261

Ogieva, O. F., & Osamwonyi, I. O. (2013). Testing calendar effect on Nigerian stock market returns: methodological approach. *Journal of Financial Management & Analysis*, *26*(1), 39–64.

Oral, E. (2012). Day of the Week Effect on Turkish Foreign Exchange Market Volatility During the Global Financial Crisis, Working paper. https://mpra.ub.uni-muenchen.de/44116/

Öztürk, H., & Karabulut, T. A. (2020). Impact of financial ratios on technology and telecommunication stock returns: Evidence from an emerging market. *Investment Management and Financial Innovations*, *17*(2), 76–87. https://doi.org/10.21511/imfi.17(2).2020.07

Öztürk, H., & Yılmaz, A. A. (2015). Leverage and Stock Returns: Evidence from Istanbul Stock Exchange. *Accounting and Finance Research*, *4*(4), 140–146.

Page, M., & Palmer, F. (1991). The relationship between excess returns, firm size and earnings on the Johannesburg Stock Exchange. *South African Journal of Business Management*, *22*(3), 63–73. https://doi.org/10.4102/sajbm.v22i3.900

Parker, J. A., & Julliard, C. (2005). Consumption risk and the cross section of expected returns. *Journal of Political Economy*, *113*(1), 185–222. https://doi.org/10.1086/426042

Pasaribu, R. (2009). Stock Portfolio with Fama-French Model in Indonesian Stock Exchange. *Journal of Accounting & Business*, *9*(1), 1–12.

Pástor, Ľ., & Stambaugh, R. F. (2003). Liquidity Risk and Expected Stock Returns. *Journal of Political Economy*, *111*(3), 642–685. https://doi.org/10.1086/374184

Pati, P. C., Rajib, P., & Barai, P. (2019). The role of the volatility index in asset pricing: The case of the Indian stock market. *Quarterly Review of Economics & Finance*, *74*, 336–346. https://doi.org/10.1016/j.qref.2019.04.010

PENMAN, S. H., Richardson, S. A., & Tuna, I. (2007). The Book-to-Price Effect in Stock Returns. *Journal of Accounting Research*, *45*(2), 427–468. https://doi.org/10.1111/j.1475-679X.2007.00240.x

Petr, P., & Abdullah, E. (2012). Momentum strategy and Bombay stock Exchange. Современная Экономика: Проблемы, Тенденции, Перспективы, 7, 1-21.

Priestley, R. (1996). The arbitrage pricing theory, macroeconomic and financial factors, and expectations generating processes. *Journal of Banking & Finance*, *20*(5), 869–890. https://doi.org/10.1016/0378-4266(95)00035-6

Racicot, F.-E., & Rentz, W. F. (2017). A panel data robust instrumental variable approach: A test of the new Fama-French five-factor model. *Applied Economics Letters*, *24*(6), 410–416. https://doi.org/10.1080/13504851.2016.1197361

Racicot, F.-E., Rentz, W. F., & Théoret, R. (2018). Testing the new Fama and French factors with illiquidity: A panel data investigation. *Finance*, *39*(3), 45–102. https://doi.org/10.3917/fina.393.0045

Ragab, N. S., Abdou, R. K., & Sakr, A. M. (2020). A Comparative Study between the Fama and French Three-Factor Model and the Fama and French Five-Factor Model: Evidence from the Egyptian Stock Market. *International Journal of Economics and Finance*, *12*(1), 52 69.

Rahmani, A., Sheri, S., & Tajvidi, E. (2006). *Accounting Variables, Market Variables and Stock Return in Emerging Markets: Case of Iran*. SSRN Scholarly Paper 947288. https://doi.org/10.2139/ssrn.947288

Ramlah, R. (2021). The Effect of Profitability and Leverage on Stock Return of Food and Beverage Companies. *Point of View Research Management*, *2*(2), 139-150.

Ray, S. D., Savin, N. E., & Tiwari, A. (2009). *Testing the CAPM Revisited*. SSRN Scholarly Paper 1517874. https://papers.ssrn.com/abstract=1517874

Reinganum, M. R. (1981). Misspecification of capital asset pricing: Empirical anomalies based on earnings' yields and market values. *Journal of*

Financial Economics, *9*(1), 19–46. https://doi.org/10.1016/0304-405X(81)90019-2

Reinganum, M. R. (1983). The anomalous stock market behavior of small firms in January: Empirical tests for tax-loss selling effects. *Journal of Financial Economics*, *12*(1), 89–104. https://doi.org/10.1016/0304-405X(83)90029-6

Richard, S.F. (1979). *A generalized capital asset pricing model*. in: E.J. Elton and M.J. Gruber. eds. Portfolio theory 25 years after: Essays in honor of Harry Markowitz.

Roll, R. (1977). A critique of the asset pricing theory's tests Part I: On past and potential testability of the theory. *Journal of Financial Economics*, *4*(2), 129–176. https://doi.org/10.1016/0304-405X(77)90009-5

Roll, R. (1983). Vas Ist Das? *The Journal of Portfolio Management*, *9*(2), 18–28. https://doi.org/10.3905/jpm.1983.18

Roll, R., & Ross, S. A. (1980). An Empirical Investigation of the Arbitrage Pricing Theory. *The Journal of Finance*, *35*(5), 1073–1103. https://doi.org/10.1111/j.1540-6261.1980.tb02197.x

Roodman, D. (2009). How to do Xtabond2: An Introduction to Difference and System GMM in Stata—David Roodman, 2009. *The Stata Journal*, *9*(1), 86–136. https://doi.org/10.1177/1536867X0900900106

Rosenberg, B., Reid, K., & Lanstein, R. (1985). Persuasive evidence of market inefficiency. *The Journal of Portfolio Management*, *11*(3), 9–16. https://doi.org/10.3905/jpm.1985.409007

Ross, S. A. (1976). The arbitrage theory of capital asset pricing. *Journal of Economic Theory*, *13*(3), 341–360. https://doi.org/10.1016/0022-0531(76)90046-6

Rouwenhorst, K. G. (1998). International Momentum Strategies. *The Journal of Finance*, *53*(1), 267–284. https://doi.org/10.1111/0022-1082.95722

Rouwenhorst, K. G. (1999). Local Return Factors and Turnover in Emerging Stock Markets. *The Journal of Finance*, *54*(4), 1439–1464. https://doi.org/10.1111/0022-1082.00151

Rozeff, M. S., & Kinney, W. R. (1976). Capital market seasonality: The case of stock returns. *Journal of Financial Economics*, *3*(4), 379–402. https://doi.org/10.1016/0304-405X(76)90028-3

Rubinstein, M. (1976). The Valuation of Uncertain Income Streams and the Pricing of Options. *The Bell Journal of Economics*, *7*(2), 407–425. https://doi.org/10.2307/3003264

Ryan, J., & Donnelly, M. (2000). The Overreaction Hypothesis: An Examination in the Irish Stock Market, Working paper.

Sadka, R. (2006). Momentum and post-earnings-announcement drift anomalies: The role of liquidity risk. *Journal of Financial Economics*, *80*(2), 309–349. https://doi.org/10.1016/j.jfineco.2005.04.005

Sahin, S., Topaloglu, E. E., & Ege, I. (2017). January Effect Revisited: Evidence from Borsa Istanbul and Bucharest Stock Exchange. *International Journal of Economics and Finance*, *10*(1), Article 1. https://doi.org/10.5539/ijef.v10n1p159

Samarakoon, L. P. (1998). *An Empirical Analysis of the Relationship between Fundamentals and Stock Returns in Sri Lanka*. SSRN Scholarly Paper 1509788. https://papers.ssrn.com/abstract=1509788

Savov, A. (2011). Asset Pricing with Garbage. *The Journal of Finance*, *66*(1), 177–201. https://doi.org/10.1111/j.1540-6261.2010.01629.x

Sehgal, S., & Balakrishnan, I. (2002). Contrarian and Momentum Strategies in the Indian Capital Market. *Vikalpa*, *27*(1), 13–20. https://doi.org/10.1177/0256090920020103

Sehgal, S., & Jain, K. (2015). Profitability of price, earnings and revenue momentum strategies: The Indian evidence. *Asian Academy of Management Journal of Accounting and Finance*, *11*(1), 47–84.

Sehgal, S., & Jain, S. (2011). Short-term momentum patterns in stock and sectoral returns: Evidence from India. *Journal of Advances in Management Research*, *8*(1), 99–122. https://doi.org/10.1108/09727981111129327

Setiyono, E., & Amanah, L. (2016). Pengaruh Kinerja Keuangan Dan Ukuran Perusahaan Terhadap Return Saham. *Jurnal Ilmu Dan Riset Akuntansi (JIRA)*, *5*(5), Article 5.

Seyyed, F. J., Abraham, A., & Al-Hajji, M. (2005). Seasonality in stock returns and volatility: The Ramadan effect. *Research in International Business and Finance*, *19*(3), 374–383. https://doi.org/10.1016/j.ribaf.2004.12.010

Shabib-ul-Hasan, S., Farooq, S., & Muddassir, M. (2015). Stock Returns Indicators: Debt to Equity, Book to Market, Firm Size and Sales to Price. *Journal of Poverty, Investment and Development*, *16*, 25–32.

Shah, S. H. A., Shah, A., Khan, M. K., & Ullah, H. (2021). The Risk and Return Relations: New Evidence from Pakistani Stock Market. *Journal of Accounting and Finance in Emerging Economies*, *7*(1), 195-204. https://doi.org/10.26710/jafee.v7i1.1592

Shanken, J. (1987). Multivariate proxies and asset pricing relations: Living with the Roll critique. *Journal of Financial Economics*, *18*(1), 91–110. https://doi.org/10.1016/0304-405X(87)90062-6

Shanken, J. (1992). On the Estimation of Beta-Pricing Models. *The Review of Financial Studies*, *5*(1), 1–33.

Shanken, J., & Weinstein, M. (1990). *Macroeconomic Variables and Asset Pricing: Further Results*. Working paper. https://urresearch.rochester.edu/institutionalPublicationPublicView.action?institutionalItemId=4387

Shanken, J., & Weinstein, M. I. (2006). Economic forces and the stock market revisited. *Journal of Empirical Finance*, *13*(2), 129–144. https://doi.org/10.1016/j.jempfin.2005.09.001

Sharpe, L. J. (1970). Theories and Values of Local Government. *Political Studies*, *18*(2), 153–174. https://doi.org/10.1111/j.1467-9248.1970.tb00867.x

Sharpe, W. F. (1963). A Simplified Model for Portfolio Analysis. *Management Science*, *9*(2), 277–293.

Sharpe, W. F. (1964). Capital Asset Prices: A Theory of Market Equilibrium under Conditions of Risk. *The Journal of Finance*, *19*(3), 425–442. https://doi.org/10.2307/2977928

Sheikh, A. (1996). *Barra's Risk Model*. Barra Research Insights.

Shen, Y., Hung, C., Chiou, J., & Shen, K. (2020). The January Effect and Prospect Theory in Taiwan. *Emerging Markets Finance and Trade*, *56*(5), 1113–1123.

Sheu, H.-J., Wu, S., & Ku, K.-P. (1998). Cross-sectional relationships between stock returns and market beta, trading volume, and sales-to-price in Taiwan. *International Review of Financial Analysis*, *7*(1), 1–18. https://doi.org/10.1016/S1057-5219(99)80035-0

Shum, W. C., & Tang, G. Y. N. (2005). Common risk factors in returns in Asian emerging stock markets. *International Business Review*, *14*(6), 695–717. https://doi.org/10.1016/j.ibusrev.2005.09.001

Sifouh, N. & Oubal, K. (2018). Irrégularités sur le marché financier Marocain : cas de l'effet momentum. *Revue Marocaine de Recherche En Management et Marketing*, *18*, 119-135.

Solnik, B. H. (1974). An equilibrium model of the international capital market. *Journal of Economic Theory*, *8*(4), 500–524. https://doi.org/10.1016/0022-0531(74)90024-6

Sonjaya, A. R., & Wahyudi, I. (2016). The Ramadan effect: Illusion or reality? *Arab Economic and Business Journal*, *11*(1), 55–71. https://doi.org/10.1016/j.aebj.2016.03.001

Stambaugh, R. F., & Yuan, Y. (2017). Mispricing Factors. *The Review of Financial Studies*, *30*(4), 1270–1315. https://doi.org/10.1093/rfs/hhw107

Stock, D. (1990). Winner and Loser Anomalies in the German Stock Market. Journal of Institutional and Theoretical Economics (JITE) / Zeitschrift Für Die Gesamte Staatswissenschaft, 146(3), 518–529.

Subadar, U. A., & Hossenbaccus, A. R. M. A. (2010). Profitability of Contrarian Strategies: Evidence From the Stock Exchange of Mauritius. *Organizations and Markets in Emerging Economies*, *1*(2), 123-139. https://doi.org/10.15388/omee.2010.1.2.14300

Sugiarto, A. (2011). Analisa Pengaruh Beta, Size Perusahaan, Der Dan Pbv Ratio Terhadap Return Saham. *Jurnal Dinamika Akuntansi*, *3*(1), 8-14. https://doi.org/10.15294/jda.v3i1.1939

Suyanto, M., & Sibarani, F. N. H. (2018). Stock investment analysis, idiosyncratic risk and abnormal return. *Advances in Social Science, Education and Humanities Research -15th International Symposium on Management*, *186*, 88–91. https://doi.org/10.2991/insyma-18.2018.22

Swallow, S., & Fox, M. A. (1998). Long Run Overreaction on the New Zealand Stock Exchange. [Discussion paper].

Titman, S., Wei, K. C. J., & Xie, F. (2004). Capital Investments and Stock Returns. *Journal of Financial and Quantitative Analysis*, *39*(4), 677–700. https://doi.org/10.1017/S0022109000003173

Tobin, J. (1958). Estimation of Relationships for Limited Dependent Variables. *Econometrica*, *26*(1), 24–36. https://doi.org/10.2307/1907382

Treynor, J. L. (1961). *Market Value, Time, and Risk* (SSRN Scholarly Paper 2600356). https://doi.org/10.2139/ssrn.2600356

Trimech, A., Kortas, H., Benammou, S., & Benammou, S. (2009). Multiscale Fama-French model: Application to the French market. *Journal of Risk Finance*, *10*(2), 179–192. https://doi.org/10.1108/15265940910938251

Tsaurai, K. (2018). What are The Determinants of Stock Market Development in Emerging Markets? *Academy of Accounting and Financial Studies Journal*, *22*(2), 0–186.

Urbański, S. (2017). Comparison of a Modified and Classic Fama-French Model for the Polish Market. *Folia Oeconomica Stetinensia*, *17*(1), 80–96. https://doi.org/10.1515/foli-2017-0007

Uwubanmwen, A. E., & Obayagbona, J. (2012). Company Fundamentals and Returns in the Nigerian Stock Market. *Journal of Research in National Development*, *10*(2), 154-159. https://doi.org/10.4314/jorind.v10i2

van der Hart, J., Slagter, E., & van Dijk, D. (2003). Stock selection strategies in emerging markets. *Journal of Empirical Finance*, *10*(1), 105–132. https://doi.org/10.1016/S0927-5398(02)00022-1

Vendrame, V., Tucker, J., & Guermat, C. (2016). Some extensions of the CAPM for individual assets. *International Review of Financial Analysis*, *44*, 78–85. https://doi.org/10.1016/j.irfa.2016.01.010

Vu, J. D. (2012). Do momentum strategies generate profits in emerging stock markets? *Problems and Perspectives in Management*, *10*(3), 9–22.

Wachtel, S. B. (1942). Certain Observations on Seasonal Movements in Stock Prices. *The Journal of Business of the University of Chicago*, *15*(2), 184–193.

Walkshaeusl, C., & Lobe, S. (2014). The Alternative Three-Factor Model: An Alternative beyond US Markets? *European Financial Management*, *20*(1), 33–70. https://doi.org/10.1111/j.1468-036X.2011.00628.x

Wang, K. Q., & Xu, J. (2015). Market volatility and momentum. *Journal of Empirical Finance*, *30*, 79–91. https://doi.org/10.1016/j.jempfin.2014.11.009

Wasiuzzaman, S., & Al-Musehel, N. A. (2018). Mood, religious experience and the Ramadan effect. *International Journal of Emerging Markets*, *13*(1), 290–307. https://doi.org/10.1108/IJoEM-01-2017-0001

Waszczuk, A. (2013). A risk-based explanation of return patterns Evidence from the Polish stock market. *Emerging Markets Review*, *15*, 186–210. https://doi.org/10.1016/j.ememar.2012.12.002

Weill, P.-O. (2008). Liquidity premia in dynamic bargaining markets. *Journal of Economic Theory*, *140*(1), 66–96. https://doi.org/10.1016/j.jet.2007.08.004

Wuthisatian, R. (2021). An examination of calendar anomalies: Evidence from the Thai stock market. *Journal of Economic Studies*, *49*(3), 422–434. https://doi.org/10.1108/JES-06-2020-0298

Xie, S., & Qu, Q. (2016). The Three-Factor Model and Size and Value Premiums in China's Stock Market. *Emerging Markets Finance and Trade*, *52*(5), 1092–1105. https://doi.org/10.1080/1540496X.2016.1143250

Xiong, X., Meng, Y., Li, X., & Shen, D. (2019). An empirical analysis of the Adaptive Market Hypothesis with calendar effects:Evidence from China. *Finance Research Letters*, *31*, 1-13. https://doi.org/10.1016/j.frl.2018.11.020

Yli-Olli, P., & Virtanen, I. (1992). Some empirical tests of the arbitrage pricing theory using transformation analysis. *Empirical Economics*, *17*(4), 507–522. https://doi.org/10.1007/BF01205393

Yousaf, I., Ali, S., & Shah, S. Z. A. (2018). Herding behavior in Ramadan and financial crises: The case of the Pakistani stock market. *Financial Innovation*, *4*(1), 1-14. https://doi.org/10.1186/s40854-018-0098-9

Zaremba, A., & Czapkiewicz, A. (2017). Digesting anomalies in emerging European markets: A comparison of factor pricing models. *Emerging Markets Review*, *31*, 1–15. https://doi.org/10.1016/j.ememar.2016.12.002

Zaremba, A., Czapkiewicz, A., Szczygielski, J. J., & Kaganov, V. (2019). An Application of Factor Pricing Models to the Polish Stock Market. *Emerging Markets Finance and Trade*, *55*(9), 2039–2056. https://doi.org/10.1080/1540496X.2018.1517042

Zaremba, A., & Konieczka, P. (2017). Size, Value, and Momentum in Polish Equity Returns: Local or International Factors? *International Journal of Management & Economics*, *53*(3), 26–47. https://doi.org/10.1515/ijme-2017-0017

Zaremba, A., & Maydybura, A. (2019). The cross-section of returns in frontier equity markets: Integrated or segmented pricing? *Emerging Markets Review*, *38*, 219–238. https://doi.org/10.1016/j.ememar.2019.02.003

Zhang, J., Lai, Y., & Lin, J. (2017). The day-of-the-Week effects of stock markets in different countries. *Finance Research Letters*, *20*, 47–62. https://doi.org/10.1016/j.frl.2016.09.006

Zhang, Z., Yu, Y., Ma, Q., & Yao, H. (2022). A Revised Comparison between Fama and French Five-Factor Model and Three-Factor Model——Based on China's A-Share Market. *Journal of Advances in Applied & Computational Mathematics*, *9*, 168–180. https://doi.org/10.15377/2409-5761.2022.09.13

Liste des tableaux

Table des matières

Structures éditoriales du groupe L'Harmattan

L'Harmattan Italie
Via degli Artisti, 15
10124 Torino
harmattan.italia@gmail.com

L'Harmattan Hongrie
Kossuth l. u. 14-16.
1053 Budapest
harmattan@harmattan.hu

L'Harmattan Sénégal
10 VDN SICAP AMITIE 3
BP 45034 Dakar-Fann
direction@senharmattan.com

L'Harmattan Cameroun
Tsinga/Derrière polyclinique FECAFOOT
BP 11486 Yaoundé
Jacques.koukam@harmattan.fr

L'Harmattan Burkina Faso
Villa 281, secteur 23 623, rue 14.32
Ouagadougou
zagbie@outlook.fr

L'Harmattan Guinée
Almamya, rue KA 028 OKB Agency
BP 3470 Conakry
harmattanguinee@yahoo.fr

L'Harmattan RDC
185, avenue Nyangwe
Commune de Lingwala – Kinshasa
matangilamusadila@yahoo.fr

L'Harmattan Congo
219, avenue Nelson Mandela
BP 2874 Brazzaville
deunovmikhael@gmail.com

L'Harmattan Mali
Immeuble Mgr Jean Marie Cissé
Aci Hamadallaye
BP 145 Bamako
syllaka@yahoo.fr

L'Harmattan Togo
Djidjole – Maison Amela
face EPP BATOME
02 BP 20680 Lomé
didieramela11@gmail.com

L'Harmattan Côte d'Ivoire
Résidence Karl – Cité des Arts
Abidjan-Cocody
03 BP 1588 Abidjan
harmattan.ivoire@gmail.com

L'Harmattan Bénin
Rue 604, (Immeuble à l'entrée
de la rue UCAO- Cite de Saint-Jean)
Cotonou
stepcorpus@gmail.com

Nos librairies en France

Librairie internationale
16, rue des Écoles
75005 Paris
librairie.internationale@harmattan.fr
01 40 46 79 11
www.librairieharmattan.com

Librairie des savoirs
21, rue des Écoles
75005 Paris
librairie.sh@harmattan.fr
01 46 34 13 71
www.librairieharmattansh.com

www.ingramcontent.com/pod-product-compliance
Lightning Source LLC
LaVergne TN
LVHW011009061026
849535LV00006B/1787